Olpe/Seifritz
**Bis er uns umbringt?**

Verlag Hans Huber
**Sachbuch Psychologie**





HUBER

Hans-Rudolf Olpe / Erich Seifritz

# Bis er uns umbringt?

## Wie Stress die Gesundheit attackiert – und wie wir uns schützen können

Verlag Hans Huber

Programmleitung: Tino Heeg
Lektorat: Karin Beifuss
Herstellung: Jörg Kleine Büning
Umschlaggestaltung: Weiss-Freiburg GmbH
Druckvorstufe: punktgenau gmbH, Bühl
Druck und buchbinderische Verarbeitung: Finidr s. r. o., Český Těšín
Printed in Czech Republic

*Bibliografische Information der Deutschen Nationalbibliothek*
Die Deutsche Nationalbibliothek verzeichnet diese Publikation in der Deutschen Nationalbibliografie; detaillierte bibliografische Daten sind im Internet über http://dnb.d-nb.de abrufbar.

*Anregungen und Zuschriften bitte an:*
Verlag Hans Huber
Lektorat Psychologie
Länggass-Strasse 76
CH-3000 Bern 9
Tel: 0041 (0)31 300 4500
Fax: 0041 (0)31 300 4593
verlag@hanshuber.com
www.verlag-hanshuber.com

1. Auflage 2014

E-Book-ISBN [PDF] 978-3-456-95446-2
E-Book-ISBN [EPUB] 978-3-456-75446-8
ISBN 978-3-456-85446-5

# Inhalt

# Vorwort

Nur wenige Themen werden aktuell so intensiv diskutiert wie der zunehmende Stress in allen Lebensbereichen. Insbesondere die Berichterstattung in den Medien fokussiert hierbei stark auf die chronische Belastung am Arbeitsplatz. Kaum eine Woche vergeht, in der nicht über das scheinbar verstärkte Auftreten von Depressions- und Burnout-Erkrankungen in Unternehmen berichtet wird.

Auch wissenschaftliche Publikationen weisen auf die zunehmende Herausforderung hin, die psychische Krankheiten für praktisch alle entwickelten Volkswirtschaften darstellen. So schätzt ein aktueller OECD-Bericht zur Situation in der Schweiz die mit psychischen Erkrankungen verbundenen jährlichen Kosten für die Wirtschaft auf 19 Milliarden Franken, was 3,2 Prozent des Bruttoinlandsprodukts entspricht (OECD 2014). Auch die «explodierende» Ratgeberliteratur konzentriert sich auf die Bewältigung von Stress im Arbeitskontext, der zwar sehr relevant ist, aber letztlich doch nur einen Ausschnitt der Problematik verkörpert. Das vorliegende Buch wählt einen anderen Ansatz und beleuchtet das Phänomen ganzheitlich und über die Lebensspanne hinweg. Hierbei gelingt es den Autoren, Ursachen und Wirkungen von Stress wissenschaftlich fundiert zu beleuchten und ihre Erkenntnisse in äußerst verständlicher Art und Weise darzustellen.

Die Autoren zeigen auf, wie Stress bereits im Mutterleib entstehen kann, wie er in den ersten Lebensjahren das Gehirn verändert und warum diese frühen Stresserlebnisse ein großes und lebenslanges Risiko für die seelische und körperliche Gesundheit darstellen. Die Autoren geben einen spannenden und kompetenten Einblick in die biologischen, psychologischen und gesellschaftlichen Prozesse, die zur Entstehung eines Zustands andauernder Überlastung führen. Diese Prozesse werden umfassend diskutiert, unter Einbezug weiterer Belastungsfaktoren wie Schlaf- und Bewegungsmangel sowie ungünstiger Einflüsse unseres Lebensstils. Die Autoren führen uns das enorme Spektrum an Krankheiten vor Augen, die mit Stress gekoppelt sind, und erklären, warum die Auswirkungen von Stress derart breit gestreut sind. So wird der Einfluss von Stress auf eine ganze Reihe von Zivilisationskrankheiten thematisiert, zu denen unter anderem Diabetes, Herz-Kreislauf-Erkrankungen sowie die Fettleibigkeit zählen. Hierbei wird anschaulich dargestellt, wie der Zustand der chronischen Überlastung zu entzündlichen Prozessen im Körper führt, die ihrerseits an der Entstehung dieser Krankheiten ursächlich beteiligt sind. Selbst für Krankheitsbilder wie Arteriosklerose und Alzheimer liefert die Betrachtung unter dem Blickwinkel dieser stressbezogenen Prozesse einen neuen Erklärungsansatz.

Den vielfältigen negativen Auswirkungen von Stress stehen zahlreiche Stellhebel für präventive Maßnahmen gegenüber. Diese zielen im Wesentlichen darauf ab, zur Verfügung stehende Ressourcen zu maximieren. Neben externen Ressourcen wie beispielsweise der Unterstützung durch Vorgesetzte, Arbeitskollegen oder Familie kommt vor allem den persönlichen Ressourcen eine entscheidende Rolle zu. In diesem Zusammenhang gehen die Autoren insbesondere auf die als Resilienz bezeichnete individuelle Widerstandsfähigkeit ein.

Auch das Thema Selbstverantwortung als Präventionsstrategie bei der Gesundheitsvorsorge hat einen prominenten Platz im vorliegenden Buch erhalten. In diesem Zusammenhang werden die positiven Auswirkungen körperlicher Ertüchtigung auf das Gehirn aus biologischer Sicht erklärt, was dem Aspekt der Bewegung und körperlichen Fitness eine Bedeutung gibt, die weitreichender ist als der Kampf gegen das Übergewicht. Diese Anregungen leiten über in das größere Anliegen dieses Buches: Es plädiert in engagierter und überzeugender Weise für mehr Selbstverantwortung bei der Gesundheitsvorsorge.

Das Buch geht damit weit über die konventionellen Ratgeber hinaus, indem es neben den biologisch-medizinischen Erklärungen zum Auftreten und zur Wirkung von Stress auch die massiven gesundheitlichen Konsequenzen von chronischer Überlastung in einen gesellschaftlichen Kontext stellt und vielfältige Auswege aufzeigt.

Die Autoren haben das sozial und medizinisch hoch relevante Phänomen Stress in wegweisender Art behandelt und für eine breite Leserschaft zugänglich gemacht. Hierfür gebührt ihnen Dank und Anerkennung. Es ist zu hoffen, dass diesem Buch eine dem Thema und dessen engagierter Aufbereitung angemessene hohe Aufmerksamkeit zuteil wird.

Prof. Dr. Stephan Böhm
St. Gallen

# 1. Um was und wohin es geht

Chronische Überlastung ist ein Phänomen, das den größten Teil der Bevölkerung mit Sorge erfüllt, denn Auswege aus dieser Situation sind nur allzu oft durch gesellschaftliche und persönliche Lebensumstände blockiert. Es wäre aber wichtig, derartigen Zuständen mit Entschiedenheit entgegenzutreten, da infolge chronischer Überlastung zahlreiche schwere Krankheiten entstehen können. Das vorliegende Buch möchte Hintergrundinformationen zum Thema «chronischer (toxischer) Stress» geben und zu entschiedenem Handeln gegen diesen Zustand motivieren. Um erfolgreich Maßnahmen gegen chronischen Stress einleiten zu können, ist letztlich nicht nur das Individuum, sondern die ganze Gesellschaft gefordert. Die Gesellschaft sollte ein vitales Interesse daran haben, den chronischen Stress einzudämmen. Die Gründe dafür sind, dass chronischer Stress mit sehr viel mehr chronischen Krankheiten (den sogenannten Zivilisationskrankheiten) in Verbindung steht, als gemeinhin angenommen wird, und dass der Zustand der chronischen Überlastung immer häufiger auftritt und praktisch schon zum Normalzustand geworden ist. Warum das so ist und welche Folgen Stress, der sich bereits in der Schwangerschaft schädigend auf die Gesundheit des Ungeborenen auswirkt, auch noch Jahrzehnte später haben kann, wird eingehend erläutert. Chronischer Stress hat weitreichende gesundheitliche Konsequenzen, vor allem in der zweiten Lebenshälfte.

Zu diesen vorwiegend in der zweiten Lebenshälfte auftretenden wichtigen Zivilisationskrankheiten gehören – um nur einige zu erwähnen – Herzinfarkt, Atherosklerose, Schlaganfall, Typ-2-Diabetes und Fettleibigkeit (Adipositas), die bislang mit einer falschen, cholesterinreichen Ernährung und Bewegungsmangel in Verbindung gebracht wurden. Inzwischen hat diese weit verbreitete Sichtweise Risse bekommen. Ein neuer Erklärungsansatz zur Entstehung dieser Krankheiten beginnt sich abzuzeichnen, der von einer wachsenden Anzahl von Spezialisten und Spezialistinnen mit Interesse verfolgt wird. Diese neue Hypothese postuliert, dass im Körper ablaufende Entzündungsprozesse bei der Entstehung der genannten Zivilisationskrankheiten eine Schlüsselfunktion einnehmen. Aber nicht nur bei diesen: Auch Depressionen werden durch ganz neue Befunde mit entzündlichen Prozessen in Zusammenhang gebracht. Dies hat Konsequenzen sowohl für die Präventionsmöglichkeiten als auch für die Behandlung dieser weit verbreiteten, schweren und kostspieligen Erkrankungen.

Worauf sind diese entzündlichen Prozesse zurückzuführen? In den Vordergrund der Diskussion über die Entstehung dieser Erkrankungen rückt zusehends unser Lebensstil, der von einer andauernden Überlastung geprägt ist. Die herkömmliche Bezeichnung hierfür ist Stress, genauer: chronischer Stress. Man spricht in diesem Zusammenhang auch von *toxischem Stress*. Er steht im Verdacht, bei der Entstehung entzündlicher Körperprozesse und somit wahrscheinlich zahlreicher chronisch verlaufender Erkrankungen von zentraler Bedeutung zu sein.

Unser Wissen um diese «im Verborgenen» ablaufenden Prozesse hat in den vergangenen 10 Jahren enorm zugenommen. Diese Prozesse werden hier in einen größeren Rahmen gestellt. Dabei wird der Bogen zum einen von der Befruchtung bis zum Tod gespannt, zum anderen von den Genen bis hin zum Einfluss der Gesellschaft, die eine besonders wichtige Rolle spielt. Zunächst sei aber festgehalten, dass das Wort «Stress» zu einem der bedeutendsten Unwörter unserer Zeit verkommen ist: Es ist schlecht definiert, kommt uns laufend über die Lippen, ohne dass wir uns viel dabei denken, einfach so als sprachliche «Entladung» oder Arabeske, und es findet beinahe auf das ganze Spektrum belastender Lebensumstände Anwendung. Oft ist damit gar nicht wirklicher Stress, sondern lediglich ein hohes Arbeitspensum gemeint. Dabei hat das Wort durchaus biologischen Tiefgang, denn dahinter tun sich medizinische «Abgründe» auf, von denen viele Zeitgenossen – manche Ärzte eingeschlossen – wenig bis gar keine Ahnung haben.

Um welche «Abgründe» handelt es sich dabei konkret? Was das Wort Stress betrifft, so kommen uns spontan Burnout-Syndrom oder Depression in den Sinn, die beide nachweislich in einem kausalen Zusammenhang mit Stress stehen und eng mit psychosozialen Alltagsbelastungen verknüpft sind. Beide Themen sind seit geraumer Zeit immer wieder in den Medien anzutreffen. Weit weniger bekannt – und dies verlangt eigentlich ein radikales Umdenken – ist, dass chronischer, toxischer Stress breit gestreute Auswirkungen nicht nur auf unsere seelische, sondern auch auf unsere körperliche Gesundheit hat. Zudem beginnen sich die Hinweise dahingehend zu verdichten, dass möglicherweise schon der Stress unserer Vorfahren darüber mitbestimmt, wie anfällig wir selbst für die schädlichen Auswirkungen von Stress sind. Zudem erhärtet sich zusehends der lange gehegte Verdacht, dass Stress bereits in der Gebärmutter seinen Anfang nehmen kann und dass der Stress, dem wir in den ersten Lebensjahren ausgesetzt sind, mit darüber entscheidet, ob wir Jahrzehnte später körperlich oder seelisch erkranken und – was besonders interessant ist – ob uns in der Folge ein langes oder ein eher kurzes Leben beschieden ist.

Der Stress mit seinen mannigfaltigen Ursachen entsteht im Gehirn und strahlt von hier auf den ganzen Körper aus.

Der Körper wirkt daraufhin auf das Gehirn zurück und hinterlässt dort seine Spuren. Er verändert unser Gehirn. Dieses Buch stellt diese Zusammenhänge dar und berücksichtigt dabei sowohl die Bedeutung der individuellen Lebensgeschichte als auch den Einfluss der Gesellschaft auf unser Gehirn, unsere Psyche und unsere Gesundheit. Es ist ein engagiertes Plädoyer für einen sorgfältigeren Umgang mit unserem Gehirn. Schließlich ist es neben chronischem Stress zahlreichen weiteren Gefährdungen ausgesetzt, die mit dem Stress kumulieren und sich über das Gehirn letztlich schädigend auf den ganzen Körper auswirken können. Auch diese belastenden Faktoren werden ausführlich vorgestellt. Kurz gesagt: Unser Gehirn und damit auch unsere Gesundheit geraten zunehmend «unter Druck». Diese Zusammenhänge werden im Lichte neuer Untersuchungen diskutiert, und es werden – basierend auf biologischen, psychologischen und medizinischen Erkenntnissen – Möglichkeiten der Prävention vorgestellt.

Der Gesundheit unseres Gehirns kommt eine überragende Bedeutung zu, nicht nur, weil dabei unser individuelles Wohlbefinden und unsere geistige Leistungsfähigkeit im Zentrum stehen, sondern auch weil Hirnkrankheiten einer großen europäischen Studie zufolge besonders hohe Krankenkosten verursachen, und zwar in einer Größenordnung von schätzungsweise 800 Millionen Euro im Jahr [2]. Diese Kosten sind laut Studie höher als die Kosten, die durch Krebs-, Herz-Kreislauf- und Diabeteserkrankungen zusammen entstehen. Das hat selbst manche Hirnforscher überrascht. Dem Phänomen «chronischer Stress» kommt im Kontext von Hirnkrankheiten und deren Folgeerkrankungen eine prominente Rolle zu, denn chronischer Stress ist ein übergeordneter und kausaler Risikofaktor. «Die Gesundheit des Gehirns ist für die Gesundheit insgesamt von überragender Bedeutung», so äußerte sich kürzlich der Präsident des Weltverbandes der Neurologie Vladimir Hachinski zu Beginn des Welt-Neurologenkongresses, der im September 2013 in Wien stattfand. Weiter meinte er: «Schlaganfälle verursachen bei den neurologischen Erkrankungen 55 Prozent der ‹verlorenen gesunden Lebensjahre›. Morbus Alzheimer ist für 12 Prozent verantwortlich, zusammen sind es zwei Drittel.» Stress ist ein Risikofaktor für beide Krankheiten.

Unser moderner Lebensstil bringt unser Gehirn in Bedrängnis: Nicht allein, dass wir kaum mehr Momente der Ruhe finden; das Leben beschleunigt sich zusehends, und damit wächst bei vielen auch die Angst, ob sie überhaupt noch mithalten können. Diese Entwicklung hat zum Teil auch schon die Jugend erfasst. Die latente Gefahr des sozialen Abstiegs ist möglicherweise bereits weiter verbreitet als gemeinhin angenommen. So hat denn auch die Weltgesundheitsorganisation den Stress zu einer der größten gesundheitlichen Herausforderungen unseres Jahrhunderts erklärt. Wenn wir uns unsere Gesellschaft ansehen, dann muss man dieser Analyse wohl oder übel zustimmen. Chronische Überlastung hat viele Ursachen: im privaten, im gesellschaftlichen und auch im beruflichen Bereich. Oft kommen gar alle drei Faktoren zusammen, verstärken sich gegenseitig und geben uns das Gefühl, schlicht am Anschlag oder, umgangssprachlich ausgedrückt, *gestresst* zu sein. Gestresst zu sein ist heute nichts Außergewöhnliches mehr, sondern gehört mittlerweile schon fast zur Normalität. Gestresst zu sein kann auch zur Selbstdarstellung eingesetzt werden, um der Tatsache Ausdruck zu verleihen, dass jemand involviert und engagiert ist und mithalten kann. Dass chronische Überlastung aber einen hohen gesundheitlichen Preis hat, ist vielen Menschen nur ansatzweise bewusst. Es gibt keinerlei Anzeichen dafür, dass die Stresseinwirkungen, denen wir insgesamt ausgesetzt sind, in den kommenden Jahren abnehmen werden. Vielmehr dürfte das Gegenteil zutreffen, womit auch die gesundheitlichen Auswirkungen noch gravierender ausfallen werden.

Unser Gehirn ist aber nicht nur durch chronischen Stress gefährdet, sondern auch noch durch weitere, unseren Lebensstil betreffende Faktoren. An vorderster Stelle sind Bewegungsmangel, Fettleibigkeit und Schlafmangel zu nennen. Zusammen mit chronischem psychosozialem Stress sind dies alles Risikofaktoren für unser Gehirn, wobei dem chronischen Stress eine übergeordnete Rolle zukommt, da er an der Entstehung dieser zusätzlichen Risikofaktoren selbst maßgeblich beteiligt ist.

Von dieser Entwicklung ist aber nicht nur der Körper, sondern auch das Gehirn selbst direkt betroffen. Bei Stress werden aus der Nebenniere, einer auf der Niere sitzenden Drüse, Adrenalin und das Stresshormon Kortisol ausgeschüttet. Über die Blutbahn gelangt das Kortisol in den Körper und von dort in unser Gehirn, was eine ganze Reihe von Konsequenzen nach sich zieht. Dauert der Stress nur kurze Zeit an, dann hat dies keine negativen Auswirkungen. Im Gegenteil: Das Hormon hilft, akute Herausforderungen zu meistern. Am Ende schaltet das Gehirn die Stressreaktion ab. Kritisch und damit gefährlich wird es, wenn der Stress über einen längeren Zeitraum andauert. Dann kommt es im Gehirn an wichtigen Stellen, die unsere Emotionen steuern und unser Gedächtnis beherbergen, zu anatomischen Veränderungen, und zwar dergestalt, dass sich diverse Hirnleistungen zu unserem Nachteil ändern. Eine der zahlreichen, besonders gravierenden Konsequenzen ist, dass wir stressanfälliger werden. Die Stressreaktion wird unserer Kontrolle zusehends entzogen. Insgesamt bleibt festzuhalten, dass die Auswirkungen des chronischen, sogenannten toxischen Stresses sehr massiv und nachhaltig sind und dass wir alles daran setzen sollten, der chronischen Überlastung die Stirn zu bieten.

Obwohl die Hirnforschung einen ganz wesentlichen Teil dieser neuen Erkenntnisse zutage gefördert hat, ist es dem Zusammenwirken zahlreicher wissenschaftlicher Disziplinen zu verdanken, dass wir heute über ein recht umfassendes Bild vom Phänomen «Überlastung» und seinen Auswirkungen auf unsere Lebensqualität verfügen. Um die zugrunde liegenden Mechanismen transparent zu machen, wird das moderne Konzept der Allostase bzw. der allostatischen Last herangezogen. Es erklärt, wie Körper und Gehirn mit belastenden Situationen umgehen, sodass wir tagtäglich für die Bewältigung neuer Herausforderungen bereit sind. Das Gehirn koordiniert alle Schlüsselaktivitäten, die zusammen unser Überleben sicherstellen. Dazu gehören neben dem Stoffwechsel (dem Metabolismus) das Immunsystem, die Regulation der Hormonsysteme und das autonome Nervensystem. Das Gehirn steuert diese Prozesse als übergeordnetes Organ in vorausschauender Weise unter Berücksichtigung bereits gemachter Erfahrungen. Vieles läuft dabei ohne unser bewusstes Dazutun ab. Wenn die Allostase infolge chronischer Überlastung nicht mehr optimal funktioniert – man spricht dann von allostatischer Last –, können die erwähnten zahlreichen psychischen und körperlichen Krankheiten auftreten, die einen Großteil der nicht übertragbaren «Zivilisationskrankheiten» ausmachen. Die Allostase gibt uns damit ein Rahmenkonzept in die Hand, das uns hilft, die zahlreichen schädigenden Einflüsse auf das Gehirn besser zu verstehen.

Was können wir gegen Stress und seine Folgen tun? Zunächst muss leider festgestellt werden, dass es keine nebenwirkungsfreien Medikamente gegen Stress, Bewegungsmangel oder Fettleibigkeit und Schlaflosigkeit gibt. Vielmehr scheint es so zu sein, dass Besserung und Prävention primär in geeigneten Maßnahmen zur Änderung des Lebensstils zu suchen sind. Im Vordergrund stehen dabei Interventionen, die einerseits darauf abzielen, Stress und andere Risikofaktoren zu reduzieren, und die andererseits unser Gehirn resistenter machen sollen.

Im ersten Teil dieses Buches werden die Mechanismen vorgestellt, die den Schädigungen zugrunde liegen. Anschließend werden die Interventionsmöglichkeiten kritisch diskutiert, auch im Hinblick auf ihre Wirksamkeit. Besonders hervorgehoben wird der positive Einfluss regelmäßig praktizierter Bewegung bzw. körperlicher Ertüchtigung, und es werden die Prozesse vorgestellt, die durch Bewegung im Gehirn ausgelöst werden. Dieses äußerst faszinierende Forschungsfeld ist in den vergangenen Jahren förmlich explodiert.

Die positiven Auswirkungen von Bewegung auf die Stimmung und geistige Leistungsfähigkeit werden immer noch unterschätzt, obwohl sie von einer beeindruckenden Menge an Daten gestützt werden. Einzelne Forscher sprechen von einer «Revolution» innerhalb der Neurowissenschaften. Auch für die Wirkung von Meditation als einem probaten Mittel zur Stützung von Gehirn bzw. Psyche mehren sich die experimentellen Belege und medizinischen Hinweise. Es gibt robuste Anhaltspunkte dafür, dass nach Meditation sogar anatomische Veränderungen nachweisbar sind.

Die vorliegenden Ausführungen werden im Lichte der sich intensivierenden Kritik an der Hirnforschung diskutiert. Es scheint, dass die Hirnforschung selbst sich in einer Art Stresstest befindet. Es kommen immer wieder «hirnkritische» Bücher auf den Markt. Insbesondere wirft man der Hirnforschung vor, dass sie unhaltbare Versprechungen mache und dass viele Krankheiten immer noch nicht behandelbar seien. Der vorliegende Text versucht diese Kritik aufzugreifen, indem Stärken und Schwächen der Forschung auf dem Gebiet der psychischen Erkrankungen aufgezeigt werden. Denn wenngleich viele wichtige Hirnerkrankungen noch nicht kausal therapierbar sind und wir das Bewusstsein wohl noch lange Zeit nicht bis hinunter auf die Ebene einzelner Hirnzellen werden erklären können, so legen die vorliegenden Ausführungen zum Thema Stress und mentale bzw. körperliche Gesundheit doch Zeugnis davon ab, dass die Neurobiologie zusammen mit der Psychiatrie, den Sozialwissenschaften und der Genetik viel zum Verständnis des Phänomens Stress als einer der größten Herausforderungen auf dem Gesundheitssektor unserer Zeit beitragen kann. Die Frage ist nur, ob dies zur Kenntnis genommen wird und ob entsprechende Schritte zur Eindämmung des Stresses in die Wege geleitet werden. Die Herausforderungen, die sich daraus für die Gesellschaft und vor allem für die Politik ergeben, sollten nicht unterschätzt werden.

Den Abschluss des Buches bildet ein Plädoyer für mehr Prävention. Es geht davon aus, dass wir selbst als denkende und planende Wesen einen großen Einfluss auf die Gesundheit unseres Gehirns, unserer Psyche und damit auch unseres Körpers nehmen können. Es ist nicht nur eine Frage von *nature* und *nurture*, wie es im englischen Fachjargon heißt, also unseres von der Natur gegebenen Körperzustands und der Umwelteinflüsse; sondern der bewusst handelnde Mensch kann sein Schicksal – auch das seines Gehirns – zu einem bedeutenden Anteil selbst gestalten und sollte dafür auch die Verantwortung übernehmen. Wir sind – das wird immer klarer – nicht nur Opfer unserer Gene. Wie wir auf individueller und gesellschaftlicher Ebene mit dem Phänomen Stress umgehen, hat einen entscheidenden Einfluss auf die Qualität unseres gesamten Lebens. Um aber die Verantwortung für das eigene Leben und den eigenen Lebensstil übernehmen zu können, muss man erst einmal über Stress und seine Auswirkungen Bescheid wissen. Selbst Ärzte werden diesbezüglich kaum ausgebildet, obwohl bei diversen Erkrankungen ihrer Patienten Überlastung als Ursache infrage kommt. Das medizinische Ausbildungscurriculum müsste entsprechend ergänzt werden.

Da stressvolle Erlebnisse schon sehr früh im Leben auftreten können, wäre es wichtig, dieses Thema bereits in der Schule umfassend zu adressieren, vor allem hinsichtlich der Auswirkungen von toxischem (chronischem) Stress. Im Lichte der hier dargestellten Fakten sollte dem Thema Stress im schulischen Biologieunterricht daher ein sehr hoher Stellenwert zukommen. Dazu müssten aber zunächst einmal die Lehrer entsprechend ausgebildet werden. Mittel- bis langfristig dürfte sich dies positiv auswirken. Um dem Stress-Stau unserer 24-Stunden-Turbowelt auf gesellschaftlicher Ebene entgegenzusteuern, müssten sich insbesondere Gesundheitspolitiker intensiver mit dieser Problematik befassen. In der Medizin, wie sie von Hausärzten praktiziert wird, geht man oft jede einzelne Zivilisationskrankheit separat an, und das, obwohl immer klarer zutage tritt, dass hier ein relevanter Zusammenhang mit dem Lebensstil und der Lebensgeschichte des erkrankten Menschen besteht. Schließlich sollten die vielfältigen Konsequenzen chronischer Überlastung auf viel breiterer Basis interdisziplinär erforscht werden. Im Grunde ist erst ein Anfang gemacht, sodass noch enorm viel zu tun bleibt. Besondere Aufmerksamkeit würde dabei die Erforschung und Förderung der Widerstandsfähigkeit, der sogenannten Stressresilienz, verdienen. Präventiv passiert leider immer noch wenig bis gar nichts. Hier liegt also ein beachtliches Potenzial.

Der vorliegende Text versteht sich nicht als ein reiner Ratgeber, sondern will darüber hinaus einen Einblick in die Reaktionen unseres Körpers auf chronische Überlastung vermitteln und auf mögliche Ansätze zur Stärkung des stressgeplagten Hirns hinweisen. Da chronischer Stress sich auf die Gesundheit des ganzen Körpers schädigend auswirkt, sind Maßnahmen gegen Stress von vielen positiven Auswirkungen auf zahlreiche körperliche Erkrankungen begleitet. Letztlich müssen wir individuell, abgestimmt auf unseren Lebensstil und unser Lebensziel, Wege finden, wie wir uns gegen chronische Überlastung zur Wehr setzen können.

## Literatur

[1] Editorial in *Nature*. Life stresses (2012). It is time for sociologists and biologists to bury the hatchet and cooperate to study the effects of environmental stress on how people behave. *Nature* 490: 143.
[2] Olesen J et al. The economic cost of brain disorders in Europe. *European Journal of Neurology* 2012; 19(1): 155–162.

# 2. Gehirne im Stress

## Selbsttäuschung

Noch nie standen die Chancen, ein glückliches Leben führen zu können, so gut wie heute. Wenn es uns gesundheitlich einmal nicht so gut geht, dann steht uns eine erfolgreiche Medizin zur Seite, und laufend werden neue medizinische Erkenntnisse gewonnen, die das therapeutische Potenzial sogar noch erweitern. Auch in materieller Hinsicht geht es vielen von uns gut bis sehr gut – wenn auch nicht allen. Unser Lebensstandard ist hoch, und große Teile der Bevölkerung geben in Befragungen an, dass sie mit ihrer Gesundheit und ihrem Befinden zufrieden, wenn nicht gar sehr zufrieden sind. Das ist das Fazit eines kürzlich veröffentlichten Berichts des Schweizerischen Gesundheitsobservatoriums, aus dem hervorgeht, dass sich 74 Prozent der Schweizer Bevölkerung (sehr) häufig voller Kraft, Energie und Optimismus fühlen [1].

Einige, vor allem unser seelisches Befinden betreffende, Fakten stehen allerdings in frappantem Widerspruch zu diesen optimistischen Selbsteinschätzungen. Da sind diverse psychische Störungen wie Depressionen, Angstzustände, Panikattacken, Burnout und Persönlichkeitsstörungen zu nennen, die gesellschaftlich zunehmend wahrgenommen werden. Eng damit verknüpft ist der belastende und omnipräsente Stress, der kaum jemanden unberührt lässt. Im Gegenteil: Er hält uns tagtäglich auf Trab und ist mitverantwortlich für weit mehr gesundheitliche Probleme und Krankheiten, als gemeinhin bekannt ist. Im Rahmen einer umfassenden Studie zur Stressexposition der Schweizer Bevölkerung bemerkte R.M. Steinmann [2] in seinem Bericht *Psychische Gesundheit Schweiz,* den er im Auftrag der Stiftung *Gesundheitsförderung – Schweiz* verfasste, dass verschiedene Altersgruppen besonders exponiert sind: «*Bestimmte Bevölkerungsgruppen, insbesondere 15- bis 24-jährige Menschen, 45- bis 54-jährige Frauen sowie Männer über 50, leiden mit steigender Tendenz an mangelnder psychischer Ausgeglichenheit und tiefer Kontrolle über das eigene Leben oder konsumieren regelmäßig Schlaf- und Beruhigungsmittel.*» Steinmann kam in diesem 2005 veröffentlichten Bericht zu folgendem Schluss: «*Der psychische Gesundheitszustand der Bevölkerung hat sich im Erwerbsalter deutlich verschlechtert. Seit 1986 hat sich die Anzahl der Invaliden-RentnerInnen verdoppelt, und die infolge psychischer Beeinträchtigung ausgesprochenen Renten haben sich fast vervierfacht.*»

In einer Medienmitteilung der OECD vom 23. Januar 2014 wird die Schweiz aufgefordert, sich mehr um die psychischen Probleme der arbeitenden Bevölkerung zu kümmern. Diesem Bericht zufolge leidet etwa jeder dritte Bezieher von Arbeitslosengeld, Invalidenversicherungsleistungen oder Sozialhilfe an einer psychischen Störung. Der Bericht schätzt die Gesamtkosten auf 19 Milliarden, was 3,2 Prozent des Bruttoinlandsprodukts (BIP) ausmacht. Auch der relativ weit verbreitete, oft die Gesundheit gefährdende Konsum von Alkohol und Tabakwaren lässt Zweifel an der sehr positiven Selbsteinschätzung aufkommen. **Alkohol** führt zwar kurzfristig zu einer Entspannung, löst jedoch nicht das Problem, das den exzessiven Alkoholkonsum provoziert hat. Auch das **Rauchen** dient oft der Entstressung. Noch immer raucht gut ein Viertel unserer Bevölkerung. Exzessiver Alkoholkonsum und Rauchen stehen in engem Zusammenhang mit Stress. Neben dem Drogenproblem, das unsere Gesellschaft nach wie vor belastet, machen insbesondere das Rauschtrinken und die recht hohe Suizidrate unter Schweizer Jugendlichen immer wieder von sich reden. Alkohol und Nikotin zählen gemäß dem neusten Bericht der Weltgesundheitsorganisation (WHO) zur Gesundheit in Europa (2013) zu den größten Risikofaktoren. Alkoholmissbrauch hat auch einen Teil der Jugend erfasst, und zwar in einem solchen Ausmaß, dass die Öffentlichkeit davon Notiz nimmt und sich zum Handeln genötigt sieht. Aus der im Rahmen der nationalen Kohortenstudie C-SURF veröffentlichten Erhebung unter 12000 Rekruten in der Schweiz geht hervor, dass 91 Prozent der jungen Männer Alkohol konsumieren, knapp die Hälfte davon sogar sechs oder mehr Getränke hintereinander. 44 Prozent dieser 20 Jahre alten Männer rauchen. Gut jeder Dritte konsumiert zudem Joints, mehr als die Hälfte davon mindestens zweimal pro Woche.

Auch in Deutschland treten stressbedingte Erkrankungen immer häufiger auf. Es ist davon die Rede, dass etwa jeder Dritte an stressbedingten Symptomen leidet. Insbesondere erkranken immer mehr Personen am **Burnout-Syndrom.** Eine Studie der Bundespsychotherapeutenkammer aus dem vergangenen Jahr deckte auf, dass die Zahl der durch Burnout bedingten Krankschreibungen seit 2004 um 700 Prozent und die Anzahl der betrieblichen Fehltage sogar um satte 1400 Prozent gestiegen ist. Eine Erhebung der Allgemeinen Ortskrankenkasse (AOK) Baden-Württemberg über die Ursachen von Arbeitsausfällen ergab, dass insgesamt 10 Prozent aller Krankheitstage auf das Konto psychischer Erkrankungen gehen und dass letztere an dritter Stelle aller Erkrankungen liegen. Dass dabei ein enger Zusammenhang mit der Arbeitsbelastung existiert, steht im Einklang mit einer Untersuchung der Kaufmännischen Krankenkasse (KKH) dieses Jahres, die auf einen Zusammenhang zwischen der Zunahme psychischer Erkrankungen und Stress am Arbeitsplatz hinweist. Der Arbeitsstress kann auch dazu führen, dass Betroffene sich durch Einnahme bestimmter Psychopharmaka (sogenannte Hirnbooster) – fitter zu machen versuchen. Wie aus einer repräsentativen Umfrage zu Doping am Arbeits- und Studienplatz der Schweizer Unfallversicherungsanstalt (SUVA 2013) hervorgeht, gibt mehr als ein Drittel der Befragten (36,1 Prozent) an, sich in den letzten 12 Monaten häufig oder sehr häufig gestresst gefühlt zu haben. Etwa 4 Prozent der befragten Personen berichteten, mindestens einmal verschreibungspflichtige Medikamente oder Drogen zum Zweck der kognitiven Leistungssteigerung oder Stimmungsaufhellung eingenommen zu haben. Die Untersuchung war an über 10 000 Personen im Alter zwischen 15 und 74 Jahren durchgeführt worden. Besonders gefährdet sind demnach junge, in der Ausbildung befindliche sowie im Gesundheits- und Sozialwesen beschäftigte Menschen. Aus der Studie geht insbesondere hervor, *«dass der richtige Umgang mit Herausforderungen, aber auch Reduktion von Stress am Arbeitsplatz und in der Bildung die richtigen Ansatzpunkte sind, damit erst gar nicht zu Medikamenten zur Leistungssteigerung gegriffen werden muss»*.

## Höchstleistung gefordert

Wer wünscht sich nicht eine Art Superhirn, das immer fit ist und uns zu jeder Tageszeit zu maximaler Leistung befähigt. Das wäre eine ideale Voraussetzung für ein sicheres Überleben in unserer kompetitiven Turbo-Welt und die volle Entfaltung des eigenen Potenzials. Es würde uns in die Lage versetzen, selbst anspruchsvolle Jobs problemlos zu bewältigen, unsere Konkurrenten hinter uns zu lassen und dabei noch das Leben zu genießen. Es gibt zu diesem Thema bereits umfangreiche Literatur, zuweilen ist aber Vorsicht geboten. Denn aus eigener Erfahrung wissen wir nur allzu gut, dass dies ein Traum ist, der sich kaum erfüllen lässt, und dass die Realität oft ganz anders aussieht. Wir stoßen immer wieder an unsere psychischen und körperlichen Grenzen, und der Alltag ist derart ausgefüllt, dass kaum Zeit zum Nachdenken, geschweige denn zum Ausruhen bleibt.

Wenn die Situation für uns immer enger, bedrohlicher, ja aussichtsloser wird und es die finanziellen Gegebenheiten erlauben, gönnen wir uns, bevor es zu spät ist, vielleicht ein Wellnesswochenende, um die Seele wieder einmal so richtig «baumeln» zu lassen. Aber kaum zurück aus der Wellness-Oase, geht alles wieder von vorn los, denn am Arbeitsplatz erwartet uns eine Flut von angestauten E-Mails und unerledigten Aufgaben, die uns tagelang völlig auszulasten, wenn nicht gar zu überlasten droht. Auch wer aus den Ferien zurückkommt, steht meist vor einem ähnlichen Problem. Ferien sind schon fast zu einem Risiko geworden, es sei denn, wir haben rücksichtsvolle Vorgesetzte und können es in den ersten Tagen nach den Ferien ruhig angehen lassen. Diese Situation ist bis hinauf in die «Teppichetagen» sehr wohl bekannt, aber es geschieht kaum etwas, um sie zu entschärfen. Paradoxerweise brechen Krankheiten oftmals genau im Anschluss an die Ferien oder sogar während des Urlaubs aus. Zahlen hierzu lieferte eine im Auftrag der DAK-Gesundheit 2013 durchgeführte Forsa-Umfrage: Befragt wurden 1003 Personen ab 18 Jahren, die ihren Sommerurlaub gerade beendet hatten. Fast jeder Fünfte aus der Gruppe der bis 29-Jährigen war während der Ferien erkrankt. Es scheint so zu sein, dass gesundheitliche Probleme bei vielen Menschen erst in den Ferien in den Vordergrund rücken, das heißt, wenn sie Gelegenheit zur Entspannung haben.

Den Jugendlichen geht es kaum besser. Sie werden durch die elektronischen Medien und die Fülle an Freizeitangeboten zusehends dazu verlockt, bis an den Rand ihrer Kapazität zu gehen, um sich «auszuloten», und geraten dadurch psychisch wie auch körperlich oft in «Absturzgefahr». Hinzu kommt, dass ihr Gehirn und vor allem ihre emotionalen Regelsysteme noch nicht voll ausgereift sind, sodass sie mehr

Mühe haben, mit belastenden Situationen zurechtzukommen. Und «Ausprobieren» ist bei ihnen oft «total angesagt». Zusammen genommen sieht es ganz danach aus, als sei unser Gehirn effektiv das störungsanfälligste Organ, und wenn es überlastet ist, hat dies weitaus gravierendere Konsequenzen für die Gesundheit von Körper und Geist, als gemeinhin angenommen wird.

## Plastisch und fragil: vom Mutterleib bis ins Grab

Dabei kann der Stress schon sehr früh, nämlich bereits im Uterus einsetzen. Die ersten Lebensjahre einschließlich der pränatalen Phase gelten sogar als besonders stressanfällig. Dies hängt damit zusammen, dass die wichtigsten Phasen der Hirnentwicklung, die besonders störanfällig sind, in eben jene ersten Lebensjahre fallen. Untersuchungen an Mensch und Tier haben gezeigt, dass Stress während der Schwangerschaft die Ausreifung des Gehirns stört [3, 4]. Dieser neue Befund hat natürlich enorme Konsequenzen für die mentale und körperliche Gesundheit des heranwachsenden Kindes. Deshalb sollte diese Information auch unbedingt an die Bevölkerung weitergegeben werden, denn vermutlich sind nicht wenige Schwangere Stress-Situationen ausgesetzt.

Während des ganzen Lebens kommt das Gehirn nie zur Ruhe, und eigentlich kennt es auch keine stabilen Phasen. Von der frühesten Phase der Schwangerschaft an bis ans Lebensende unterliegt es ständigen Veränderungen, und genau so, wie sich dieses Organ anatomisch laufend verändert, so verändert sich auch unsere Persönlichkeit. Sie ist bis ins hohe Alter einem permanenten Wandel unterworfen. Gerade wegen dieser ständigen Veränderungen bleibt das Gehirn auch lebenslang empfindlich für diverse schädigende Einflüsse, seien sie stofflicher oder rein psychischer Art. Bei der Geburt stehen 100 Milliarden Hirnzellen, die Neurone, bereit, und die verschiedenen Hirnregionen sind ausgebildet. Bis zum dritten Lebensjahr findet eine besonders intensive Bautätigkeit im kindlichen Gehirn statt: Der Aufbau von Nervenkontakten, Synapsen und langen Nervenbahnen erreicht hier seinen Höhepunkt. Es ist die Phase, in der Kinder besonders empfindlich auf Misshandlungen reagieren, die lang andauernde Auswirkungen auf ihr psychisches Schicksal haben können. Zwischen dem fünften und achten Lebensjahr wird das adulte Hirngewicht erreicht, begleitet von einer nochmaligen Vermehrung der Anzahl der Nervenkontakte. Inaktive Kontakte werden in der Folge aber wieder abgebaut, ganz nach der Devise *«Use it or loose it»* [5]. Über lange Jahre hinweg vertraten Anatomen die Meinung, der Entwicklung des Gehirns, die etwa bis zum 20. Lebensjahr andauere, folge eine lange Phase der Stabilität. Erst in fortgeschrittenem Alter setze dann schließlich der vom Verlust vieler Hirnzellen und bedeutender Hirnleistungen begleitete Abbau ein. Dieses Bild hat sich zum Glück als Trugschluss erwiesen. Allein die Ausreifung des Gehirns dauert nach heutigen Erkenntnissen bis ins mittlere Lebensalter hinein, also etwa bis zum 40. Lebensjahr, und selbst dann ist es noch nicht völlig stabil. Denn wenn man die Bildung der Nervenhüllen, der sogenannten Myelinhüllen, als Kriterium heranzieht, dann dauert der Prozess sogar bis zum 60. Lebensjahr an. Das ist eine durchaus positive Nachricht. Es ist also auch eine Frage der Definition, wie man die Grenzen für die einzelnen Perioden festlegt. Wer bis ins hohe Alter geistig gesund bleibt und nicht an einer neurologischen Erkrankung leidet, der verliert zwar Neurone, aber prozentual sind dies wenige, sodass dieser Verlust kaum mehr zu Besorgnis Anlass gibt.

Es zeichnet sich erfreulicherweise immer deutlicher ab, dass die **Plastizität** (*siehe* Infokasten) unseres Gehirns bis ins höhere Alter erhalten bleibt und sogar neue Hirnzellen entstehen können. Mittels nichtinvasiver Bildgebungsverfahren wurde nachgewiesen, dass sich Hirnfunktionen in zusätzliche Hirngebiete ausweiten und somit weniger scharf lokalisiert sind [6]. Die Eigenschaft der Plastizität unterscheidet das Hirn von allen anderen Organen, da die Anpassungen oder Veränderungen manchmal sehr schnell erfolgen können. Auf der Ebene einzelner Nervenkontakte können sich nachweisbare Veränderungen innerhalb weniger Stunden oder Minuten vollziehen. So lange braucht es, bis neue Kontaktstellen zwischen Hirnzellen aufgebaut sind. Denken und strukturelle Veränderungen gehen Hand in Hand. Die Hirnplastizität gehört zu den spannendsten aktuellen Forschungsgebieten in der Neurobiologie überhaupt. Man verspricht sich von der neurobiologischen Forschung neue therapeutische Ansätze. Im folgenden Kapitel werden wir uns mit dem Umstand befassen, dass die Reaktion des Gehirns auf chronischen Stress selbst auch Teil dieser plastischen und somit adaptiven Prozesse ist, denn andauernder Stress verändert das Gehirn gleich an mehreren Stellen [7].

**Plastizität**
Dieser Begriff bezieht sich auf die Anpassungsfähigkeit des Gehirns an die Herausforderungen, die im gesunden und kranken Zustand zu bewältigen sind. Zu den herausragenden Besonderheiten des Gehirns zählt die Tatsache, dass sich die Neurone und die Netzwerke, die sie bilden, nicht nur anatomisch, sondern auch hinsichtlich ihrer biochemischen Zusammensetzung und Funktionen verändern können. Auch chronischer Stress bewirkt zahlreiche plastische Veränderungen im Gehirn, die nachfolgend beschrieben werden.

Man geht heute davon aus, dass sich die Verbindungen zwischen den Hirnzellen in Abhängigkeit von ihrer Aktivität lebenslang verändern, genauso wie die Muskulatur, die sich schnell abbaut, wenn sie nicht gefordert wird [6]. Dies bedeutet konkret, dass die Ereignisse jeden Tages – seien sie geistiger oder körperlicher Art – unser Gehirn verändern und dass wir es über die bewusste Gestaltung jeden Tages und Lebensabschnitts selber in der Hand haben, unser Gehirn zu beeinflussen. Es verändern sich nicht nur die Verbindungen zwischen den Hirnregionen, sondern auch die Kontakte zwischen den einzelnen Zellen und der Aufbau der Zellen selbst, vor allem ihre Ausstattung mit Kontaktstellen, den sogenannten Synapsen. Und diese Synapsen sind von größter Bedeutung, denn sie sind für den Informationstransfer und die Informationsspeicherung, also für unser Gedächtnis, von größter Bedeutung. Je nach Aktivität verändern sie ihre Form und Anzahl kontinuierlich.

Da wir neue Informationen mit hoher Geschwindigkeit aufnehmen und speichern können, ist es nicht erstaunlich, sondern passt im Gegenteil sehr gut dazu, dass neue Synapsen sehr schnell gebildet werden können. Der kontinuierliche Umbau der Ausstattung der Hirnzellen mit Synapsen ist beispielsweise besonders gut für das weibliche Geschlecht dokumentiert: Im weiblichen Hippocampus, einer Gedächtnisstruktur, wird die Anzahl der Synapsen parallel zum Monatszyklus in reversibler Weise auf- und wieder abgebaut. Diese Umbauprozesse unterliegen nicht nur genetischer Kontrolle, sondern auch dem Einfluss mehrerer Hormone, die alters- und situationsabhängig die Verschaltungen und Ausbildungen der Zellen in verschiedenen Hirnregionen verändern. Eine herausragende Rolle spielt dabei das **Stresshormon Kortisol**. Bei chronischem Stress gelangt das Kortisol aus unseren Nebennieren über die Blutbahn ins Gehirn und führt dort in verschiedenen Hirnregionen zum Abbau von Synapsen. Unter dem Einfluss von Kortisol verändern Zellen in verschiedenen Hirnregionen ihre Form oder sterben teilweise sogar ab [7].

Aber auch bei den Zellen selbst, den **Neuronen**, tut sich einiges: Bis ans Lebensende werden nämlich neue Hirnzellen gebildet, was die Neurobiologie lange Zeit für unmöglich gehalten hat [8]. Aus dieser Erkenntnis ist ein faszinierendes Forschungsfeld mit sehr interessanten klinischen Perspektiven erwachsen. Dabei geht es um die viel diskutierten **Hirn-Stammzellen**, die für einen kontinuierlichen Nachschub an Zellen sorgen, von denen täglich ein paar tausend neu entstehen. Und just diese sind besonders stressanfällig. Unter dem Einfluss von Stress reduziert sich ihre Anzahl, sie bleiben weniger lange am Leben und haben somit eine kleinere Chance, ins Netzwerk des Gehirns eingebaut zu werden. Ein Teil dieser Zellen entsteht in unserer wichtigsten Gedächtnisstruktur, dem **Hippocampus**[1]. Da Stress einer der bedeutendsten Faktoren bei der Entstehung von Depressionen ist, war der Nachweis, dass diese Struktur bei depressiven Menschen – vermutlich eine Folge des erhöhten Zellsterbens im Hippocampus – kleiner ist, eine wichtige Entdeckung. Man geht heute davon aus, dass dieser Prozess reversibel ist. Ausdruck der enormen Plastizität des Gehirns bis ins hohe Alter ist auch die Beobachtung, dass sich im fortgeschrittenen Alter Funktionen (beispielsweise kognitive Leistungen) im Gehirn in andere Areale verschieben können oder durch zusätzliche Hirnareale mit gesteuert werden. Es scheint, dass einige Funktionen im fortgeschrittenen Alter breiter im Gehirn gestreut sind. Unser Gehirn bleibt somit bis ans Lebensende plastisch.

Leider werden wir mit zunehmendem Alter aber auch stressanfälliger, was mehrere Ursachen haben kann. Einige davon werden wir uns genauer ansehen. Der vorliegende Text ist kein klassischer psychologischer Ratgeber. Er möchte vielmehr eine Brücke von der Biologie hin zur Psychologie und Medizin schlagen, indem auf der Grundlage neuer biologischer und medizinischer Erkenntnisse Möglichkeiten zur Stressbewältigung beleuchtet werden.

1 Einzelheiten siehe Kapitel 3

## Literatur


[1] Schuler D, Burla L. Psychische Gesundheit in der Schweiz. Monitoring 2012, Schweizerisches Gesundheitsobservatorium [Obsan].

[2] Steinmann RM. Psychische Gesundheit – Stress. Wissenschaftliche Grundlagen für eine nationale Strategie zur Stressprävention und Förderung psychischer Gesundheit in der Schweiz. Hrsg. v. Gesundheitsförderung Schweiz Bern; 2005.

[3] Lupien SJ, McEwen BS, Gunnar MR, Heim C. Effects of stress throughout the lifespan on the brain, behaviour and cognition. *Nature Reviews Neuroscience* 2009; 10: 434–445.

[4] Shonkoff JP, Boyce WT, McEwen BS. Neuroscience, molecular biology, and the childhood roots of health disparities: building a new framework for health promotion and disease prevention. *JAMA* 2009; 301(21): 2252–2259.

[5] Herschkovitz N, Herschkovitz EC. *Das vernetzte Gehirn: Seine lebenslange Entwicklung.* Bern: Hans Huber; 2009.

[6] Doidge N, Neubauer J. *Neustart im Kopf. Wie sich unser Gehirn selbst repariert.* Frankfurt, New York: Campus; 2008.

[7] Davidson RJ, BS McEwen. Social influences on neuroplasticity: stress and interventions to promote well-being. *Nature Neuroscience* 2012; 15(5): 689–695.

[8] Gould E, Gross CG. Neurogenesis in adult mammals: some progress and problems, *The Journal of Neuroscience* 2002; 22(3): 619–623.

# 3. Wie das Gehirn unter Stress gerät

## New York: ein Zentrum der Stress- und Angstforschung

Alles begann mit Hans Selye, einem österreich-kanadischen Mediziner ungarischer Abstammung, der als Vater der Stressforschung bezeichnet wird. Zumindest schrieb er sich selber diese Rolle zu, obschon belegt ist, dass er zu Beginn seiner Forschungen den Ausdruck «Stress» gar nicht verwendete. Als Medizinstudent machte Hans Selye die Beobachtung, dass Patienten, die den Studierenden von den Professoren in Lehrveranstaltungen vorgestellt wurden, unabhängig von der Art ihrer Erkrankung eine Reihe typischer Symptome zeigten: Sie hatten eine belegte Zunge und litten an chronischer Müdigkeit sowie Appetitlosigkeit. Darüber hinaus waren ihre Mandeln entzündet. Das war eine Beobachtung, die er später experimentell weiter untersuchte, obwohl sein Professor kein großes Interesse daran gezeigt haben soll. Aber letztendlich waren es genau diese initialen Beobachtungen, die ihn dazu veranlassten, ein allgemeines Adaptationssyndrom als Reaktion des Körpers auf schädigende äußere Einwirkungen zu propagieren, zu denen er unter anderem Schmerz, Hitze und Kälte zählte.

1936 veröffentlichte er seine erste bahnbrechende Arbeit hierzu in der Zeitschrift *Nature*, in der der Ausdruck «Stress» allerdings nicht auftauchte. Den Einfluss psychischer Faktoren, die bei moderneren Untersuchungen oft im Vordergrund stehen, untersuchte er damals nicht. Wie Bruce S. McEwen, der «Übervater» der aktuellen Stressforschung, in seinem Buch *The End of Stress As We Know It* feststellt, hatte Selye das Gehirn gar nicht als Ausgangsort des Stresses angesehen [1]. Bis zu dieser Erkenntnis war es noch ein weiter Weg, auch wenn wir diesen Sachverhalt heute im Grunde als selbstverständlich betrachten. Den Begriff Stress verwendete Selye selbst erst ab 1950, und erst 1956 begann er damit, über Stress im Zusammenhang mit psychischen Belastungen zu schreiben. Im Übrigen war es McEwen, der als erster feststellte, dass das Gehirn der Ursprungsort von Stressreaktionen ist [1].

Einen wesentlichen Teil dessen, was wir heute über die Stressreaktion im Gehirn wissen, verdanken wir also McEwen, der seine beeindruckende Karriere als jüngster Professor der Rockefeller University in New York begann, wo er auch heute noch immer forschend tätig ist.

Die **Rockefeller University** ist zwar weniger bekannt als die großen Eliteschmieden der Ost- und Westküste der USA, aber sie ist sehr exklusiv, denn Studierende ohne Bachelor- oder Master-Abschluss wird man dort kaum finden. Hin und wieder trifft man allerdings auch auf ganz junge Menschen, die ihre Aufnahme – ohne im Besitz des akademischen Bachelor- oder Master-Grades zu sein – allein ihrem Genie zu verdanken haben. Die Universität hat eine lange Liste von Nobelpreisträgern vorzuweisen. Die Professoren können sich weitgehend auf die Forschung konzentrieren, denn regulärer Unterricht findet gar nicht statt. Von einer solchen Arbeitssituation können Wissenschaftler in Europa nur träumen.
Die Universität wurde vom Ölmagnaten David Rockefeller gegründet und ist in einem kleinen Park an der

Ostküste von Manhattan gelegen. Wer den Campus betritt, lässt Manhattan hinter sich und taucht sozusagen in ein intellektuelles Refugium ein – eine grüne Insel unter riesigen Platanen, mitten in der lärmerfüllten Großstadt. Es gibt sogar einen Tennisplatz, der gemessen an den New Yorker Grundstückspreisen wahrscheinlich zu den teuersten Tennisplätzen der Welt gehören dürfte.

Früher als andere beschäftigte sich McEwen mit der Frage, welche Prozesse im Gehirn in Stress-Situationen ablaufen. Über vier Jahrzehnte hat er bahnbrechende Arbeiten zu diesem Thema publiziert. Obwohl er sein Leben der Erforschung des Phänomens *Stress* widmete, schien Stress ihm selber nichts anhaben zu können, wie die folgende kleine Anekdote veranschaulichen soll. Der Erstautor dieses Buches hatte das Privileg, als junger PostDoc[2] in McEwens Labor zum Thema Stress arbeiten zu dürfen: «*Besonders eindrücklich war meine allererste Begegnung mit Professor McEwen. Er holte mich persönlich am John-F.-Kennedy-Flughafen ab und lud mich zum Abendessen zu sich nach Hause ein. Auf der Fahrt nach New Jersey wurde sein Fahrzeug auf einer Straßenkreuzung von einem mit hoher Geschwindigkeit fahrenden Auto beinahe gerammt. Das andere Fahrzeug kam auf der anderen Seite der Kreuzung in einem Gemüseladen zum Stehen. Aus dem Gemüse ragte nur noch der hintere Teil des Wagens hervor. Der Fahrer war bei Rot über die Kreuzung gerast. McEwen stieg aus, alarmierte die Polizei, stellte sich als Zeuge zur Verfügung und setzte den Heimweg, so als sei überhaupt nichts passiert, ganz gelassen fort. Die Geschwindigkeit und die Sachlichkeit, mit der*

---

2 Kurz für Post-Doktorand: Bezeichnung für einen Wissenschaftler, der nach Abschluss seiner Promotion weitere Studien unter Anleitung eines erfahrenen Wissenschaftlers an einer Forschungseinrichtung betreibt.

*er diese Situation bewältigte, waren schlicht beeindruckend. Diese Episode ist auch deshalb erzählenswert, weil heutige Post-Docs wohl nur noch selten in den Genuss kommen, am Flughafen persönlich von ihrem Professor abgeholt und seiner Familie vorgestellt zu werden.»*

Es gibt noch weitere Gründe, New York als Zentrum der Stress- bzw. Angstforschung zu bezeichnen: Joseph LeDoux, einer der bedeutendsten, wenn nicht gar der bedeutendste Angstexperte überhaupt, forscht und lehrt an der *New York University*. In jahrelanger Arbeit hat er mit seinem Team die neuronalen Schaltkreise der Angst erforscht und bahnbrechende Grundlagenarbeit auf diesem wichtigen Gebiet geleistet. Zusammen mit McEwen und weiteren Spitzenforschern aus New York hat sich ein Gremium formiert, das sich mit Aspekten der Angstforschung auseinandersetzt. New York ist schon lange ein Ort, an dem Angst einen besonderen Stellenwert hat; insbesondere gilt dies seit dem 11. September 2001 («9/11»), als infolge eines Terroranschlags die beiden Türme des World Trade Centers einstürzten.

## Angst macht Stress

Bei Stressereignissen spielt die bewusst oder unbewusst erlebte **Angst als Auslöser** eine entscheidende Rolle. Darin stimmen Neurobiologen und Psychologen überein. Der Erforschung der Angstschaltkreise im Gehirn kommt daher überragende Bedeutung zu. Bei einer akuten Gefährdung wie dem eben geschilderten Unfallereignis oder bei einer bevorstehenden möglichen Gewalteinwirkung reagiert unser Stress-System schnell, manchmal sogar so schnell, dass wir uns der Prozesse, die in uns ablaufen, gar nicht bewusst sind. Wir werden ihrer erst gewahr, wenn wir spüren, dass unser Herz schneller schlägt und uns der Schweiß ausbricht. Bewusst, aber auch unbewusst erlebte Angst löst eine **Stress-**

**reaktion** aus. Angst war und ist für unser Überleben die wohl wichtigste Emotion überhaupt und ist daher auch am besten untersucht. Unbewusste Angst ist viel schwieriger zu erfassen, und ihr Ausmaß und ihre Auswirkungen in unserer hektischen, auf Leistung ausgerichteten Gesellschaft werden vermutlich noch immer unterschätzt. Sie kommt im Berufsleben in Situationen auf, in denen wir befürchten, einer Herausforderung nicht gewachsen zu sein.

Wie aber entsteht Angst, und wie entstehen überhaupt Emotionen? Das Gebiet der Emotionen und der ihr zugrunde liegenden Zellsysteme im Gehirn war von der Neurobiologie lange Zeit gemieden worden, weil es als unwichtig, als zu kompliziert oder bei Experimenten sogar als störend erachtet wurde. Erst in den 1970er-Jahren begannen einige Pioniere, sich schließlich systematisch mit den Emotionen und ihrer Entstehung im Gehirn zu befassen. Zu den wenigen, die den Einstieg in dieses Thema wagten, gehörte auch Joseph LeDoux. Seine systematischen Forschungen haben zu unserem heute vertieften Verständnis der Hirnprozesse beigetragen, die während eines angstauslösenden Ereignisses ablaufen. Dank seiner Forschungsarbeiten wie auch der einiger anderer Kollegen wissen wir inzwischen mehr über die Mechanismen der Angst als über die irgendeiner anderen Emotion. Ein großer Teil seiner Arbeiten ist in einem verständlich geschriebenen Buch veröffentlicht worden [2]. LeDoux untersuchte über Jahre hinweg insbesondere auch jene Zellmechanismen, die ausgelöst werden, wenn sich ein Angstereignis in unser Gedächtnis einprägt. Er postuliert – und dies ist in Fachkreisen heute allgemein akzeptiert –, dass Erinnerungsinhalte durch den Vorgang des wiederholten Sich-Erinnerns gefestigt, sozusagen ins Gedächtnis «eingebrannt» werden.

Dabei scheinen die Mechanismen jenen zu ähneln, die beim Erlernen einer Fremdsprache greifen. Genau so, wie wir uns Fremdwörter durch Wiederholung einprägen, so prägen sich auch emotionale Erinnerungen in unserer Gedächtnis ein. Soweit wir heute wissen – und darüber gibt es mehrere Studien –, verändern sich dabei die Kontakte zwischen den Hirnzellen oder, wie es im Fachjargon heißt, werden die synaptischen Verbindungen «gebahnt». Das bedeutet, dass sich die Erregungsübertragung verbessert. LeDouxs Arbeiten und Erkenntnisse wurden auf tragische Weise einem Realitätstest unterzogen. Kurz nach dem Einsturz der beiden Türme des World Trade Centers – ein Ereignis, das niemand, der es am Fernseher verfolgt oder sogar real miterlebt hat, jemals vergessen wird – wandte sich LeDoux in einem Artikel der *New York Times* an die schockierte Bevölkerung der Stadt. Er empfahl all jenen, die diese Horrorszenen ungewollt hatten mitansehen müssen, nicht darüber nachzudenken; sie sollten vielmehr versuchen, sich abzulenken, damit sich diese Bilder nicht zu fest und zu tief in ihren Gehirnen verankerten. Er riet beispielsweise dazu, joggen zu gehen – eine Empfehlung, die auf seinen eigenen jahrelangen Untersuchungen über die Mechanismen der Speicherung emotionaler Erinnerungen basierte.

Mehrere nichtinvasive Bildgebungsstudien haben übereinstimmend und überzeugend gezeigt, dass eine kleine mandelförmige Struktur, die **Amygdala**[3], durch Angst aktiviert wird [2]. «Aktiviert» heißt, dass die Durchblutung dieser Region zunimmt, was als indirekter Hinweis auf eine erhöhte oder veränderte Aktivität der Hirnzellen interpretiert wird. Droht Gefahr, dann werden die Zellen der Amygdala aktiv, und zwar selbst dann, wenn wir uns der Tatsache, dass etwas Beängstigendes auf uns einwirkt, gar nicht bewusst sind. Es genügt, wenn wir uns für den kurzen Augenblick von nur einer Zehntelsekunde ein angsterfülltes Gesicht auf einem Foto oder in unserer realen Umgebung ansehen: Schon spricht die

3 Die Amygdala oder der Mandelkern ist eine komplexe Struktur. Anatomisch unterscheidet man etwa 13 Unterstrukturen, die untereinander und mit vielen anderen Hirnarealen verbunden sind.

Amygdala mit einer Aktivierung an. Vor allem negative, durch angstbeladene Erlebnisse ausgelöste Emotionen aktivieren diese kompakte kleine Hirnregion und steuern von hier aus die ganze Sequenz der psychischen und physischen Reaktionen, die für eine **Angstreaktion** typisch sind. Dazu zählt die Aktivierung des sympathischen Nervensystems, gefolgt von den beschleunigenden Effekten auf Herz und Kreislauf, die Freisetzung der Stresshormone Kortisol, Adrenalin und Noradrenalin und das ganze Spektrum an Verhaltensreaktionen bis hin zur klassischen Schreckreaktion.

Bei Angstzuständen und an der daraus resultierenden Stressreaktion sind neben der Amygdala als Emotionszentrum eine Reihe weiterer Hirnstrukturen beteiligt, deren genaue Funktionen bei der Orchestrierung und Steuerung der Angst es aber noch genauer zu erforschen gilt. Die drei wichtigsten Hirnregionen sind in **Abbildung 1** schematisch dargestellt. Als zentrale und besonders wichtige Schaltstelle ist unser Emotionszentrum, die **Amygdala**, zu nennen, die paarig auf beiden Seiten des Gehirns im Schläfenbereich lokalisiert ist. Eng mit ihr verschaltet sind einerseits der Stirnlappen, der sogenannte **präfrontale Kortex**, sowie der nahe gelegene **Hippocampus.**

Manchmal gelingt es uns, unsere Angst durch rationales Denken zu zügeln. Mehrere Studien an Mensch und Tier haben übereinstimmend gezeigt, dass die Steuerung der Angst über den vordersten Teil unseres Gehirns, über den **Stirnlappen** oder **präfrontalen Kortex** (*siehe* Abbildung 1), erfolgt, der beim Menschen, gemessen an der Größe des ganzen Gehirns, deutlich prominenter ist als bei anderen Primaten oder Tieren. Er ist über ab- und aufsteigende Nervenbahnen reziprok mit der Amygdala verbunden. Dem Stirnlappen wird generell bei der Kontrolle von Verhalten und Emotionen eine übergeordnete Steuerungsfunktion zugedacht. Diese Ansicht wird durch die wiederholt publizierte Beobachtung untermauert, dass Personen, deren Stirnlappen früh in der Kindheit oder auch im Erwachsenenalter infolge einer Verletzung oder eines Tumors geschädigt wurde, auffallende Persönlichkeitsstörungen aufweisen, die von Defiziten im emotionalen Bereich begleitet sind [3]. Der präfrontale Kortex wird bei chronischem Stress verändert, was funktionelle Konsequen-

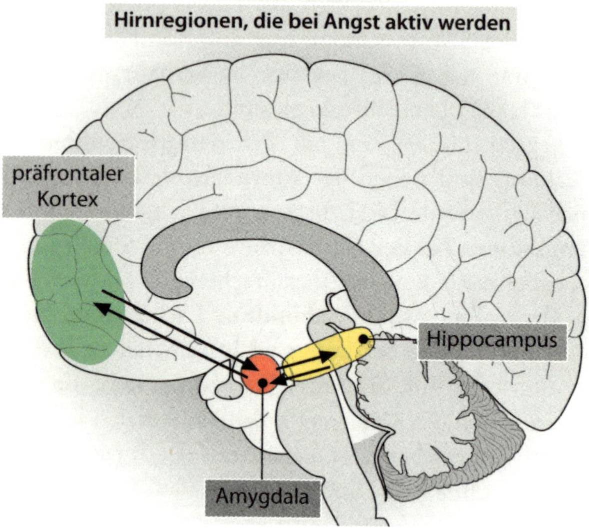


**Abbildung 1: Die wichtigsten bei Auslösung einer Angstreaktion beteiligten Hirnareale.** Die Amygdala ist das wahrscheinlich wichtigste Emotionszentrum überhaupt. Von ihr aus wird das ganze Spektrum körperlicher und psychischer Reaktionen auf eine angst- oder stressauslösende Situation gesteuert. Der präfrontale Kortex (auch Stirnlappen genannt) ist über lange Nervenfasern mit der Amygdala verbunden und hat eine übergeordnete Funktion bei der Emotionskontrolle. Der Hippocampus ist die Gedächtnisstruktur schlechthin. Er steht über viele Faserverbindungen mit der Amygdala in Kontakt und hat mehrere Funktionen. Zum einen übt er eine hemmende Funktion auf eine ausgelöste Stressreaktion aus, zum anderen vermittelt er den Kontext einer angst- oder stressauslösenden Situation, d.h., er erinnert uns, unter welchen Umständen oder in welchem Zusammenhang eine bestimmte, beispielsweise angstauslösende Situation schon einmal eingetroffen ist. Wenn sich dieselbe Situation wiederholt, dann tritt unsere Reaktion schneller ein und verläuft praktisch von allein.

zen hat: Zellen in dieser Region werden umgebaut, und infolgedessen schwächt sich die Kontrolle über die Angstreaktion ab [4]. Diese Hirnregion ist aber nicht der einzige Wächter über unsere Emotionen; anatomisch besonders eng mit der Amygdala verschaltet ist der **Hippocampus**, auch **Ammonshorn** genannt. Letztere Bezeichnung ist eine Anspielung auf seine geschwungene Form, die an das Horn eines Widders erinnert. Der Hippocampus gilt in der Hirnforschung primär als die bedeutendste Gedächtnisregion.

Wie kommt es nun zur Auslösung einer **Stressreaktion**, die letztlich den ganzen Körper erfasst? Die Nervenbahnen, die diesen Prozessen zugrunde liegen, sind recht gut bekannt. Die Stressreaktion umfasst **zwei Hauptkomponenten**: Das sind zum einen die Nervenfasern, die vom Rückenmark zu den beiden Nebennieren und zwar zu deren Zentrum, dem zentralen Mark, ziehen und dort die Freisetzung von Adrenalin[4] ins Blut bewirken. Das Startsignal für die zweite, zeitlich verzögert einsetzende Stresskomponente kommt ebenfalls aus der Amygdala und führt in der Folge zur seriellen Freisetzung zweier Hormone, und zwar von CRH und ACTH (siehe unten). Von der aktivierten Amygdala aus ziehen Nervensignale in den benachbarten **Hypothalamus**, eine mitten an der Hirnbasis gelegene kleine Hirnstruktur, die für die Sekretion zahlreicher Hormone verantwortlich ist. In dieser stammesgeschichtlich betrachtet[5] sehr alten Struktur sind jene Zellen lokalisiert, die als erstes das **Corticotropin Releasing Hormone** (abgekürzt **CRH**) freisetzen. Wie der Name andeutet, führt dieses Hormon zur Freisetzung eines zweiten Hormons, des **adrenokortikotropen Hormons** (kurz **ACTH**), das aus der kleinen Hirnanhangdrüse an der Hirnbasis, der **Hypophyse**, ins Blut freigesetzt (sezerniert) wird, um über

4 Neben Adrenalin wird auch etwas Noradrenalin freigesetzt, aber nur etwa ein Fünftel der Menge an Adrenalin.

5 Auch Fische haben schon einen Hypothalamus.

den Blutkreislauf in die Nebennieren zu gelangen. Letztere schütten in der Folge das aus Cholesterin synthetisierte Steroidhormon Kortisol in die Blutbahn aus. Die Stressreaktion im Körper umfasst somit die Freisetzung und Wirkung dreier **Botenstoffe**, und zwar von Kortisol, Adrenalin und Noradrenalin. Meist ist nur gerade vom Kortisol und vom Adrenalin die Rede, aber seit ein paar Jahren zeichnet sich ab, dass dem Noradrenalin vor allem bei den gefährlichen Langzeitauswirkungen von Stress deutlich mehr Beachtung gebührt. Noradrenalin ist der Botenstoff, der an den Nervenendigungen des sympathischen Nervensystems ausgeschüttet wird und die Aktivität sämtlicher inneren Organe sowie den Tonus der Blutgefäße reguliert. Im Folgenden wollen wir uns die Konsequenzen dieser Hormonwirkungen genauer ansehen.

## Akuter Stress macht uns fitter

Wertet unser Gehirn eine Situation als besonders große Herausforderung, dann wird der Botenstoff **Adrenalin** aus dem Zentrum der Nebenniere, dem Nebennierenmark, in die Blutbahn ausgeschüttet. Adrenalin sorgt dafür, dass der Brennstoff **Glukose** aus den Speichern des Körpers freigesetzt und über die Blutbahn dem Hirn und der Muskulatur zur Bewältigung der anstehenden Herausforderung verfügbar gemacht wird. Adrenalin aktiviert Hirn und Körper zu erhöhter Leistung, indem es das Herz schneller und kräftiger schlagen lässt und den Blutdruck erhöht.

Die zweite Komponente einer Stressreaktion betrifft die Freisetzung des Stresshormons **Kortisol** aus der Nebennierenrinde. Diese Reaktion läuft gegenüber der Adrenalinfreisetzung zeitlich verzögert ab, weil, wie zuvor beschrieben, mehrere Prozessschritte daran beteiligt sind. Kortisol bewirkt, dass die durch Adrenalin entleerten Glukosespeicher wieder aufgefüllt werden, indem Fettdepots abgebaut werden und Glukose in der Leber in Form von Glykogen gespeichert wird. Kortisol hat darüber hinaus zahlreiche weitere Wirkungen im Gehirn und Körper, was damit zusammenhängt, dass die meisten Körperzellen mit Andockstellen (sogenannten Rezeptoren) für Kortisol ausgerüstet sind. Diese **Rezeptoren** sind im ganzen Gehirn sowie im Rückenmark vorhanden, ihre Wirkungen sind aber weniger gut untersucht.

Nachdem Kortisol von den Nebennieren in die Blutbahn ausgeschüttet wurde, gelangt es auch ins Gehirn und bewirkt, dass unsere Aufmerksamkeit zunimmt und unsere geistigen Fähigkeiten verbessert werden. Kortisol ist ein Hormon, das nicht nur bei Stress, sondern im ganz normalen Alltag aktiv ist und eine wichtige Rolle spielt. Bei Gesunden unterliegt der Kortisolspiegel einem typischen **Tagesrhythmus**, der an die Anforderungen angepasst ist, die ein Tag normalerweise an uns stellt. So steigt der Blutspiegel in den frühen Morgenstunden, wenn wir wach und aktiv werden, steil an, sinkt gegen Abend wieder ab und bleibt während der Nacht niedrig. Kortisol fördert das Lernen und parallel dazu die Bildung neuer Synapsen, also Nervenkontakte.

Kürzlich konnten Liston und Mitarbeiter diesen **Zusammenhang zwischen Lernen, Synapsenbildung und Kortisol** in einer eleganten Studie nachweisen [4]. Bei Mäusen beobachteten sie, kurz nachdem diese einen Lerntest absolviert hatten, die Bildung neuer synaptischer Kontakte in der Hirnrinde (dem Kortex). Die Tiere mussten lernen, sich auf einer rotierenden Scheibe zu bewegen. Fand der Lerntest statt, wenn der Hormonspiegel am höchsten war, dann wurden mehr Synapsen gebildet und der Test erfolgreicher bewältigt, als wenn der Test bei niedrigem Hormonspiegel durchgeführt wurde. Untersucht wurden die Synapsen im sogenannten **motorischen Kortex**, der den Ablauf von Bewegungen steuert. Wurde der Hormonspiegel nach dem Lerntest experimentell über drei Tage künstlich erhöht, dann verminderte sich die Anzahl an Synapsen, und die Tiere verlernten, was sie sich angeeignet hatten. Die Autoren folgerten daraus, dass andauernder Stress Lernen verhindert, dass Lernen durch das Stresshormon aber gefördert wird, wenn es mit dem Zeitpunkt zusammenfällt, an dem der Körper im Tagesverlauf mehr Hormon ausschüttet. Diese sehr aufschlussreichen Experimente veranschaulichen, dass man die proklamierten Wirkungen des Hormons sehr gut nachweisen kann.

Die Mechanismen, über die Kortisol das **Gedächtnis** verbessert, sind im Hippocampus, unserer wichtigsten Gedächtnisstruktur, intensiv untersucht worden. Der Hippocampus scheint bei ganz verschiedenen Formen des Gedächtnisses eine wichtige Funktion zu haben, so beim räumlichen, beim semantischen (sprachlichen) wie auch beim expliziten Gedächtnis. Letzteres betrifft Gedächtnisinhalte von Erlebnissen, die wir bewusst erlebt haben und die wir verbal beschreiben können. Der größte Teil der Gedächtnisstudien über die Wirkung von Kortisol und Stress erfolgte an Nagetieren, bei denen das räumliche Gedächtnis eine wichtige Rolle spielt. Basierend auf solchen Versuchen wurde gefunden, dass Kortisol die Leistungsfähigkeit des Hippocampus erhöht und damit das Gedächtnis verbessert. Die **Wirkung von Kortisol** erwies sich allerdings als **dosisabhängig**. Diese Zusammenhänge wurden unter anderem vom Schweizer Wissenschaftler Dominique De Quervain und Mitarbeitern gezeigt [6]. Steigt die Konzentration des Kortisols über längere Zeit (etwa Wochen oder Monate) an, was bei chronischem Stress der Fall ist, dann gefährdet dies die Funktionsfähigkeit des Hippocampus und führt zu Leistungseinbußen, die mehrere Tage andauern können. Ist die belastende Situation vorbei, wird diese Kaskade von Prozessen heruntergefahren, bis wieder der Ruhezustand erreicht ist. Das Kortisol, das den Hippocampus über die Blutbahn erreicht, induziert in den betroffenen Zellen sowohl schnelle als auch langsame **molekulare Veränderungen**. An der Zelloberfläche bindet es an

Rezeptoren und induziert auf diese Weise schnelle Reaktionen, die aber noch nicht genau verstanden sind. Zudem kann es in Zellkerne eindringen und dort die Aktivität zahlreicher Gene verändern. Man geht davon aus, dass dadurch zwischen 70 und 100 Gene beeinflusst werden, wobei die Hälfte unter dem Einfluss von Kortisol hochreguliert wird. Was diese Gene im Einzelnen bewirken, muss noch geklärt werden und ist Gegenstand aktueller Forschung. Die Direktorin des Rudolf-Magnus-Instituts in Utrecht, Marian Joels, die zu den führenden Stressforschern und Stressforscherinnen in Europa gerechnet wird, hat beschrieben, dass bei Stress mindestens 10 Zellsysteme, die verschiedene Botenstoffe verwenden, aktiviert werden. Die Rolle und das Zusammenspiel all dieser Zellen zu verstehen, stellt eine große Herausforderung dar. Entsprechende Untersuchungen sind im Gange. Da diese Systeme fein aufeinander abgestimmt sind, spricht Joels von einer «Symphonie der Stressreaktion» [7].

Im Körper führt Kortisol zu einer **Erhöhung des Glukosespiegels**, was uns zu größerer Muskelleistung befähigt. Als Folge der Aktivierung des Stress-Systems wird auch das Immunsystem angestoßen, indem die weißen Blutkörperchen sich dorthin bewegen, wo sie bei einer möglichen Verletzung zur Abwehr einer Infektion benötigt werden: Sie verlagern sich vom Blut ins Gewebe. Kortisol ist in der Medizin als entzündungshemmendes Hormon bekannt; wie einer der Schüler von McEwen, der Stressforscher R. Sapolsky von der *Stanford University*, entdeckte, kann es bei höherer Dosierung im Gehirn aber auch Schädigungen hervorrufen, indem es Entzündungsprozesse verstärkt.

Die vorangehenden Ausführungen können leicht den Eindruck vermitteln, dass bereits ein recht abgerundetes, ja fast vollständiges Bild der beim Stress ablaufenden Hirnprozesse existiert. Genau genommen gibt es aber noch sehr viele offene Fragen, die beantwortet werden müssen, wenn wir die Regulation und Gegenregulation von Stressprozessen von

Grund auf verstehen wollen. Da ist zum Beispiel auf den Sachverhalt hinzuweisen, dass nicht nur Zellen in der Amygdala, im präfrontalen Kortex sowie im Hippocampus über Rezeptoren für das Stresshormon Kortisol verfügen, sondern dass auch in vielen weiteren Hirnregionen Hormonrezeptoren zu finden sind, über deren Funktion erst wenig bekannt ist. Die Forschung hat sich bislang sehr stark auf die drei genannten Hirnstrukturen beschränkt, weil sie bei der Regulation von emotionalen Prozessen als wichtig identifiziert wurden und Letztere im Kontext psychischer Erkrankungen schon lange von großem Interesse sind. Allein die Tatsache, dass bis zu 100 Gene in Gehirnzellen durch Stresshormone beeinflusst werden, und der Hinweis darauf, dass mindestens 10 verschiedene Zellsysteme des Gehirns an der Regulation von Stressreaktionen beteiligt sind, weist auf die enorme Komplexität der stressgekoppelten Hirnprozesse hin. Wer sich vertieft mit der sehr spannenden und äußerst komplexen Biologie der Stressmechanismen auseinandersetzen möchte, sei auf die ausgezeichneten Übersichtsarbeiten von Joels [7], de Kloet [8] und McEwen [5] verwiesen.

## Literatur


[1] BS McEwen. *The End of Stress As We Know It.* Washington DC: Joseph Henry Press; 2002.

[2] LeDoux J. *The Emotional Brain: The Mysterious Underpinnings of Emotional Life.* New York: Touchstone; 1996.

[3] Anderson SW, et al. Impairment of social and moral behavior related to early damage in human prefrontal cortex. *Nature Neuroscience* 1999; 2(11): 1032–1037.

[4] Liston C, et al. Psychosocial stress reversibly disrupts prefrontal processing and attentional control. *PNAS* 2009; 106(3): 912–917.

[5] McEwen BS. Physiology and neurobiology of stress and adaptation: central role of the brain. *Physiological Review* 2007; 87: 873–904.

[6] De Quervain DJ. Glucocorticoid-induced inhibition of memory retrieval: implications for posttraumatic stress disorder. *Annals of the New York Academy of Science* 2006; 1071: 216–220.
[7] Joels M, Baram TZ. The neuro-symphony of stress. *Nature Reviews Neuroscience* 2009; 10: 459–466.
[8] de Kloet ER, Joëls M, Holsboer F. Stress and the brain: from adaptation to disease. *Nature Reviews Neuroscience* 2005; 6: 463–475.

# 4. Das Gehirn schützt sich (zunächst) selber: Schutz vor akutem Stress

Solange die Stressphasen nur von kurzer Dauer sind, regelt sich das System von selbst wieder ein und kommt zur Ruhe. Da jeder Tag neue Herausforderungen mit sich bringt, stellt sich die Frage, was unternommen werden kann, damit die Belastung nicht **überhandnimmt.** Zum Glück sind wir nicht wehrlos: Ohne uns dessen bewusst zu sein, laufen in unserem Körper ständig Prozesse ab, die darauf ausgerichtet sind, uns fit zu halten und für neue Herausforderungen zu wappnen. Die **Weltgesundheitsorganisation WHO** definiert **Gesundheit** als einen Zustand kompletten physischen, mentalen und sozialen Wohlbefindens und nicht einfach als Abwesenheit von Krankheit oder Gebrechen. Aber so ganz befriedigend und klar ist diese Definition nicht. Dieser erstrebenswerte Zustand der Gesundheit, wie ihn die WHO definiert, stellt sich nämlich nicht von allein ein, sondern muss mit beträchtlichem Aufwand von Körper und Gehirn zunächst einmal erreicht und dann auch noch gegen die schier endlosen Herausforderungen des Alltags und Lebens verteidigt werden.

Aber wie gelingt dies? Es gelingt durch das Zusammenwirken von Gehirn und Körper: Wir erreichen es als denkende, vorausschauende und empfindende Lebewesen. Die gute Nachricht ist, dass Körper und Gehirn in enger Zusammenarbeit einen großen Teil dieser enorm vielschichtigen Leistungen quasi autonom zustande bringen – solange die Belastungen nicht zu groß und nicht von zu langer Dauer sind. Gemeinsam registrieren sie permanent den Zustand des Körpers und reagieren auf Veränderungen sowohl im Körper als auch in der Umwelt.

Wie schaffen wir dies? Wie bewältigt unser Körper die zahlreichen Alltagsbelastungen? Claude Bernard, der große französische Physiologe des 19. Jahrhunderts, ging davon aus, dass der Körper mit seinen Organen darum bemüht ist, ein konstantes inneres Milieu aufrechtzuerhalten: «*La fixité du milieu intérieur est la condition d'une vie libre et indépendante.*» Das von Bernard eingeführte Konzept der «**fixité du milieu intérieur**» wurde später vom amerikanischen Physiologen B.W. Cannon als **Homöostase** bezeichnet, und dieser Begriff hat sich bis heute in den Lehrbüchern gehalten. Dabei handelte es sich um einen konzeptionellen Durchbruch, der gar nicht hoch genug eingeschätzt werden kann. Davor nämlich herrschte in der Medizin der Glaube an ein diffuses Wirken von Körpersäften, die es auszubalancieren galt, um gesund zu bleiben.

Allerdings weist das Modell der Homöostase bedeutende Schwächen auf, auf die bereits der amerikanische Physiologe Peter Sterling hingewiesen hat [1]. Sterling argumentierte sogar dahingehend, dass dieses Konzept falsch sei, weil der Körper je nach inneren oder äußeren Anforderungen flexibel und vor allem vorausschauend reagieren muss und kann, um so extreme, darunter auch gesundheitliche Gefährdungen zu vermeiden. Wird eine äußere Gefahr erkannt, bleiben Blutdruck oder Blutverteilung eben nicht konstant, wie es die Theorie der Homöostase vorsieht, sondern ganz im Gegenteil: Das Herz pumpt schneller, der Blutdruck steigt, und das Blut wird aus den Eingeweiden abgezogen und den Muskeln zugeführt, wo es im Fall von Kampf oder Flucht (für die sogenannte «Kampf-Flucht-Reaktion») benötigt wird. Dadurch wird die Reaktionsfähigkeit gesteigert. Auch mental werden wir durch eine Kaskade von Hirnbotenstoffen aktiviert. Diese Prozesse werden vom Gehirn eingeleitet und koordiniert, sobald die Gefahr erkannt wird, sozusagen als vorsorgliche Maßnahme. Das klassische Konzept der Homöostase dagegen würde darauf hinauslaufen, dass alle Kreislaufparameter konstant bleiben, auch wenn zur Abwehr einer Gefahr erhöhte Kampfbereitschaft erforderlich ist. Ein weiteres Beispiel, das gegen das Konzept der Homöostase spricht, sind Situationen, in denen Hunger oder Durst drohen. In solchen Fällen sorgt das Gehirn dafür, dass Mensch oder Tier rechtzeitig Abhilfe schaffen, und zwar bevor eine lebensbedrohliche Gefahr für den Körper entsteht. Das biologisch Sinnvolle läuft also gerade nicht darauf hinaus, den Ruhezustand, in dem sich Körper und Organe befinden, um jeden Preis aufrechtzuhalten. Genau das Gegenteil ist der Fall: Wir stellen uns vorausschauend und somit präventiv auf die zu erwartenden Veränderungen ein; das heißt, wir essen, bevor der Hunger uns erschöpft, oder wir trinken bei ersten Anzeichen von Durst, bevor wir dehydrieren. Die Reihe solcher vorausschauenden Aktivitäten ließe sich beliebig verlängern.

Sterling schlug deshalb ein alternatives Modell vor, dem er den Namen **Allostase** gab. Aus dem Griechischen übersetzt bedeutet das Wort: «**Erreichen von Stabilität durch Änderung**». Es ist im Gegensatz zur Homöostase ein dynamisches Konzept, in dem das Gehirn als übergeordnete, koordinierende Leitstelle fungiert. Um diese Aufgaben optimal zu lösen, könne es sich der Organismus gar nicht erlauben, bei jedem neuen Ereignis durch «Versuch und Irrtum» die optimale Überlebensstrategie von Neuem zu entdecken. Vielmehr werden mithilfe des Gehirns einmal gemachte Erfahrungen in das Reaktionsrepertoire aufgenommen. Sollte sich eine ähnliche Situation wiederholen, kann sie wieder abgerufen werden, und der Organismus kann schneller und situationsangemessen reagieren. Wichtig sind dabei das Erkennen, sozusagen das «Déjà-vu», und das vorausschauende Verhalten des Organismus. Allostase umfasst dabei die ganze Kaskade der Körperleistungen, angefangen vom einzelnen Organ über das Zusammenspiel der Organe bis hin zur geistigen Planung einer optimalen Reaktion, wenn Letztere bewusst ausgelöst wird. Der Prozess schließt somit die Koordination körperlicher, geistiger und sozialer Faktoren ein, um unsere optimale Reaktionsbereitschaft zu gewährleisten. In Erwartung einer sehr hohen körperlichen Leistung wie etwa bei einem Kurzstreckenrennen muss der Kreislauf sich optimal einstellen: Das reicht von der optimalen Blutzufuhr in die Muskeln über das Abziehen von Blut aus dem Magen-Darm-Trakt und der Haut bis hin zur beschleunigten Sauerstoffzufuhr in die Muskulatur. Sterling ist der Meinung, dass dies dem Körper eine enorme Koordinationsleistung abverlangt, was nur unter der Regie des Gehirns erfolgen kann. Das ist schließlich der einzige Ort, an dem die gesamte Information über den aktuellen Zustand des Körpers, die Erfahrungen aus ähnlichen Ereignissen der Vergangenheit sowie die aktuellen Herausforderungen zusammenläuft. Die Aufgabe der Allostase ist es, gemäß diesem Modell maximale Flexibilität zu gewährleisten, die uns jeden Tag von Minute zu Minute abverlangt wird, um bei einem Ereignis möglichst schnell reagieren und nach dem Ereignis die volle Reaktionskapazität möglichst schnell wiederherstellen zu können.

Das Gehirn muss zur Bewältigung dieser Aufgaben permanent eine enorme Flut an Informationen aus dem ganzen Körper sammeln und verarbeiten. Man nimmt an, dass diese koordinierende Aktivität vom frontalen Kortex ausgeht, da dort Sinneseindrücke zusammenlaufen und Emotionen und exekutive Funktionen gesteuert werden. Dieses Konzept der Allostase hat sich seither in der Medizin auf vielen Gebieten bewährt, weil es eine ganzheitliche Vorstellung davon vermittelt und beschreibt, wie wir funktionieren. Dieser dynamische Prozess ist viel komplexer, als es das Konzept der

Homöostase vorsieht, und kommt der Realität deutlich näher.

Basierend auf dem Konstrukt der Allostase hat McEwen die gesundheitlichen Auswirkungen chronischer Überlastung an mehreren Beispielen, wie etwa dem Schlafentzug, aufgezeigt, untersucht und interpretiert [2]. Von ihm stammt der Ausdruck der **allostatischen Last.** Damit definiert er den Zustand, bei dem die Allostase infolge von Überlastung nicht mehr gewährleistet ist und das System ins Pathologische kippt. Er postuliert drei Hauptsysteme, die für das optimale Funktionieren unseres Körpers verantwortlich sind, ohne dass wir uns dessen bewusst sind:

- das klassische **Hormonsystem** mit dem Stresshormon Kortisol als dem bekanntesten Mediator von Überlastung,
- das ebenfalls durch Kortisol beeinflusste **Immunsystem** und
- das **metabolische System**, das die Energieversorgung des Körpers sicherstellt.

Das Gehirn selbst als übergreifende Koordinations- und zentrale Leitstelle stimmt die Leistung dieser drei Systeme aufeinander ab. Nach dem **allostatischen Modell** ist **Gesundheit** ein Zustand, bei dem das Gehirn eine vorausschauende optimale Regulation des inneren Milieus gewährleistet. Es hat Leitfunktion und reguliert die laufend sich ändernden Anforderungen, die auf den Körper und das Gehirn einwirken. Das ist ein sehr wertvolles Rahmenkonzept, denn es ist viel einfacher, eine Krankheit zu beschreiben als Gesundheit zu definieren. Es erlaubt eine umfassende Beschreibung der vom Körper zu erbringenden Leistungen, die im gesunden Zustand optimal aufeinander abgestimmt funktionieren.

Aber die Allostase ist nicht gratis zu haben. Die permanente Anpassungsleistung des Gehirns erfordert andauernde Aufwendungen metabolischer Art, da auch das Gehirn nach strengen metabolischen Gesetzen funktioniert. Es braucht zur

Erledigung seiner Aufgaben viel Energie. Zwar macht das Gehirn gerade einmal 2 Prozent des Körpergewichts aus, verbraucht aber 20 Prozent der Energie, die wir mit der Nahrung zuführen, und es verbrennt etwa 20 Prozent des Sauerstoffs, den wir einatmen. Kein anderes untersuchtes Primatengehirn verbraucht bezogen auf Körpergewicht und Gehirngröße derart viel Energie wie unser Gehirn. Und wir wissen nur allzu gut, dass eine Unterbrechung der Sauerstoffzufuhr von nur wenigen Minuten bereits verheerende Folgen für unser Gehirn hat. Damit also die Allostase optimal funktioniert, muss einerseits genügend Energie bereitgestellt werden, andererseits kommt auch dem natürlichen Tag-Nacht-Zyklus eine große Bedeutung zu. Viele Leistungen des Körpers zeigen einen vom Tagesverlauf abhängigen Rhythmus, einen sogenannten **zirkadianen Rhythmus**, und Störungen dieses Rhythmus sind selbst ein bedeutender Belastungsfaktor, der sich hemmend auf die Allostase auswirkt [2].

Gerade weil die Freisetzung des Stresshormons Kortisol einem strengen zirkadianen Rhythmus mit hoher Aktivität am Morgen und niedriger Freisetzung am Abend unterliegt, führen Störungen dieses Rhythmus an sich schon zu einer allostatischen Belastung, die zusätzliche Ressourcen verschlingt. Davon betroffen sind Schichtarbeiter sowie alle Berufe mit unregelmäßigen, bis in die Nacht hineinreichenden Arbeitszeiten. Selbst eine **Verkürzung des Schlafs** um nur ein bis zwei Stunden hat Auswirkungen auf verschiedene Körperfunktionen. Mehr als 30 Humanstudien haben gezeigt, dass Menschen bei verkürztem Schlaf automatisch mehr essen. Bei Tieren ist das genauso. Auch Ratten, deren Schlaf experimentell um eine Stunde verkürzt wird, beginnen sofort mehr zu fressen. Schlafverkürzung signalisiert dem Gehirn einen erhöhten Energiebedarf. Dieser Mechanismus ist möglicherweise mitverantwortlich für die Zunahme von Übergewichtigen in unserer Gesellschaft; zudem schlafen Jugendliche wie auch Erwachsene deutlich weniger als noch vor

20 Jahren. Dieser Mechanismus könnte wichtiger sein, als man gemeinhin annimmt. Wenn nachfolgend über mögliche Maßnahmen zur Bekämpfung von chronischem Stress diskutiert wird, kommt der Energiezufuhr eine bedeutende Rolle zu. Eine erfolgreiche Maßnahme zur Förderung der Energiezufuhr des Gehirns besteht darin, sich zu bewegen, und auch sonst hat Bewegung sehr viele positive Auswirkungen auf unsere Gehirnleistung.

## Literatur

[1] Sterling P, Eyer J. Allostasis: a new paradigm to explain arousal pathology. In: Fisher S, Reason J (eds.) *Handbook of Life Stress, Cognition and Health.* New York: Wiley. 1988; pp. 629–649.

[2] McEwen BS. Physiology and neurobiology of stress and adaptation: central role of the brain. *Physiological Review* 2007; 87: 873–904.

# 5. Chronischer Stress verändert das Gehirn

## Stress mit dem Stress

Bei akuten Herausforderungen ist die Stressreaktion hilfreich. Ganz anders sieht es dagegen aus, wenn der Stress lange anhält. Dann wird der gutartige, hilfreiche Stress zum schädigenden, toxischen Stress, und das System kippt. Die drei in Kapitel 4 vorgestellten Hirnregionen, also Amygdala, präfrontaler Kortex und Hippocampus, erfahren sogar anatomische Veränderungen, wenn wir lang anhaltendem, chronischem Stress ausgesetzt sind Das konnte erstmals in Tierstudien auf der Ebene einzelner Zellen nachgewiesen werden. Hinweise dafür, dass beim Menschen ähnliche Prozesse ablaufen können, werden im folgenden Abschnitt präsentiert.

Chronischer Stress bewirkt, dass die Empfangsantennen (Dendriten) der Neurone im Hippocampus, über die Kontakte zu anderen Neuronen im Netzwerk hergestellt werden, schrumpfen und viele Synapsen, also Zellkontakte in diesem komplexen Netzwerk verloren gehen. Damit geht ein Abbau der Gedächtnisfunktion einher, was bei Tieren klar nachgewiesen werden konnte. In der Amygdala, dem Emotionszentrum, werden die Dendriten dagegen vergrößert. Es wird vermutet, dass diese Änderungen für eine Erhöhung der Stressempfindlichkeit verantwortlich sind, da die Erregbarkeit der Zellen über die vergrößerten Empfangsstellen zunimmt. Diese Hypothese bedarf allerdings noch der Bestätigung. Die strukturellen Veränderungen könnten auch dafür verantwortlich sein, dass depressive und ängstliche Menschen oft eine überreaktive Amygdala zeigen, was man in funktionellen Bildgebungsstudien nachweisen kann. Im präfrontalen Kortex werden Synapsen abgebaut. Damit verknüpft ist eine verminderte Kontrolle über Impulse auf der Verhaltensebene [1].

Da im Hippocampus das ganze Leben lang neue Hirnzellen, also Neurone, aus Stammzellen entstehen und sich ins Netzwerk des Hippocampus einfügen, war die Entdeckung, dass Stress die Entstehung dieser neuen Zellen hemmt und ihre Überlebenschancen reduziert, sehr bedeutsam [4]. Dieser Prozess könnte bei Demenzen, etwa bei der Alzheimer-Krankheit, oder nach einem Schlaganfall eine Rolle spielen, bei denen Zellen im Hippocampus abgebaut werden und die «Nachlieferung von Ersatzzellen» besonders wichtig wäre. Bei beiden Krankheitsbildern ist oft ein erhöhter Kortisolspiegel im Blut nachweisbar. Und in der Tat ist Stress einer der zahlreichen Risikofaktoren für den Morbus Alzheimer. Zusammenfassend können wir festhalten, dass chronischer Stress im Gehirn Spuren hinterlässt. Davon betroffen sind Strukturen, die bei der Regulation von Emotionen und bei Gedächtnisprozessen eine wichtige Rolle spielen. Ort und Art der stressinduzierten Zellveränderungen sind schematisch in **Abbildung 2** dargestellt.

## Chronischer Stress verstärkt sich

Stress, begleitet von hohen Kortisolkonzentrationen im Blut, hat neben einer hemmenden Wirkung auf das Gedächtnis noch weitere ungünstige Auswirkungen auf das Gehirn, genauer: auf die Funktion des Hippocampus. Der intakte Hippocampus übt nämlich eine hemmende Funktion auf die

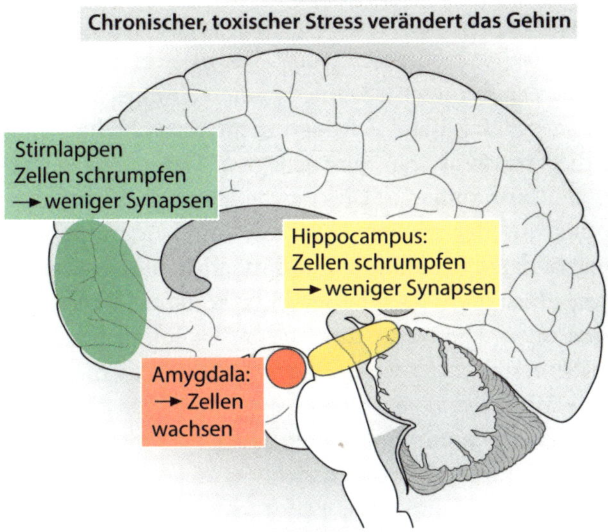


**Abbildung 2: Überblick über strukturelle Veränderungen, die bei chronischem Stress in den wichtigsten Emotionsstrukturen des Gehirns auftreten.** Die Daten wurden bei Nagetieren erhoben. Es wird vermutet und bleibt zu beweisen, dass diese Veränderungen teilweise reversibel sind. Die Veränderungen beim Menschen, die mithilfe nichtinvasiver Bildgebungsverfahren nachweisbar sind, werden nachfolgend diskutiert.

Ausschüttung von Kortisol aus und dämpft dadurch die Stressreaktion. Chronischer Stress führt nun dazu, dass der Hippocampus die Ausschüttung von Kortisol weniger gut zu drosseln vermag als im Normalzustand, sodass Stressreaktionen dadurch länger dauern [1]. Chronischer Stress kann somit zu der paradoxen Situation führen, dass er sich selbst verstärkt, was für ein biologisches System gerade im Gehirn eher atypisch ist. Meist wirkt ein biologischer Schaltkreis über eine negative Rückkopplung; das heißt, das System versucht, starke Abweichungen vom Normwert aufzufangen. Wahrscheinlich ist von der Natur nicht vorgesehen, dass wir chronischem Stress ausgesetzt sind. Die meisten Tiere – mit Ausnahme der Primaten – kennen keinen chronischen Stress [3]. Wenn der Tiger die Antilope nicht erwischt hat, dann klingt die Stressreaktion beim gejagten Tier relativ schnell wieder ab. Ganz anders ist dies beim Menschen: Wir malträtieren uns zuweilen monate- oder gar jahrelang mit virtuellen, eingebildeten Feindbildern und möglichen Angstszenarien, ohne dass dabei überhaupt eine konkrete Bedrohung vorliegen muss. Die Natur bzw. unsere Evolution hat weder den Verkehrsstau auf unseren Autobahnen noch die Großkonzerne mit ihren vielen, teilweise ungehobelten Vorgesetzten vorhersehen können. Unseren Genen könnte man den «Vorwurf» machen, sie würden sich viel zu langsam an diese neuen Situationen anpassen. Dafür haben die Rücksichtslosen und zahllosen Beinahe-Psychopathen – immerhin soll diese Gruppe gemäß einem kürzlich von der *Harvard University* veröffentlichten Buch [4] an die 15 Prozent der Bevölkerung ausmachen – einen beträchtlichen Vorsprung und sind auf der Hierarchieleiter vielleicht gerade deshalb so weit emporgeklommen, weil sie weniger stressanfällig sind. In Anbetracht unserer modernen 24-Stunden-Turbowelt können wir eigentlich froh sein, dass das Stress-System nicht habituiert, sich also mit der Zeit nicht abschwächt. Denn so werden wir nach wie vor gewarnt, wenn wir in allzu viel Stress geraten. Nur muss man die Körpersignale zu erkennen wissen und entsprechende Anpassungen im Lebensstil vornehmen wollen und können.

Einen markanten Kontrast dazu stellen Lebenssituationen dar, in denen uns Gutes widerfährt. Haben wir nämlich ein positives Erlebnis, das uns erfreut, dann tritt bedauerlicherweise viel zu rasch Gewöhnung ein. Sollte das Ereignis mehrmals auftreten, dann bemerken wir, dass die Freude von Mal zu Mal geringer ausfällt, ja dass wir schon bald ganz und gar daran gewöhnt haben. Dieses sehr bekannte und frustrierende Phänomen tritt in vielen Lebensbereichen auf und hat im Gehirn selbst ein Korrelat. Ein Beispiel dafür ist die stimulierende, also erregende, Wirkung jeglicher Art von Sinnesreizen auf Hirnzellen, die für unsere Stimmungslage sehr wichtig sind und die uns mental wecken. Die Rede ist hier von Zellen in einem Gebiet im Hirnstamm, dem Locus coeruleus. Diese Hirnzellen, die ihre Fasern in praktisch alle Regionen des Gehirns senden, schütten an deren Endigungen Noradrenalin aus und sind auf diese Weise in der Lage, große Teile des Gehirns zu beeinflussen. Die Zellen des **Locus coeruleus** sprechen auf jeglichen Reiz aus der Außenwelt mit einer erhöhten Aktivität an. Von diesen Zellen haben wir nur rund 45 000 Stück, aber sie sind wichtig. Sie senden Erregungswellen ins ganze Gehirn, um es auf Reize aus der Umwelt aufmerksam zu machen. Vor allem die Großhirnrinde, der Kortex, der für unser Bewusstsein essenziell ist, wird durch **Noradrenalin** als Reaktion auf Sinnesreize hin in erhöhte Reaktionsbereitschaft versetzt. Wiederholt sich aber der Sinnesreiz, dann schwächt sich die Erregung schnell ab. Auf der Verhaltensebene findet parallel dazu eine **Habituation** statt: Der Reiz verliert an Attraktivität, und wir beachten ihn nicht mehr. Somit lässt sich dieses Phänomen der Habituation selbst auf der Ebene der einzelnen Hirnzellen zuverlässig nachweisen. Das gleiche Phänomen tritt bei sämtlichen Drogen auf, die initial ebenfalls eine Stimulation des Belohnungssystems hervorrufen, die aber allmählich schwächer wird, je öfter die Droge konsumiert wird. Könnte dies ein neurobiologischer Erklärungsansatz dafür sein, dass Belohnungen (Boni) immer größer werden müssen, weil sie sonst das Belohnungssystem nicht mehr reizen und ihre Motivationskraft verlieren? Das ist plausibel, nur werden sich wohl kaum Freiwillige finden lassen, die sich zur Teilnahme an einem so unerquicklichen Experiment bereiterklären würden!

## Literatur

[1] Arnsten AFT. Stress signalling pathways that impair prefrontal cortex structure and function. *Nature* 2009; 10: 410–422.

[2] Gould E, McEwen BS, Tanapat P, Galea LA, Fuchs E. Neurogenesis in the dentate gyrus of the adult tree shrew is regulated by psychosocial stress and NMDA receptor activation. *The Journal of Neuroscience* 1997; 17: 2492–2498.2

[3] Sapolsky RM. *Why Zebras Don't Get Ulcers.* New York: Henry Holt; 2004.

[4] Schouten R, Silver J. *Almost a Psychopath.* Center City, MN: Hazelden, Minnesota; 2012.

# 6. Stress in der Kindheit: Langzeitauswirkungen auf Körper, Gehirn und Seele

## Stress beginnt schon im Mutterleib

Dass frühkindliche belastende Erlebnisse sich später in Form psychischer Erkrankungen manifestieren können, wird schon lange postuliert und ist eigentlich unbestritten. Neuer dagegen ist die von einigen Experten aufgestellte Behauptung, dass Stress schon im Mutterleib einsetzen, sich negativ auf die Hirnentwicklung auswirken und bis ans Lebensende reichende Folgen haben kann [1]. Untersuchungen an trächtigen Ratten haben gezeigt, dass sich das Gehirn bei Stressexposition des Muttertiers nicht normal entwickelt. Die Gehirne der Tiere, die sie gebaren, wurden später, als sie ausgewachsen waren, anatomisch untersucht. Alle Studien weisen in dieselbe Richtung, dass nämlich die Nachkommen gestresster Muttertiere Hirnveränderungen aufweisen: Sie hatten in einigen Hirnregionen weniger Zellen, die Kontaktstellen zwischen den Zellen, die Synapsen, waren in ihrer Dichte verändert, und die Stressachse war überempfindlich. Kurz: Stress während der Schwangerschaft hat zumindest bei Tieren signifikante **Auswirkungen auf die Hirnentwicklung und das Verhalten der Nachkommen**. So wurde berichtet, dass pränataler Stress zu erhöhter Ängstlichkeit bei der nächsten Generation führt. Bei Schafen bewirkte die einmalige Behandlung mit einem synthetischen Stresshormon, dass sich das Gehirn mit Verzögerung entwickelte.

Wie kommt es zu diesen Effekten? Es ist naheliegend zu postulieren, dass das Stresshormon selbst diese Effekte auslöst. Fukumoto und Mitarbeiter in Osaka (Japan) haben tatsächlich nachweisen können, dass das synthetische Stresshormon **Dexamethason** die Entwicklung der Hirnrinde bei Nagetieren stark beeinträchtigt [2]. Sie beobachteten, dass Neurone bei ihrer Wanderung aus den tieferen in die oberen Schichten des Kortex gehemmt waren. Dies bedeutet, dass sich dieser für höhere geistige Funktionen zuständige Hirnteil nicht normal entwickelte. Als Wirkungsort des Stresshormons identifizierten die japanischen Wissenschaftler ein Gen mit dem Namen CALD1. Dieses Gen induziert die Synthese des Eiweißes **Caldesmon**, das für die Störungen der Hirnausreifung verantwortlich gemacht wird. Diese sehr interessanten Befunde belegen, dass die Zusammenhänge zwischen Stress während der Schwangerschaft und negativen Auswirkungen auf die Gehirnentwicklung auch auf molekularer Ebene ansatzweise schon verstanden werden.

Bei Tieren hat Stress während der Schwangerschaft noch weitere gravierende Auswirkungen. So konnte bei gestressten trächtigen Mäusen nachgewiesen werden, dass deren Nachkommen im Hippocampus deutlich mehr entzündungsfördernde Zellen, sogenannte **Mikroglia**, angereichert hatten [3]. Die Autoren schließen daraus, dass pränataler Stress infolge der im Gehirn zu beobachtenden Entzündungsprozesse mit einer erhöhten Anfälligkeit für hirndegenerative Erkrankungen einhergehen könnte. Forscher der Hans-Berger-Klinik für Neurologie am Universitätsklinikum Jena berichteten anlässlich der Jahrestagung der Deutschen Gesellschaft für Schlafforschung und Schlafmedizin (DGSM) im Jahr 2013 in Wiesbaden über Versuche, in denen sie trächtigen Schafen ein synthetisches Stresshormon verabreicht hatten. Sie registrierten das Elektroenzephalogramm (EEG), also die Hirnströme, der Feten und fanden einen beschleunigten Wechsel zwischen Traum- und Tiefschlaf. Sie interpretierten dies als Hinweis darauf, dass Gehirne unter dem Einfluss dieses Hormons schneller ausreifen. Dies sei nicht wünschenswert, da dieses Phänomen auch typisch für die Depression ist. Der Leiter dieser Untersuchungen, der Neurologe Matthias Schwab, kam zu dem Schluss, dass Stress während der Schwangerschaft ein wesentlicher Risikofaktor für Depressionen und andere Krankheiten sei. Das Kind könne dadurch stressempfindlicher werden, weil es sich früh an diesen Zustand als den Normalzustand gewöhne. Das Wochenmagazin *Der Spiegel* berichtete darüber umgehend online am 21. Oktober 2013.

Experimente, in denen man schwangere Rhesusaffen einem zeitlich begrenzten Stress aussetzte, ergaben, dass deren Nachkommen im Hippocampus deutlich weniger Nachschub an Stammzellen hatten als nicht gestresste Kontrolltiere [4]. Die Hippocampi stressexponierter Tiere waren zudem deutlich kleiner, was mit der hemmenden Wirkung auf den Nachschub an Zellen, die aus den Stammzellen entstehen, zu tun haben könnte. Neben den Auswirkungen von pränatalem Stress auf die Hirnentwicklung und Entzündungsprozesse wurde in mehreren Studien bei den Nachkommen gestresster Muttertiere übereinstimmend auch eine erhöhte Stressanfälligkeit nachgewiesen. Diese **erhöhte Stressempfindlichkeit bleibt lebenslang erhalten.** Der Effekt wird darauf zurückgeführt, dass pränataler Stress die Anzahl der Rezeptoren für Stresshormone im Hippocampus reduziert. Da letzterer eine hemmende Wirkung auf die Freisetzung von Stresshormonen aus der Nebenniere ausübt, könnte der Abbau von Rezeptoren dafür verantwortlich sein [1]. Das Stresshormon, das von der Nebenniere des gestressten Muttertiers ins Blut gelangt, kann die Plazenta teilweise durchdringen und seine Wirkungen im Gehirn der heranwachsenden Feten entfalten [1].

Inwiefern diese Tierdaten auf den Menschen übertragbar sind, ist natürlich eine wichtige Frage, gibt es doch recht viele schwangere Frauen, die bis ins fortgeschrittene Stadium ihrer Schwangerschaft einer beruflichen Tätigkeit nachgehen und oft auch noch der Mehrfachbelastung durch häusliche Aufgaben ausgesetzt sind. Zweifelsohne gibt es Frauen, die ihre Berufstätigkeit während der Schwangerschaft befriedigend und motivierend finden, aber nicht immer arbeiten sie freiwillig, und oft treten dabei zusätzliche psychische Belastungen auf. Immerhin verdichten sich die Hinweise, dass ähnliche Stressauswirkungen auch beim Menschen auftreten können. Lupien und Mitarbeiter haben hierzu eine sehr schöne Übersichtsarbeit verfasst [1], an der neben Wissenschaftlerin McEwen auch die vielleicht bekannteste amerikanische Stressforscherin und Spezialistin für Jugendfragen, Megan Gunnar, sowie Christine Heim aus Deutschland – ebenfalls eine sehr bekannte Expertin auf dem Gebiet der Depressionsforschung – beteiligt waren. Beide Forscherinnen gehören zu den führenden Expertinnen der aktuellen Stressforschung. Sie weisen darauf hin, dass bei Schwangeren Stress, Depressionen, Angstzustände oder die medizinisch indizierte Behandlung mit Stresshormonen zu einem niedrigeren Geburtsgewicht und einer geringeren Körpergröße führen können [1]. Die ersten drei Bedingungen führen auch bei 6 Monate alten sowie bei 5- und 10-jährigen Kindern zu einer erhöhten Aktivität der Stressachse, also der Hypophysen-Nebennieren-Achse [1]. In der Literatur finden sich zudem Hinweise auf einen möglichen Zusammenhang zwischen pränatalem Stress und asozialem Verhalten, Schlafstörungen und der Aufmerksamkeitsdefizit-/Hyperaktivitätsstörung (ADHS) [1].

Für die Hirnentwicklung ist die Schwangerschaft eine besonders kritische Phase, was auch aus Untersuchungen über den Einfluss von Drogen schon lange bekannt ist. Alkoholkonsum in der Schwangerschaft kann, wie wir wissen, zu schweren, irreversiblen Hirnschädigungen des Feten führen.

Dieses sogenannte **fetale Alkoholsyndrom**, das unter anderem mit einem reduzierten Hirnwachstum und schweren kognitiven Leistungseinbußen einhergeht, belegt, wie sensibel die frühen Phasen der Hirnentwicklung sind. Dass Frauen in der Schwangerschaft manchmal erheblichen Belastungen ausgesetzt sind, ist unbestritten, wobei die Öffentlichkeit für diese Problematik allerdings noch wenig sensibilisiert ist. Für eine Schwangere stellt sich natürlich die Frage, ob die Belastung, der sie beruflich und/oder familiär ausgesetzt ist, die kritische Stressschwelle überschreitet. Dies zu beantworten, dürfte nicht immer einfach sein, vor allem nicht ohne Messung des Kortisolspiegels.

## Frühkindlicher Stress ist besonders gravierend

Dass frühe belastende und somit stressauslösende Kindheitserlebnisse für zahlreiche, mitunter erst Jahre später auftretende psychische Erkrankungen mitverantwortlich sein können, ist, wie bereits erwähnt, schon lange bekannt [5]. Es gibt genügend Studien, die belegen, dass frühkindliche traumatische Erlebnisse mit später auftretenden Depressionen, Angstzuständen, Drogenmissbrauch, Essstörungen, Persönlichkeitsstörungen, ja sogar Selbstmord kausal verknüpft sein können. Viel jünger und brisant sind die Hinweise, dass solche Erlebnisse **auch körperliche Krankheiten auslösen und das Leben verkürzen** können. Eine große und immer noch andauernde Studie zum Thema Kindesmissbrauch wurde 1995 mit über 10 000 Teilnehmern in den USA gestartet. Das Ziel dieser sogenannten ACE-Studie[6] war es herauszufinden, wie sich frühkindliche belastende Situationen wie sexueller

6 ACE = *Adverse Childhood Experiences* (ungünstige, traumatische oder belastende Kindheitserfahrungen)

Missbrauch, Gewalteinwirkungen und Störungen des Familienlebens wie etwa das Miterleben von häuslichen Gewaltszenen auf das spätere Leben auswirken [6].

Die Häufigkeiten der verschiedenen Belastungen waren erstaunlich hoch: 16 Prozent der Männer und 27 Prozent der Frauen waren in ihrer Jugend sexuellem Missbrauch ausgesetzt gewesen. Physischen Missbrauch hatten gar 30 Prozent der Männer in ihrer Kindheit erlebt. Die Daten belegen in überzeugender Weise, dass frühkindlicher Missbrauch sich später in einer stark erhöhten Rate an psychischen und körperlichen Erkrankungen manifestiert. Eine entsprechende Übersichtsarbeit [6] wurde bereits 1998 veröffentlicht. Die Autoren untersuchten, wie sich die Anzahl verschiedener Arten frühkindlichen Missbrauchs auf die Wahrscheinlichkeit, an verschiedenen Krankheiten zu erkranken, auswirkt. Es wurden sieben Arten des Missbrauchs bzw. der schädigenden Umgebungseinflüsse analysiert, und zwar emotionaler, physischer, sexueller Missbrauch, Gewalt gegen die Mutter, Alkoholismus bei einem Familienmitglied, psychische Erkrankung oder Verurteilung eines Familienmitglieds zu einem Gefängnisaufenthalt. Personen, die in ihrer frühen Jugend vier oder mehr Arten des Missbrauchs ausgesetzt waren, wiesen ein vier- bis zwölfmal höheres Risiko für Alkoholismus, Drogenmissbrauch, Depression oder Suizidversuch auf. Die Summe der schädigenden Einflüsse, denen eine Person ausgesetzt war, korrelierte mit der Wahrscheinlichkeit, an einem Herzleiden oder an Krebs zu erkranken, eine Lungen- oder Leberkrankheit oder Fettleibigkeit zu entwickeln oder sich einen Knochenbruch zuzuziehen.

Eine andere, sehr umfangreiche amerikanische Langzeitstudie kam ebenfalls zu dem Schluss, dass frühkindliche belastende Erlebnisse zu lang anhaltenden gesundheitlichen Problemen führen [7, 8]. Mehr als 1000 Personen nahmen an dieser prospektiven Langzeitstudie teil. Da diese Art von Untersuchungen über eine erhebliche Aussagekraft verfügt, ist die genannte Studie besonders erwähnenswert. Drei verschiedene psychosoziale Belastungsfaktoren wurden analysiert: sozioökonomische Benachteiligung, Misshandlungen und soziale Isolation während der ersten 10 Lebensjahre. Im Alter von 32 Jahren wurden die Studienteilnehmer auf Depressionen, entzündliche Prozesse und metabolische Risikofaktoren hin untersucht. Im letzteren Fall wurden unter anderem das Gewicht, das glykosylierte Hämoglobin ($HbA_{1c}$) und der Blutdruck bestimmt. $HbA_{1c}$ ist ein Indikator für den Zustand unseres Stoffwechsels (Metabolismus). Als sehr sensitiver Parameter für entzündliche Prozesse im Körper wurde das C-reaktive Protein (CRP) gemessen. Kinder, die in jungen Jahren schädlichen Einflüssen ausgesetzt waren, wiesen den Ergebnissen dieser Studie zufolge in der Tat ein erhöhtes Risiko für emotionale, immunologische und metabolische Störungen auf, die möglicherweise ihre erhöhte Anfälligkeit für Krankheiten im fortgeschrittenen Alter erklären. Die Autoren gehen dabei von einer Störung der Stressregulation durch diese frühen aversiven Erlebnisse aus [7].

Auch der renommierte Stressforscher McEwen vertritt die Auffassung, dass Personen, die frühkindlichen schädigenden Einflüssen ausgesetzt waren, als Erwachsene psychische Störungen entwickeln können, dass sie eher unter kognitiven Leistungseinbußen leiden und dass bei ihnen vermehrt Herz-Kreislauf-, Stoffwechsel- und Immunstörungen auftreten können [9]. Frühe Prävention und somit Schutz vor negativen Einwirkungen wären seiner Meinung nach eine sehr kosteneffektive Präventionsstrategie.

Untersuchungen in den USA weisen somit darauf hin, dass Gewalt gegen Kinder öfter vorkommt, als man es wahrhaben möchte. Wie sieht es damit in Europa aus? Zuverlässige Zahlen sind schwer zu erhalten, und die Dunkelziffer kann höchstens vermutet werden. Die Fachgruppe Kinderschutz der Schweizerischen Gesellschaft für Pädiatrie meldet jährlich die Anzahl der Kindesmisshandlungen, die an Schweizer

Kinderkliniken registriert werden. Diese Zahlen dürften aber nur einen kleinen Anteil der tatsächlichen Anzahl von Misshandlungen wiedergeben, denn die große Mehrzahl kommt wahrscheinlich nie ans Licht. Am häufigsten von Misshandlungen betroffen waren Kinder im ersten Lebensjahr. In rund der Hälfte der Fälle waren die Kinder jünger als 6 Jahre.

Viele Eltern geben ihre Kleinkinder tagsüber in die Obhut einer Kinderkrippe, die sie hinsichtlich der Betreuungsqualität wahrscheinlich sorgfältig aussuchen; sie werden sich vergewissern, dass die Krippen kontrolliert werden und bemüht sind, mit den ihnen anvertrauten Kindern behutsam und einfühlsam umzugehen. Aber wäre es nicht dennoch wertvoll zu wissen, wie es um die effektive Befindlichkeit der Kinder in den Krippen steht? Dazu gäbe es die Möglichkeit, ihren **Kortisolspiegel im Speichel** zu messen und ihn mit dem von Kindern zu vergleichen, die zu Hause von ihren Eltern oder nahen Verwandten betreut und erzogen werden. Das gäbe einen Hinweis auf die körperliche Befindlichkeit von Kindern, die verbal noch nicht alles auszudrücken, geschweige denn einzuschätzen vermögen. Damit hätte man ein **objektives biologisches Maß für** ihre **Stressexposition** an der Hand, die natürlich verschiedene Ursachen haben kann, wobei Kortisol als Maß für Stress unumstritten ist.

In der Tat liegen solche Untersuchungen aus Norwegen und Kalifornien bereits vor. In beiden Fällen stimmt das Ergebnis dahingehend überein, dass die Kleinkinder in Tagesheimen im Vergleich zu Kindern, die zu Hause oder bei nahen Verwandten – etwa den Großeltern – betreut wurden, deutlich erhöhte Kortisolspiegel aufwiesen. Niemand weiß genau, ob es diesbezüglich Länderunterschiede gibt, aber es ist durchaus denkbar, dass auch in deutschsprachigen Ländern mit ähnlichen Befunden zu rechnen wäre. Diese Daten unterstreichen, welch große Bedeutung der Qualität der Betreuung von Kleinkindern in Krippen zukommt. Die Autoren der Studien heben hervor, dass sie den genauen Grund für die erhöhten Stresshormonspiegel nicht angeben können, vermuten aber, dass Kleinkinder in Krippen möglicherweise Schwierigkeiten haben, eine tiefe Vertrauensbeziehung zu den sie betreuenden Personen aufzubauen. Weitere Untersuchungen zu diesem Thema wären wünschenswert.

Zusammenfassend kann man festhalten, dass eine wachsende Anzahl von Studien und Fachpersonen darauf hinweist, dass **neben Depressionen, Angstzuständen oder Persönlichkeitsstörungen vom Borderline-Typ auch zahlreiche körperliche Erkrankungen ihren Ursprung in der frühkindlichen Phase** haben können, wobei sich diese mitunter erst viele Jahre oder gar Jahrzehnte später manifestieren, wenn auch noch äußere Belastungsfaktoren hinzukommen.

## Hirnveränderungen nach frühkindlichem Stress

Studien belegen, dass frühkindlicher Stress von strukturellen Veränderungen im kindlichen Gehirn begleitet ist. Diese Daten sind in der sehr schönen Publikation von Danese und McEwen zusammengefasst [8]. Als konsistentester Befund ist festzuhalten, dass der präfrontale Kortex bei misshandelten Kindern kleiner ist als bei Kontrollkindern. Dies passt zu den Befunden bei gestressten Nagetieren, bei denen weniger Synapsen im präfrontalen Kortex gemessen wurden. Die misshandelten Kinder zeigten eine erhöhte Impulsivität und weniger Kontrolle über ihre Emotionen, was als Folge der Veränderungen im vordersten Teil des Gehirns interpretiert werden kann. Etwas weniger deutlich war eine Vergrößerung des Mandelkerns, also der Amygdala, und beim Hippocampus konnten keine Volumenänderungen ausgemacht werden. Diese Beobachtungen widersprechen den tierexperimentellen Daten zumindest nicht, gehen aber – aus methodischen und ethischen Gründen – nicht bis auf das Niveau der einzelnen

Zellen hinunter. Erwähnenswert ist der Befund, dass die Stressachse der misshandelten Kinder chronisch aktiviert war und dass im Blut Hinweise auf entzündliche Prozesse nachgewiesen werden konnten.

In der Zusammenschau passen die hier aufgeführten Ergebnisse sehr gut zu der Hypothese, dass sich frühe kindliche Misshandlungen später in Form psychischer und körperlicher Krankheiten manifestieren können, letztere als Folge induzierter chronischer Entzündungen. Danese und McEwen [8] schließen ihre Diskussion mit der Feststellung, dass die bisher vorliegenden Studienergebnisse darauf hindeuten, dass **frühkindlicher Stress zu lang anhaltenden Veränderungen im Nervensystem, in den Hormonsystemen sowie im Immunsystem führt** [8]. Einschränkend weisen sie korrekterweise darauf hin, dass ihre Daten insofern mit einer gewissen Unsicherheit behaftet sind, als sie Quervergleiche gezogen haben. Im Idealfall hätte man Longitudinalstudien durchführen müssen, in denen zwei Gruppen von Kindern – mit und ohne schädigende Kindheitserfahrungen – über viele Jahre hinweg beobachtet werden, was natürlich ethische Bedenken aufwerfen würde.

Falls die Arbeitshypothese zutrifft, dass frühkindlicher Stress sich womöglich auch erst im Erwachsenenalter auswirken kann, dann stellt sich auch die Frage, ob das Gehirn Jahrzehnte später im Erwachsenenalter immer noch Veränderungen aufweist und wie diese Veränderungen aussehen. Mehrere Studien haben in der Tat nachweisen können, dass der Hippocampus der Betroffenen im Durchschnitt ein geringeres Volumen aufweist. Zusätzlich war ihre Stressachse chronisch aktiviert, und sie zeigten darüber hinaus eine erhöhte Reaktion der Stressachse auf eine mit CRH[7] ausgelöste Stimulation. Wie bei den untersuchten Kindern waren die Entzündungsparameter im Blut erhöht, was sich in erhöhten

7 Corticotropin Releasing Hormone

CRP[8]-Konzentrationen manifestierte. Als Ausdruck erhöhter entzündlicher Prozesse sind im Blut zudem auch mehr weiße Blutkörperchen (Leukozyten) nachweisbar.

## Wie viel Stress haben eigentlich Jugendliche?

Spricht man mit Jugendlichen, dann ist Stress für viele ein ganz großes Thema. Im Schulalltag und manchmal auch in der Familie ist er gar Dauerthema. In seinem Bericht über die psychische Gesundheit der Schweiz beschreibt Steinmann die **15- bis 24-Jährigen** als eine **besonders gefährdete Altersgruppe**, da sie besonders unter mangelnder psychischer Ausgeglichenheit leiden [10]. Das hat mehrere Gründe, die sich aber nicht quantifizieren lassen. Die Erkenntnis überrascht aber nicht unbedingt, da große Studien an Erwachsenen, die im folgenden Kapitel vorgestellt werden, zu dem Schluss gekommen sind, dass jene Personen am meisten unter Stress leiden, deren Entscheidungsfreiraum gering ist, die also am unteren Ende der sozialen Hierarchie stehen und wenig positive Anerkennung erhalten.

Jugendliche, die sich in der Ausbildung befinden, sind diesbezüglich in einer ähnlich schwierigen Lage. In der Schule oder am Ausbildungsplatz haben sie wenig Mitbestimmungsrechte, und Anerkennung erhalten sie eher selten. Oft stehen sie auch zu Hause «unter Druck». Manchmal wirkt dieser Druck unbewusst und wird gar nicht angesprochen. Die Jugendlichen sind sich des Stresses, dem sie ausgesetzt sind, zumindest teilweise bewusst, reden oft darüber und sind an Informationen zu diesem Phänomen äußerst interessiert. Die Krux ist aber, dass ihnen vermutlich eher seltener beigebracht wird, wie sie mit Stress umgehen können. Der Erstautor dieses Buches hält an Schulen seit einigen Jahren

8 C-reaktives Protein

Vorträge zum Thema Stress. Dabei ist ihm stets eine aufmerksame Zuhörerschaft gewiss. Ein Erlebnis besonderer Art war die Reaktion von Schülern eines Basler Gymnasiums, die im Anschluss an den Vortrag ihren Lehrer aufforderten, vor dem Klassenzimmer zu warten, da sie lieber noch eine Stunde über Stress diskutieren wollten!

Wie gut es aufseiten der Lehrerschaft um Fachkenntnisse zum Thema Stress bestellt ist, müsste abgeklärt werden. Vielen fehlt wahrscheinlich das nötige Basiswissen, und in besonders heiklen Situationen sind sie manchmal selbst überfordert. Dass Schulstress sehr ernst zu nehmen ist, geht schon aus der Tatsache hervor, dass der wohl berühmteste Stresstest, der sogenannte TRIER-Test, eine Schulsituation imitiert. Bei diesem Test muss ein Schüler oder eine Schülerin in Anwesenheit mehrerer Personen an der Tafel eine mathematische Aufgabe lösen. Ein Versagen bei diesem Test ist mit einem erheblichen Gesichtsverlust verbunden, den nicht jeder einfach so wegstecken kann.

In der Schweiz erhalten aktuell, je nach Kanton, bis zu 50 Prozent aller Schülerinnen und Schüler zusätzliche pädagogische Hilfestellung. Das lässt aufhorchen, denn auch ohne auf Details einzugehen oder mit ihnen vertraut zu sein, lässt sich daraus ableiten, dass der Druck auf die Jugend erheblich sein muss. Gestresst bzw. oft auch am Anschlag sind aber nicht nur die Schüler, sondern auch die Eltern und Lehrer. Und der Leistungsdruck nimmt unvermindert zu. Der neue Schweizer «Lehrplan 21», der die Lehrziele hinsichtlich der zu erreichenden Kompetenzen übergreifend definiert, hat schon kurz nach seinem Bekanntwerden starke Reaktionen vonseiten der Lehrerschaft provoziert: Er überfordere die Schüler. Inzwischen ist eine heftige Diskussion darüber entbrannt, und man darf gespannt sein, was am Schluss dabei herauskommen wird. Man darf wohl davon ausgehen, dass die Lehrer am besten in der Lage sind, den Belastungsgrad der Jugendlichen einzuschätzen. In anderen europäischen

Ländern sieht es ähnlich aus. Im deutschen Wochenmagazin *Der Spiegel*, der seine Ausgabe vom 22. April 2013 dem Thema **Schulstress** widmete, war zu lesen, dass die Stressexposition deutscher Schülerinnen und Schüler ein alarmierendes Ausmaß angenommen habe. Schon auf dem Titelblatt kündigt sich das beunruhigende Fazit an: «Generation Stress – Wenn Schule krank macht», und auf dem Kapuzenpulli der auf der Titelseite abgebildeten Schülerin steht: «Ich kann nicht mehr». Der Inhalt dieses *Spiegel*-Hefts ist schon fast schockierend. Bei kritischer Lektüre fällt auf, dass auch hier wenig über konkrete wissenschaftliche Daten berichtet wird, was nicht etwa ein Versäumnis der Autoren ist, sondern vielmehr den Forschungsstand reflektiert. Die Schülerinnen und Schüler haben keine Ombudsstelle für ihren Stress, und ihre «Vorgesetzten», die Lehrer, kämpfen oft mit demselben Problem – eben mit chronischer Überlastung. Der Schulstress soll in Frankreich sogar noch größer sein als in Deutschland.

Wenn wir die Befunde der großen Stress-Studien mit Erwachsenen heranziehen, um die Lage von Jugendlichen einzuschätzen, dann fällt auf, dass es im Hinblick auf die für die Stressbewältigung relevanten Faktoren, nämlich «Selbstbestimmung» und «Unterstützung» durch Drittpersonen, bei Jugendlichen nicht viel anders aussieht. Im Gegenteil: Man könnte argumentieren, dass Jugendliche, solange sie sich in der Ausbildung befinden, überwiegend «fremdbestimmt» sind und, wenn beide Eltern berufstätig sind, zu Hause oft nicht immer auf die nötige Unterstützung zählen können[9]. Diese Überlegungen sind aber rein theoretischer Natur; um die Argumente zu untermauern, bräuchte es konkrete Untersuchungen.

9 Diese sehr pauschale Einschätzung lässt allerdings außer Acht, dass es immer noch Familien gibt, in denen die Eltern die nötige Zeit zur Unterstützung ihrer Kinder und Jugendlichen durchaus aufbringen.

Zur Stresslage der Schweizer Jugend scheinen nur wenige verlässliche quantitative Informationen vorzuliegen. Man kann aber auf die internationale Studie *Health Behaviour in School-aged Children* (HBSC) zurückgreifen [11], die alle vier Jahre unter der Schirmherrschaft der WHO auch in der Schweiz durchgeführt wird und Informationen zur psychischen Befindlichkeit von Jugendlichen enthält. An dieser Studie nahmen ca. 10 000 Jugendliche der 5. bis 9. Klassenstufe teil. So gaben 2010 *«40 % der 15-jährigen Mädchen an, in den letzten sechs Monaten vor der Befragung mindestens wöchentlich traurig gewesen zu sein. Bei den Jungen sind es knapp 20 %. Mehr als die Hälfte der Mädchen klagte über schlechte Laune; bei den Jungen waren es gut 40 %. Über 70 % der Mädchen und etwa 60 % der Jungen nannte Müdigkeit. Stimmungsschwankungen kommen aber in der Jugend häufig vor.»* Gerade **Müdigkeit und Stimmungsschwankungen** könnten indirekt auch mit der Stressexposition von Jugendlichen in Zusammenhang stehen. Dieses eher beunruhigende Bild kann insofern nicht unbedingt überraschen, als gerade in der Schweiz der schulische Lernstoff immer umfangreicher wird, sei es in Form von frühem Sprachunterricht oder von Computerfachwissen. Der äußere Leistungsdruck intensiviert sich, weil Eltern, Schule und Arbeitswelt zusammen ihre Leistungserwartungen an Jugendliche erhöhen. Während sich Politiker in erster Linie darum bemühen, der nächsten Generation die bestmöglichen Ausbildungs- und Berufschancen im globalisierten Wettkampf zu offerieren, kommen Aspekte wie Stress, mentale Gesundheit und Bedürfnisse der Jugendlichen oft zu kurz.

Eine im Jahr 2012 veröffentlichte Studie im Auftrag des Basler Gesundheitsdepartements an 15- bis 16-jährigen Schülerinnen und Schülern ergab, dass sich 51 Prozent der Jugendlichen häufig gestresst fühlen, wobei sich deutlich mehr Mädchen als Knaben in diesem Sinne äußerten. Rund 60 Prozent gaben die Schule als Hauptursache an, gefolgt von Zeitmangel und familiären Gründen. Der Stress manifestierte sich vor allem in Gereiztheit, schlechter Laune, Müdigkeit, Schlafproblemen und Gleichgültigkeit. Der Alkoholkonsum hatte seit der letzten Befragung im Jahre 2006/2007 zugenommen.

Auch in Deutschland gibt es mehr Information zur psychischen Befindlichkeit der Jugendlichen als zu ihrer eigentlichen Stressexposition. Sie lässt nur sehr indirekt auf die psychischen Belastungen, denen Jugendliche ausgesetzt sind, schließen. Stress in Schule und Familie ist wahrscheinlich bei der Entstehung von Angstzuständen und traurigen Verstimmungen involviert. In Deutschland unternimmt das Robert Koch-Institut mit dem Kinder- und Jugendlichengesundheitssurvey (KiGGS) seit 2006 systematische Untersuchungen zur Gesundheit und psychischen Befindlichkeit von Jugendlichen (bis zum 17. Lebensjahr). Diese Langzeitstudie, die viele Aspekte der Gesundheit untersucht, ist wertvoll, weil man auf diese Weise die Dynamik der Entwicklung einzelner Gesundheitssektoren verfolgen kann. Die Befragungen zum seelischen Wohlbefinden und Verhalten werden spezifisch in der «**BE**fragung zum see**L**ischen Woh**L**befinden und Verh**A**lten» (sogenannte BELLA-Studie) erfasst. Dazu wurden 2863 Familien mit Jugendlichen im Alter zwischen 7 und 17 Jahren befragt. Gemäß diesen Erhebungen ergaben sich bei 22 Prozent der Kinder und Jugendlichen Hinweise auf psychische Auffälligkeiten, wobei ca. 10 Prozent aller Untersuchten im engeren Sinn als psychisch auffällig zu bezeichnen waren. **Störungen des Sozialverhaltens** waren bei 10 Prozent, Ängste bei 7,6 Prozent und **Depressionen** bei 5,4 Prozent vorhanden. Als Risikofaktoren wurden ein niederer sozioökonomischer Status und Familienkonflikte identifiziert. Es wurde hervorgehoben, dass sich bei Kumulation der Faktoren das Risiko psychischer Störungen bis zu vierfach erhöhen kann.

Besonders interessant ist eine vergleichende Studie über Schulstress, die mit fast 10 000 Schülerinnen und Schülern in 18 Ländern durchgeführt und 2008 veröffentlicht wurde

[12]. Aus dieser Studie, in deren Rahmen auch 1393 deutsche Schüler befragt wurden, zeigte sich, dass sie im internationalen Vergleich bezüglich ihrer subjektiv erlebten Stressexposition eine mittlere Position einnehmen. Nach den Ursachen des Stresses befragt, nannten sie an erster Stelle Zukunftsangst, die sich aus verschiedenen Komponenten zusammensetzt, etwa der Angst vor Arbeitslosigkeit und der Befürchtung, die gewünschte Ausbildung nicht machen zu können. Es kommen aber auch gesellschaftliche Sorgen wegen Umweltzerstörung und Krieg hinzu [12].

Die Globalisierung hat auch die Jugend längst erreicht. Die Schüler werden hinsichtlich ihrer Leistungen transnational miteinander verglichen. Das Dauerthema des weltweiten Wettbewerbs um die hellsten Köpfe ist auch bei Jugendlichen angekommen und scheint sich ebenfalls in einer erhöhten psychischen Belastung zu manifestieren. Die Jugendlichen reagieren darauf sehr unterschiedlich. Das Spektrum reicht von einer Annahme der Herausforderung bis hin zur Resignation. In dieser Lebensphase treten oft erste **Schlafstörungen** auf, die negative Konsequenzen für die geistige Leistungsfähigkeit haben können, denn ein genügend langer und ungestörter Schlaf ist wahrscheinlich die beste Form von Neurodoping überhaupt (vgl. die Ausführungen zum verkürzten Schlaf am Ende von Kapitel 4). Das Problem der Schlafstörungen ist schon lange bekannt. Adoleszente haben zwar einen anderen Schlaf-Wach-Rhythmus als Erwachsene, aber ein Entgegenkommen der Schulen, um diesen Gegebenheiten Rechnung zu tragen, ist nicht festzustellen. Der morgendliche Schulbeginn orientiert sich am (ganz anderen) Tagesrhythmus von Eltern und Lehrern.

Unter Fachleuten ist unbestritten, dass anhaltender Stress während der Adoleszenz – genauso wie frühkindlicher Stress – negative Auswirkungen auf die Gesundheit haben kann. Sorgenvoll blicken Eltern und Behörden auf den exzessiven Alkoholkonsum von Jugendlichen, der schon ab dem 12. Lebensjahr von Rauschtrinken begleitet sein kann. Nahezu 40 Prozent der 20- bis 24-Jährigen trinken sich laut BAG monatlich einen Rausch an. Dieses Verhalten könnte auch mit Stress im Zusammenhang stehen. Steinmann kommt in seinem ausführlichen Bericht zur Stressexposition der Schweizer Bevölkerung zu dem Schluss, dass das Jugendalter «aufgrund der Kumulation verschiedener Herausforderungen und Belastungen als besonders stressexponierte Phase» zu betrachten sei [10]. Seiner Meinung nach ist die moderne Familie mit ihren neuen Formen (Patchwork-Familie und Alleinerziehende) stressanfälliger geworden.

Auch aus neurobiologischer Sicht ist die Adoleszenz eine sehr kritische Lebensphase. Der präfrontale Kortex, der unter anderem auch bei der Emotionsregulation eine wichtige, wenn nicht gar die wichtigste Rolle spielt, unterliegt in dieser Phase einem Umbau und wird den jeweiligen Lebensumständen angepasst. Darüber hinaus ist bekannt, dass die **Adoleszenz** eine **Phase besonders hoher Stressanfälligkeit** ist, und schließlich und vielleicht gerade deshalb fallen in diesen Lebensabschnitt oft die ersten Anzeichen von Ängstlichkeit und/oder depressiven Störungen [1]. Später können weitere Stressprobleme hinzukommen. Viele haben mit Stress-Situationen zu kämpfen, die sich aus den Anforderungen des Studiums ergeben. In der Schweiz brechen denn auch bis zu 50 Prozent der Studierenden ihr Studium ab – ein für die Betroffenen wie auch ihre Eltern belastendes Ereignis. In einer kürzlich veröffentlichten Studie, die mit Studierenden in Pasadena, Zürich und Lausanne durchgeführt wurde, konnten die Autoren zeigen, dass die Coping-Strategien negativ mit dem Defätismus korrelieren, den die Studierenden in Befragungen aufwiesen [13]. Je eher die Studienteilnehmer zu Defätismus neigten, desto höher war ihr Risiko für physische oder mentale Probleme. Dieser Befund war von Ort und kulturellen Einflüssen unabhängig. Etwa 85 Prozent der Studierenden mit einer psychiatrischen Diagnose brechen ihren Collegebesuch bzw. ihr Studium vorzeitig ab.

Zusammenfassend können wir festhalten, dass über die Stressexposition von Jugendlichen nur wenige konkrete Daten vorliegen – abgesehen von Untersuchungen zu ihrer psychischen Befindlichkeit, die aber keinen direkten Rückschluss auf den Faktor Stress zulassen. Das Thema Stress und Stressresilienz bei Jugendlichen findet in der Öffentlichkeit bislang wenig Beachtung. Der Hauptfokus von gesundheitlicher Aufklärung und präventiven Anstrengungen liegt auf erwachsenen Arbeitnehmern. Dabei wäre es sinnvoll, mit der Vorbereitung auf ein stressvolles Leben schon frühzeitig, also schon auf einer unteren Klassenstufe, zu beginnen bzw. die Jugendlichen besser auf die Bewältigung stressvoller Lebensphasen vorzubereiten. Das dürfte sich langfristig positiv auf die ganze Gesellschaft auswirken. Darüber hinaus ist mehr Forschung auf dem Gebiet Stress in der Jugend angezeigt, denn noch wissen wir über die biologischen Aspekte der Stressreaktion von Jugendlichen (etwa bei Prüfungen) erstaunlich wenig. Das passt zu der Einschätzung, dass dem Stress bei Kindern und Jugendlichen bislang generell zu wenig Aufmerksamkeit gewidmet wird. Dies sollte sich unbedingt ändern.

## Entscheiden sich Lebensqualität, Gesundheit und Lebensdauer schon in den ersten Lebensjahren?

Wenn es zutreffen sollte, dass belastende Erlebnisse im Kleinkindalter ungünstige gesundheitliche Konsequenzen bis ins fortgeschrittene Alter haben können, dann müsste sich umgekehrt nachweisen lassen, dass Personen, die von solchen Erlebnissen verschont geblieben sind, ein längeres und gesünderes Leben haben. In einer viel beachteten

Langzeitstudie mit dem Titel *The Longevity Project* initiierte der Psychologe Lewis Termin von der *Stanford University* 1921[10] eine Studie an 1528 Jungen und Mädchen, um die Frage zu klären, welche Lebensumstände ein gesundes und langes Leben begünstigen [14]. Das Leben der Studienteilnehmer wurde nach vielen Gesichtspunkten untersucht, etwa hinsichtlich Herkunft, Ernährungsgewohnheiten, beruflicher Tätigkeit, sportlichen Aktivitäten und vieler weiterer Gewohnheiten. Über die Jahre wurde eine riesige Datenmenge erhoben. Die beiden Wissenschaftler Howard S. Friedman und Leslie R. Martin publizierten die über einen langen Zeitraum erhobenen Studiendaten schließlich in Buchform [14]. Zwei Schlüsselbefunde sollen hier erwähnt werden, da sie im Kontext des vorliegenden Themas besonders interessant sind:

- Erstens zeigte sich, dass Personen, die im mittleren Alter sportlich aktiv waren, die größte Chance hatten, ein langes und gesundes Leben zu führen.
- Zweitens war entscheidend, ob eine Person in einer Familie aufwuchs, die weder von häuslicher Gewalt noch von Scheidungsproblemen geprägt war.

Das **Aufwachsen in einer intakten Familie** stellte sich als gewichtiger Langzeitfaktor für die Chance auf ein langes und im Großen und Ganzen gesundes Leben heraus. Studienteilnehmer, deren Eltern sich scheiden ließen, hatten eine erhöhte Wahrscheinlichkeit, an Krebs, Herzinfarkt oder Schlaganfall zu versterben. Diese Befunde stehen im Einklang mit neueren Studien, die postulieren, dass frühe belastende Kindheitserlebnisse ein erhöhtes Risiko für zahlreiche Krankheiten zur

---

10 Dr. Termin war zu diesem Zeitpunkt 45 Jahre alt. Er starb, lange bevor die Studie endete, also bevor die letzten Studienteilnehmer verstorben waren.

Folge haben. Beide Befunde sind, im Lichte der aktuellen gesellschaftlichen Gegebenheiten betrachtet, erwähnenswert. Da die Scheidungsrate in der Schweiz heute bei nahezu 50 Prozent liegt, stellt sich die Frage, ob die Patchwork-Familien in der Tat so unproblematisch sind, wie sie manchmal in den Medien dargestellt werden. Oder hat sich das gesamte Gesellschaftsbild vielleicht derart verändert, dass die Studie von Lewis Termin aus dem letzten Jahrhundert heute keine Aussagekraft mehr hat? Die Antwort auf diese Frage wird wohl erst die Zukunft bringen, wenn die junge Generation ein reifes Alter erreicht haben wird.

Zusammenfassend können wir festhalten, dass Stress als übergeordneter Risikofaktor auf uns einwirkt und seine Spuren in Gehirn und Körper hinterlässt. Ins Gewicht fallen dabei aber bei weitem nicht nur die Zeiten der **beruflichen Dauerüberlastung**. Für unsere Lebensqualität in mittlerem und fortgeschrittenem Alter mindestens ebenso wichtig, wenn nicht gar entscheidender sind vielmehr die **Auswirkungen früher Stresserlebnisse in Kindheit und Schulzeit**. Der erste Stress kann bereits im Mutterleib auftreten, wenn die Mutter während der Schwangerschaft andauerndem Stress – aus welchen Gründen auch immer – ausgesetzt ist. Das Kortisol, das in ihr Blut freigesetzt wird, erreicht zum Teil auch das fetale Gehirn. In den ersten Lebensjahren kann ein breites Spektrum von Stressoren auf das Kleinkind einwirken. Zu den frühen Stressoren gehören Kindesmisshandlungen körperlicher oder seelischer Art. Aber auch Armut, Isolation, Erleben von Gewalt in der Familie, Alkoholismus und vieles mehr können sich auf die Entwicklung der seelischen und körperlichen Gesundheit eines Kindes schädigend auswirken. Je mehr dieser Faktoren zusammentreffen, desto gravierender sind die gesundheitlichen Konsequenzen. Vieles weist darauf hin, dass es entscheidend ist, in den Anfängen unseres Lebens verlässliche Bezugspersonen zu haben, die uns helfen, belastende Erlebnisse abzufedern.

## Die «Schrei»-Debatte

Aktuell ist in Deutschland eine interessante und wichtige Debatte darüber entbrannt, ob man Kleinkinder, die schreien, anstatt friedlich einzuschlafen, sich selber überlassen darf oder ob es nicht richtig wäre zu versuchen, die Kleinen zu beruhigen und sie beim Einschlafen zu unterstützen. Ausgelöst wurde diese Debatte durch eine neue Auflage des Buches von A. Kast-Zahn und H. Morgenroth mit dem Titel *Jedes Kind kann schlafen lernen* [15]. Die Autorinnen raten den verzweifelten Eltern, ihr Kind stufenweise an ihre Abwesenheit zu gewöhnen, indem sie ihm immer wieder Zeichen ihrer Anwesenheit bzw. Verfügbarkeit geben, um es während allmählich länger werdender Zeitintervalle dann wieder sich selbst zu überlassen. Auf der Basis der vorangehenden mahnenden Hinweise auf die möglichen Langzeitschäden frühkindlichen Stresses ist es grundsätzlich sicher besser, dem Kind beizustehen als im Extremfall die Tür zu schließen und es über längere Zeit schreiend sich selbst zu überlassen. Aber auch wenn die Autorinnen ein stufenweises Prozedere vorschlagen, das nicht so radikal ist, wie es auf den ersten Blick scheint, sind Isolation und Einsamkeit – unabhängig vom Alter – erwiesenermaßen gewichtige Stressoren.

Das Stress-System kleiner Kinder spricht grundsätzlich auf Belastungen an, und vermutlich hinterlassen längere Stressphasen in ihrem Gehirn auch ihre biologischen und psychischen Spuren. Da das Stress-System beim Kleinkind aber noch nicht stabil ausgebildet ist, reagiert es auch schon empfindlich auf belastende Situationen wie etwa eine zeitweise unerwünschte Trennung von seiner Betreuungsperson. Die schwer zu beantwortende Frage lautet, wie stark ein Kind auf eine Trennung anspricht, und da man nicht jedes Mal die Konzentration des Stresshormons Kortisol im Speichel messen kann, liegt es letztlich im Ermessen der betreuenden Personen, wie sie die Reaktion ihres Kindes beurteilen.

Zuwendung ist grundsätzlich ein stärkendes und unterstützendes Signal. Dass dies effektiv konkrete, auch biologisch nachweisbare Auswirkungen auf das heranreifende Gehirn haben kann, geht aus Experimenten an Nagetieren hervor. **Zuwendung** verändert nämlich in Tierexperimenten das Gehirn von Jungtieren im positiven Sinne. Faszinierende Studien an Nagetieren, die von Michael Meaney und Mitarbeitern an der kanadischen *McGill University* durchgeführt wurden, belegen in eindrücklicher Weise, welche enorme Bedeutung der Qualität des frühen Kontakts zwischen Muttertier und Jungtieren für die Entwicklung von Gehirn, Stressachse und Gesundheit der Nachkommen zukommt[11]. Meaney hat herausgefunden, dass die Nachkommen von Tieren, die engen körperlichen Kontakt mit ihren Jungen hatten, weniger stressempfindlich waren und somit eine **erhöhte Stressresistenz** aufwiesen. Parallel dazu zeigten die Tiere, die vom Muttertier viel körperliche Zuwendung erhielten, eine **reduzierte Ängstlichkeit.** Sie wiesen zudem im Blut einen **niedrigeren Stresshormonspiegel** und **höhere Wachstumshormonwerte** auf als Tiere eines Wurfs, die vom Muttertier nur wenig Zuwendung erhielten. Die erhöhte Ausschüttung des Wachstumshormons wirkt sich positiv auf das körperliche Wachstum aus und hat auch günstige Auswirkungen auf die Ausreifung des Gehirns.

Abschließend lässt sich festhalten, dass hinsichtlich einer längeren physischen Abwesenheit der Eltern Zurückhaltung geboten ist und der Reaktion des Kleinkindes empathisch begegnet werden sollte.

---

11 Beim Menschen dürfte sich das nicht viel anders verhalten, ja vielleicht sogar noch ausgeprägter sein. Entsprechende Humanstudien zu diesem Thema sind aber natürlich aus ethischen Gründen nicht realisierbar.

# Literatur

[1] Lupien SJ, McEwen BS, Gunnar MR, Heim C. Effects of stress throughout the lifespan on the brain, behaviour and cognition. *Nature Reviews Neuroscience* 2009; 10: 434–445.

[2] Fukumoto K. Detrimental effects of glucocorticoids on neuronal migration during brain development. *Molecular Psychiatry* 2009; 14: 1119–1131.

[3] Diz-Chaves Y, Pernía O, Carrero P, Garcia-Segura LM. Prenatal stress causes alterations in the morphology of microglia and the inflammatory response of the hippocampus of adult female mice. *Journal of Neuroinflammation* 2012; 9: 71.

[4] Coe CL, Kramer M, Czéh B, Gould E, Reeves AJ, Kirschbaum C, Fuchs E. Prenatal stress diminishes neurogenesis in the dentate gyrus of juvenile Rhesus monkeys. *Biological Psychiatry* 2003; 54: 1025–1034.

[5] Edwards VE, Holden, GW, Felitti VJ, Anda RF. Relationship between multiple forms of childhood maltreatment and adult mental health in community respondents: results from the adverse childhood experiences study. *American Journal of Psychiatry* 2003; 160: 1453–1460.

[6] Felitti VJ, Anda RF, Nordenberg D, Williamson DF, Spitz AM, Edwards V, et al. Relationship of childhood abuse and household dysfunction to many of the leading causes of death in adults: the adverse childhood experiences (ace) study. *Am J Prev Medicine* 1998; 14: 245–258.

[7] Danese A, Moffitt TE, Harrington H, Milne BJ, Polanczyk G, Pariante CM, Poulton R, Caspi A. Adverse childhood experiences and adult risk factors for age-related disease. *Archives of Pediatric and Adolescent Medicine* 2009; 163(12): 1135–1143.

[8] Danese A, McEwen BS. Adverse childhood experiences, allostasis, allostatic load, and age-related disease. *Physiology and Behavior* 2012; 106: 29–39.

[9] Shonkoff JP, Boyce WT, McEwen BS. Neuroscience, molecular biology, and the childhood roots of health disparities building a new framework for health promotion and disease prevention. *JAMA* 2009; 301: 2252–2259.

[10] Steinmann RM. Psychische Gesundheit – Stress. Wissenschaftliche Grundlagen für eine nationale Strategie zur Stressprävention

und Förderung psychischer Gesundheit in der Schweiz. Hrsg. V. Gesundheitsförderung Schweiz Bern; 2005.

[11] Currie C et al. (eds.). Social determinants of health and well-being among young people. Health Behaviour in School-aged Children (HBSC) study: international report from the 2009/2010 survey. Copenhagen, WHO Regional Office for Europe, 2012 (Health Policy for Children and Adolescents, No. 6; www.euro.who.int/en/publications/abstracts/social-determinants-of-health-and-well-being-among-young-people.-health-behaviour-in-school-aged-children-hbsc-study; letzter Zugriff: 29.5.2014).

[12] Seiffge-Krenke I. Schulstress in Deutschland: Ursachen, Häufigkeiten und internationale Verortung. *Praxis der Kinderpsychologie und Kinderpsychiatrie* 2008; 57: 3–19.

[13] Mohr C, Braun S, Bridler R, Chmetz F, Delfino JP, Kluckner VJ, Lott P, Schrag Y, Seifritz E, Stassen HH. Insufficient coping behavior under chronic stress and vulnerability to psychiatric disorders. *Psychopathology* 2014; Jan 9 [Epub ahead of print].

[14] Friedman HS, Martin LR. *The Longevity Project.* New York: Hudson Street Press; 2011.

[15] Kast-Zahn A, Morgenroth H. *Jedes Kind kann schlafen lernen.* München: Gräfe & Unzer; 2013.

# 7. Die Gesellschaft ist mit «schuld»

## Wer ganz oben angekommen ist, hat am wenigsten Stress

Kürzlich ging eine Mitteilung durch die Presse, wonach eine Studie der *Harvard University* gezeigt haben soll, dass es uns gesundheitlich umso besser geht, je höher unser sozialer Status ist. Die Untersuchung bestätigt vollumfänglich zwei viel umfangreichere ältere Untersuchungen aus London, die diesen Sachverhalt bereits vor Jahren überzeugend nachgewiesen hatten. Das Versäumnis, frühere Studien zu zitieren, ist keine Seltenheit, wobei man sich manchmal fragt, womit die zusätzlichen Studien zu rechtfertigen sind, wenn wie im vorliegenden Fall bereits viel umfassendere Untersuchungen mit viel größeren Probandenzahlen vorliegen. Bei den beiden älteren Studien handelt es sich um die 1967 initiierten epochalen Studien des englischen Wissenschaftlers Michael Marmot, der zu den Stars der europäischen Medizinforschung, genauer gesagt zu den wichtigsten Epidemiologen zählt. In seinen bahnbrechenden Untersuchungen hat Marmot herausgefunden, dass Gesundheit und Lebensdauer von unserem Sozialstatus abhängen. Seine Erkenntnisse sind in einem interessanten und sehr spannend geschriebenen Buch mit dem Titel *The Status Syndrome* zusammengefasst [1]. Die unerwarteten Befunde hatte er zunächst an etwas mehr als 5000 männlichen Staatsangestellten im Londoner Regierungsdistrikt erhoben und seine Untersuchungen anschließend am gleichen Ort an Probanden beiderlei Geschlechts wiederholt. Dabei waren wiederum über 4000 Personen involviert. Das Resultat der ersten Studie konnte in der zweiten bestätigt werden: **je höher der soziale Status, desto gesünder und länger das Leben** der untersuchten Personen. Dabei ist hervorzuheben, dass es sich um Durchschnittswerte handelt und dass es immer Einzelne gibt, die nach oben oder unten von diesen Werten abweichen. Die beiden epochalen Studien tragen die Bezeichnungen *Whitehall I und II*, so benannt nach dem Londoner Regierungsviertel, in dem die jahrelangen Studien durchgeführt wurden.

Wie sind diese Befunde, die sehr wichtig sind, die aber kaum jemand zu kennen scheint, zu erklären? Nun könnte man vielleicht meinen, dass die Engländer sehr «autoritätsgläubig» und karrieresüchtig sind und immer nach «oben» schielen und sich damit vielleicht einem exzessiven psychosozialen Stress aussetzen. Dem ist aber wohl nicht so, denn identische Befunde wurden bereits vor der neuen Harvard-Studie in einer weiteren Studie in den USA erhoben. Die philanthropische amerikanische Stiftung mit dem Namen *McArthur Foundation (John D. and Catherine T. MacArthur Network on Socioeconomic Status* [SES] *and Health)* hatte in den USA in ihrer Untersuchung zum amerikanischen Mittelstand die gleichen Zusammenhänge aufdecken können. Selbst innerhalb der Mittelklasse, die sie auf der Basis des Einkommens in verschiedene Subklassen eingeteilt hatten, war eine sehr klare Korrelation zwischen Status, also Einkommen, und Gesundheit nachweisbar. Hinsichtlich der Kernbotschaften dieser vier Studien besteht somit weitgehende Übereinstimmung.

Die groß angelegte Whitehall-II-Studie befasste sich zudem mit der Frage, wie und ob Stress am Arbeitsplatz mit dem metabolischen Syndrom zusammenhängt. Wie die beiden Whitehall-Studien gezeigt haben, sind die hierarchische

Stellung oder der Rang einer Person innerhalb einer Organisation und somit ihr sozialer Status entscheidend für ihre allostatische Belastung: Personen auf der untersten Hierarchiestufe hatten im Durchschnitt die höchsten Blutdruckwerte, die höchsten Kortisolspiegel und die kürzeste Lebensdauer. Die Chefs lebten am längsten. Die Forscher hatten gezeigt, dass eine Korrelation zwischen dem Auftreten eines metabolischen Syndroms (*siehe* Infokasten) und dem Status der Betroffenen in der Organisation bestand. Nun sollte geklärt werden, ob darüber hinaus der Arbeitsstress selbst auch zum metabolischen Syndrom beiträgt. Dazu wurde eine prospektive Studie mit 10 308 Frauen und Männern durchgeführt, die sich im Mittel über 14 Jahre erstreckte. Aus der Studie wurden alle Personen mit Übergewicht ausgeschlossen, da dieses selber zum metabolischen Syndrom gehört. Die Autoren fanden, dass der Arbeitsstress mit der Wahrscheinlichkeit, am metabolischen Syndrom zu erkranken, korreliert. Sie hatten dabei verschiedene Risikofaktoren, insbesondere den sozialen Status (die Hierarchieposition innerhalb der Organisation) in ihrer Analyse berücksichtigt und festgestellt, dass die Wahrscheinlichkeit, an diesem Syndrom zu erkranken, bei Personen mit Arbeitsstress doppelt so hoch war wie bei Personen ohne Arbeitsstress [2]. Insgesamt kamen die Autoren zu dem Schluss, dass der soziale Gradient beim metabolischen Syndrom teilweise mit Arbeitsstress erklärt werden kann, dass aber ein größerer Teil auf Unterschiede im Lebensstil zurückzuführen ist. Sie konnten darüber hinaus nachweisen, dass verschiedene schädliche Gewohnheiten wie Rauchen, exzessiver Alkoholkonsum, Bewegungsmangel und schlechte Ernährungsgewohnheiten alle auch einzeln betrachtet mit einer erhöhten Wahrscheinlichkeit, am metabolischen Syndrom zu erkranken, korrelieren. Die Autoren der Studie maßen dabei dem Faktor der Kontrolle allerhöchste Bedeutung zu. Sie interpretierten ihre Befunde dahingehend, dass

Personen, die in einer Organisation auf der untersten hierarchischen Ebene angesiedelt sind, am wenigsten Kontrolle über ihre Arbeit haben und dass dies der effektive Stressfaktor sei [2].

**Metabolisches Syndrom**
Das metabolische Syndrom, auch Wohlstandssyndrom genannt, ist keine Krankheit, sondern bezeichnet eine Kombination verschiedener Risikofaktoren wie Bluthochdruck, zu viel Bauchfett, erhöhte Blutfett- und Zuckerwerte sowie Übergewicht. Kommen mehrere dieser Faktoren zusammen, so steigt das Risiko für einen Herzinfarkt oder Schlaganfall. Es bedeutet aber nicht, dass die Person automatisch an einem Herz-Kreislauf-Leiden erkranken wird.

Die übereinstimmende Schlussfolgerung der vier erwähnten Untersuchungen kommt für viele überraschend, obwohl das in einer Zeit, in der viel über Burnout geschrieben und gesprochen wird, kaum vorstellbar zu sein scheint, vor allem wenn über Führungskräfte gesprochen wird. Viele, die davon zum ersten Mal Kenntnis nehmen, zweifeln diese Befunde an. Sie denken, dass dies unmöglich zutreffen könne, da Spitzenmanager doch einen enormen Stress zu bewältigen und gerade deshalb ja auch extrahohe Gehälter verdient hätten. Auch hört man von Top-Managern, die sich sogar das Leben nehmen. Zwei Aspekte dürfen dabei aber nicht vergessen werden. Zum einen bleiben die Beweggründe, die zum Suizid geführt haben, zumindest teilweise, verborgen. Zum anderen ist die hier diskutierte Schlussfolgerung das Ergebnis von Untersuchungen über große Personengruppen, die Durchschnittswerte abbilden, bei denen Einzelschicksale immer herausfallen können. Bei genauerem Hinsehen fällt aber auf, dass Burnout nicht unbedingt die an der Spitze stehenden Führungskräfte trifft, sondern neben den vielen Personen aus den «untersten Etagen» oft die untere oder mittlere Führungsebene. So gab etwa der langjährige CEO und Verwaltungsratspräsident des Basler Pharma-Multis F. Hoffman La Roche anlässlich seines Rücktritts als Präsident bekannt, dass er nie unter Stress stehe und umso gelassener sei, je schwieriger eine Situation werde (Interview mit der BaZ Kompakt vom 4. März 2014 S. 6). Damit beschrieb er möglicherweise einen Menschentypus, der dafür prädestiniert ist, auf einem Chefstuhl Platz zu nehmen.

Nun, wer ganz oben angelangt ist, entscheidet selbst und genießt somit viel Freiheit – mehr als all jene, die weiter unten auf der Hierarchieleiter stehen. Nach Michael Marmot ist dies ein entscheidender Stressfaktor. Wer eine verantwortungsvolle Position bekleidet, aber kaum selbst entscheiden kann – und erst recht nur wenig Anerkennung erhält –, der sei, so Marmot, gesundheitlich besonders gefährdet. Für die obersten Führungskräfte sieht es gerade diesbezüglich natürlich anders aus. Die zahlreichen direkten und indirekten Unterstützungsmöglichkeiten, die nach eigenem Gutdünken eingesetzt werden können, sind breit gefächert und zuverlässig. Denn selbst wenn größere Entscheidungen anstehen, kann der *Chief Executive Officer* (CEO) eines größeren Unternehmens zwecks qualitativer Absicherung der zu treffenden Entscheidungen Beraterfirmen und Experten hinzuziehen und sich die besten Lösungen sozusagen auf dem «Tablet» präsentieren lassen, angefangen bei Fragen zur Strategie bis hin zur persönlichen Beratung des eigenen Auftritts und der Bekleidung. Auch die Auswahl der unterstellten Manager kann an eine Personalberatungsfirma delegiert werden, sodass am Ende ein eher geringes Restrisiko bleibt. Die Hauptarbeit kann entweder an weitere externe Beratungsfirmen delegiert oder von den Mitarbeitern umgesetzt werden. Einschränkend muss festgehalten werden, dass sich die Lage seit der Finanzkrise möglicherweise zumindest für die CEOs kleinerer und mittlerer Unternehmen (KMUs) geändert haben dürfte. Das wäre neu zu untersuchen, da diese nun voll in der Verantwortung stehen und weniger Spielraum haben, alles aus der Distanz zu steuern.

## Wir bewegen uns in einem soziokulturellen Umfeld, das uns fest im Griff hat

Wie ist es zu erklären, dass wir uns, scheinbar ohne uns dessen bewusst zu sein, in dieses soziale Gefüge einpassen und – mit potenziell gravierenden Konsequenzen für die eigene Gesundheit – einfach so «mitmachen»? Blicken wir immer auf unsere Nachbarn und vergleichen unseren Lebensstandard mit ihrem? Auf die Anzahl der Autos, auf ihre Kinder, ihren Swimmingpool etc.? Und wenn dem so wäre, wie soll sich dies bis in unseren Körper auswirken, sodass sogar unser Gesundheitszustand dadurch beeinflusst wird? Nun, restlos geklärt ist dies noch nicht. Aber es gibt verschiedene Erklärungsversuche.

Ein Erklärungsansatz, der recht plausibel klingt, führt diesen Sachverhalt auf den ***mit zunehmendem sozialem Status abnehmenden Stress*** zurück. Und in der Tat stellten Marmot und Mitarbeiter, wie bereits erwähnt, fest: je höher der soziale Status, desto niedriger die Blutspiegel des Stresshormons Kortisol und desto niedriger der Blutdruck. Umgekehrt ist für Personen aus den unteren sozialen Schichten das Leben generell mit einer breiten Palette von Stressfaktoren, sogenannten **Stressoren**, verbunden: Sie müssen privat mit schwierigen finanziellen Situationen klar kommen, wohnen oft in benachteiligten, lärmbelasteten und verschmutzten Gegenden und führen somit ein in mehrfacher Hinsicht «härteres» Leben. All diese Faktoren wirken auf das Gehirn und entwickeln von dort aus ihre gesundheitsschädigenden

Wirkungen auf den Körper, denn Stress entsteht im Gehirn. Die Summe aller gesellschaftlichen Stressfaktoren, denen wir ausgesetzt sind und die durch unseren sozialen Status quasi vorgegeben sind, wird unter dem Begriff **psychosozialer Stress** zusammengefasst. Dazu gehört auch, dass wir uns – bewusst oder unbewusst – permanent mit Menschen vergleichen, die uns beruflich oder gesellschaftlich nahestehen. Dieser Prozess hat vermutlich auch mit Angst zu tun, denn in einer zunehmend kompetitiven Gesellschaft sorgen wir uns ständig um unseren Status und müssen ihn verteidigen. Das ist anstrengend und erzeugt zuweilen Angst und Stress, oft über viele Jahre. Statusbewusstsein und Angst vor sozialem Abstieg finden sich heute bereits bei Jugendlichen. Letztlich gilt für Jung und Alt, dass unser Ansehen und damit unser Selbstwertgefühl wesentlich durch unseren Status beeinflusst werden. Die molekularen Prozesse im Gehirn, die für die Umsetzung von sozialem Status in Langlebigkeit zuständig sind, gilt es zwar noch zu erforschen, doch dürfte Stress sicher eines der Phänomene sein, die dabei eine entscheidende Rolle spielen.

Die **Abhängigkeit der Gesundheit vom sozialen Status** ist keine Besonderheit der menschlichen Spezies. Sowohl frei lebende als auch in Gefangenschaft gehaltene Affen weisen verblüffend ähnliche soziale Risikofaktoren mit teilweise ähnlich harten gesundheitlichen Konsequenzen auf [3]. Der berühmte Stressforscher Robert Sapolsky hat in jahrelanger Arbeit in Freilandbeobachtungen an Baboons in Ostafrika den Zusammenhang zwischen dem sozialen Rang dieser Affen und ihrem Stress untersucht. Baboons sind Primaten, die uns genetisch sehr nahe stehen und die in Gruppen von 50 bis 100 Individuen leben. Innerhalb dieser Gruppierungen herrscht eine strenge Hierarchie, die recht stabil ist, aber manchmal infolge von Todesfällen in harten Kämpfen neu etabliert werden muss. Für die rangoberen Gruppenmitglieder sind diese instabilen Phasen besonders belastend. Die

Tiere sind aggressiv und beißen mit ihren scharfen Zähnen bei Auseinandersetzungen auch zu. Sapolsky beobachtete, dass sich im Kampf um Spitzenpositionen Koalitionen bilden, die dann auch im offenen Kampf gegeneinander antreten. Dabei könne es vorkommen, dass manche Gruppenmitglieder abtrünnig werden und im letzten Moment noch zur Gegenseite wechseln, was die ganze Situation emotional noch zusätzlich aufheizt und die Verunsicherung in der Gruppe noch wesentlich erhöht. Sapolsky ist es gelungen, bei diesen Tieren in Stress-Situationen den Kortisol-Blutspiegel zu messen. Dabei hat sich wiederum herausgestellt, dass der Stress bei den rangniederen Tieren generell viel höher war als beim Anführer der Horde. Er studierte auch die Dynamik der Stressreaktion und stellte dabei fest, dass die Stressreaktion der Alphatiere, gemessen an der Stresshormonkurve in ihrem Blut, einen zeitlich begrenzten und klarer definierten Verlauf zeigte als bei den submissiven Tieren. Bei Letzteren beanspruchte die Abnahme des Hormons sehr viel mehr Zeit, was insgesamt auf eine viel höhere Belastung hinweist. Sapolsky hat ferner beobachtet, dass es den Tieren in ihrem natürlichen Lebensraum insofern gut geht, als sie die weitaus längste Zeit ihres Tages mit angenehmen Tätigkeiten verbringen und nur gerade etwa drei Stunden mit Nahrungssuche beschäftigt sind. Er denkt, dass diese inaktiven Phasen aber viel Raum für psychosozialen Stress bieten, da die Tiere sich manchmal, für den Beobachter klar erkennbar, direkt oder indirekt in die Schranken weisen und bedrängen oder bedrohen. Rangniedere Tiere zeigten Verhaltensauffälligkeiten, die ihn an depressive Menschen erinnerten. Sie haben einen erhöhten Blutdruck und weniger weiße Blutkörperchen, was auf eine geschwächte Immunlage hinweist – Befunde, wie sie ganz ähnlich auch beim chronisch überlasteten Menschen auftreten können. Bei den Affen geht damit auch eine höhere Anfälligkeit für Infektionskrankheiten einher.

## Körperliche, psychische und soziale Probleme korrelieren mit dem Einkommensgefälle

Eine faszinierende Erweiterung und Aktualisierung der erwähnten Studien über die gesundheitlichen Konsequenzen des sozialen Status erbrachten die langjährigen Untersuchungen von Richard Wilkinson und Kate Picketts, beides Wissenschaftler aus England, die über ein breites Hintergrundwissen in Gesundheitsfragen, Soziologie und Ökonomie verfügen [4]. Sie weisen auf die Korrelation zwischen dem Ausmaß der Lohnschere und verschiedenen gesundheitlichen und sozialen Problemen in 23 einkommensstarken westlichen Nationen hin. Die gleichen Befunde haben sie auch in den Vereinigten Staaten von Amerika erheben können. Damit sind ihre Resultate von kulturellen oder kontinentalen Einflüssen unabhängig. Die Autoren haben unter Berücksichtigung einer Fülle von internationalen Datenquellen nachweisen können, dass die 12 von ihnen untersuchten gesundheitlichen und sozialen Probleme mit dem Lohngefälle in den jeweiligen Gesellschaften korrelieren. Je größer die Lohnschere in einem Land auseinanderklafft, desto stärker leiden die Bewohner unter einer großen Anzahl gesundheitlicher und sozialer Probleme. Diese Korrelation war, von ganz wenigen Ausnahmen abgesehen, in allen in die Analyse eingeschlossenen Bereichen existent: physische und mentale Gesundheit, Drogenmissbrauch, Erziehung, Belegung der Gefängnisse, Fettleibigkeit, soziale Mobilität (das heißt die Chance, in einer Gesellschaft den sozioökonomischen Status zu wechseln), Vertrauen und Leben in der Gemeinschaft, Gewalt, Schwangerschaften bei Teenagern und Wohlbefinden der Kinder.

Wilkinson und Picketts gründeten ihre Analyse auf einem definierten Einkommensquotienten, indem sie in verschiedenen Ländern die Lohnverhältnisse der obersten 20 Prozent der Bevölkerung mit jenen der untersten 20 Prozent verglichen und einen Quotienten bildeten. Dieser Quotient wurde dann zu den zwölf untersuchten Parametern in Beziehung gesetzt. Die größten Lohngradienten haben Großbritannien, die USA und Portugal. Ein deutlich schwächeres Lohngefälle zeigen die Länder im Norden Europas, also Dänemark, Finnland, Norwegen und Schweden – alles Länder, in denen übrigens auch hohe bis sehr hohe Steuern anfallen. Neben den nordeuropäischen Staaten zählt auch Japan zu den Ländern mit einem relativ geringen Lohngefälle. Die Autoren kommen zu dem Schluss, dass Gesellschaften mit relativ kleinen Lohnscheren im Schnitt deutlich gesünder leben und weniger soziale Probleme haben, und heben dabei besonders hervor, dass das absolute Lohnniveau in diesem Kontext keine Rolle spielt. Es kommt lediglich auf das Ausmaß der Lohnungleichheit an. Auch bezüglich der Häufigkeit mentaler Erkrankungen unterschieden sich die Länder mit großer Lohnschere von denen mit kleiner Lohnschere um den Faktor 5, was überraschend hoch ist. Zehn der zwölf untersuchten Parameter wiesen einen Zusammenhang mit der Lohnschere auf, was eine gemeinsame Ursache nahelegt. Sie weisen darauf hin, dass bislang noch niemand eine andere Erklärung für diesen Zusammenhang finden konnte, als diejenige, die sie selber postulieren. In ihrer sorgfältigen und weitreichenden Analyse der Daten argumentieren sie, dass der **Lohnscheren-Effekt** auf das zunehmende Statusbewusstsein der Menschen zurückzuführen sei. Ausgehend von der Beobachtung, dass in den vergangenen 50 Jahren die Angst in den Gesellschaften generell zugenommen habe und dies mit einer Zunahme von chronischem Stress verbunden sei, machen sie für diese Zusammenhänge eine latente Angst um den eigenen sozialen Status und den damit verbundenen Stress verantwortlich.

Somit stellen diese Studien eine interessante Erweiterung der von Michael Marmot in England durchgeführten Pilotstudien über den Sozialstatus dar. In beiden Fällen wird, sozusagen als Erklärungsansatz, chronischer latenter Stress in den Vordergrund gestellt. Die Zunahme an Angst komme dadurch zustande, dass schon in der Jugend das Bewusstsein für die **Bedeutung des Sozialstatus** vorhanden und entsprechend von einer latenten Angst begleitet sei, den angestrebten Status entweder gar nicht erst zu erreichen oder schon in jungen Jahren wieder zu verlieren. Hinzu kommt auch der **zunehmende Leistungsdruck**, dem die Jugendlichen vonseiten ihrer Eltern ausgesetzt sind, die immer mehr befürchten, dass ihre Nachkommen den erreichten Lebensstandard vielleicht nicht mehr werden halten können.

Im Kontext der vorangehenden Betrachtungen zur Bedeutung von Stress in unserer Gesellschaft bleibt an dieser Stelle zusammenfassend festzuhalten, dass die Autoren ihre interessanten Befunde letztlich auf den in ungleichen Gesellschaften erhöhten Stress zurückführen. Der Kampf um einen höheren Status ist umso belastender und zehrt umso mehr an den gesundheitlichen Ressourcen, je ungleicher eine Gesellschaft hinsichtlich ihrer Lohnstrukturen aufgebaut ist. Als interessantes Beispiel erörtern sie den Gesundheitszustand von US-Amerikanern im Vergleich zu dem der griechischen Bevölkerung. Der Befund, dass Letztere sehr viel weniger Geld für ihre Gesundheit ausgeben, über ein deutlich bescheideneres medizinisches Angebot verfügen und dennoch eine höhere Lebenserwartung haben, könnte Anlass zu vertieften und erweiterten Analysen über den Stellenwert der Medizin geben. Die Pro-Kopf-Gesundheitskosten in den USA sind mit Abstand die höchsten. Neben dem gesellschaftlichen Stress heben die Autoren die große Bedeutung von Stress in den ersten Lebensjahren – inklusive Schwangerschaft – wie auch den hohen Stellenwert von Freundschaften bzw. die stark belastende Wirkung beim Fehlen von Bekanntschaften hervor.

Die Diskussion über die Lohnschere hat in Medienbeiträgen eine hohe Aktualität. Hier ist zu bedenken, dass die Ergebnisse auch der hier vorgestellten großen Studie doch davon abhängen dürften, welche Teile der unteren bzw. oberen

Gesellschaftssegmente in die Analysen eingeschlossen werden. Würde man sich anstelle der 20 Prozent auf die oberen 5 Prozent der Bevölkerung konzentrieren, dann sähen die Resultate für gewisse Länder wahrscheinlich ganz anders aus.

## Die Mehrfachbelastung durch Familie und Beruf

Vor besonderen Anforderungen stehen Alleinerziehende, die ihre häusliche Arbeit mit niemandem teilen können, und oft sind sie auch finanziell «nicht auf Rosen gebettet». Bei Paaren, bei denen beide Partner arbeiten und Kinder zu betreuen haben, mag es finanziell zwar besser aussehen, aber auch bei ihnen ist die Gefahr der Überlastung trotz des Tagesschulangebots nicht zu vernachlässigen, vor allem, wenn auch noch die alternden Eltern gepflegt werden müssen. Auch wenn es zweifellos einen enormen Fortschritt darstellt, dass immer mehr Frauen aktiv im Berufsleben stehen, führt sie die Mehrfachbelastung oft an den Rand ihrer Belastbarkeit – eine Situation, an der die Männer nicht ganz unschuldig sind, was durch eine kürzlich in Deutschland durchgeführte Studie vollumfänglich bestätigt wurde. Im Auftrag der Techniker Krankenkasse (TK) ging das Forsa-Institut in einer Umfrage unter 1000 Personen beiderlei Geschlechts der Frage nach, wie viel Druck Frauen und Männer ab dem 18. Lebensjahr ausgesetzt sind. Danach empfanden sechs von zehn Personen ihr Leben als «stressig», und bei Frauen war der Druck infolge der Mehrfachbelastung deutlich höher als bei Männern. Am stärksten fühlten sich Eltern durch ihren Job belastet, gefolgt von familiären Konflikten und Kindererziehung. Erst an vierter Stelle wurden finanzielle Sorgen genannt.

Bei einem durchschnittlichen Monatseinkommen in der Schweiz von etwas mehr als 6100 Franken (Medianwert,

April 2014) stellt sich oftmals gar nicht die Frage, ob nur ein Elternteil oder beide arbeiten wollen; vielmehr ist das Zweiteinkommen in der Schweiz schon fast zu einer ökonomischen Notwendigkeit geworden, die die ganze Familie letztendlich aber auch unter erhöhten Druck setzt. Wer von nur einem Gehalt leben und damit Familie, Wohnung, Urlaub und Auto finanzieren möchte, kommt damit kaum über die Runden. Da die Einkommen in Deutschland deutlich niedriger sind[12], mag es kaum zu verstehen sein, warum dieses Monatseinkommen nicht ausreichen sollte. Der Grund dafür liegt aber in den höheren Lebenshaltungskosten, und zwar in allen zuvor genannten Bereichen.

Wenn wir zudem noch die Lohnungleichheit, die Rentennachteile und die progressive Besteuerung von Doppelverdienern in die Betrachtung einbeziehen, dann dürfte sich manche Familie vielleicht eine andere Aufteilung der Tätigkeiten wünschen, wenn die ökonomischen Bedingungen dies zuließen. Die Entscheidung zwischen Berufstätigkeit und einem auf die Familie konzentrierten Lebensstil ist auch in Anbetracht der weit verbreiteten Arbeitsplatzunsicherheit mit erheblichen Risiken für die Familie verknüpft, sodass letzten Endes oft nur die Doppelverdiener-Variante übrig bleibt. Die unteren sozialen Schichten bis weit in den Mittelstand hinein haben in dieser Frage effektiv keine Wahl. Hier Abhilfe zu schaffen, dürfte sehr schwierig sein. In diesem Zusammenhang sehr interessant ist die provokative Auffassung, die von der Psychologin Helen Heinemann in ihrem

---

12 Gemäß einer Pressemitteilung des Statistischen Bundesamtes vom 4. Juli 2013 liegen die Einkommen in Deutschland deutlich tiefer: «*Ein vollzeitbeschäftigter Arbeitnehmer verdiente in Deutschland im ersten Quartal 2013 ohne Sonderzahlungen durchschnittlich 3398 Euro brutto im Monat. Die höchsten Durchschnittsverdienste erhielten die Beschäftigten bei Banken und Versicherungen (4543 Euro), in der Energieversorgung (4477 Euro) sowie im Bereich Information und Kommunikation (4475 Euro). Der niedrigste durchschnittliche Bruttomonatsverdienst wurde im Gastgewerbe (2008 Euro) gezahlt.*»

Buch über Burnout [5] vertreten wird: und zwar dass der Burnout des Mannes nicht so sehr mit seiner Überlastung am Arbeitsplatz als vielmehr mit seiner Überforderung in der Familie zu tun habe. Ihrer Meinung nach erkranken Männer wegen ihrer undefinierten und anspruchsvollen häuslichen Rolle. Diese Rolle ist gerade für Männer in leitenden Positionen besonders schwierig, weil sie sich zu Hause in einer Situation wiederfinden, bei der sie nicht mehr allein das Sagen haben.

## Literatur

[1] Marmot M. *The Status Syndrome.* London: Bloomsbury; 2004.
[2] Chandola T, Brunner E, Marmot M. Chronic stress at work and the metabolic syndrome: prospective study. *British Medical Journal* 2006; 332: 521–525.
[3] Sapolsky R. The influence of social hierarchy on primate health. *Science* 2005; 308: 648–652.
[4] Wilkinson R, Pickett K. The Spirit Level: Why Equality Is Better For Everyone. London: Penguin; 2009.
[5] Heinemann H. Warum Burnout nicht vom Job kommt: Die wahren Ursachen der Volkskrankheit Nr. 1. Aslar: adeo-Verlag; 2012.

# 8. Ein Stressor kommt selten allein

## Chronischer Stress: die wohl relevanteste Gefährdung unserer Gesundheit

Nach Einschätzungen der Weltgesundheitsorganisation (WHO) stellt Stress die größte Gefahr für unsere Gesundheit dar. Dieser Umstand ist bisher kaum in das Bewusstsein der Bevölkerung vorgedrungen. Stress an sich ist auch keine Krankheit; Stress kann, wenn er chronifiziert, aber zum Ausgangspunkt vieler Krankheiten werden. Burnout und Depressionen erhalten in den Medien und in der Öffentlichkeit zwar viel Aufmerksamkeit, aber es wird noch viel zu wenig wahrgenommen, dass chronischer Stress neben psychischen Störungen auch eine größere Anzahl schwerer körperlicher Krankheiten auszulösen vermag oder zumindest für deren Entstehung mitverantwortlich ist. Dazu zählen so relevante nichtübertragbare Zivilisationskrankheiten wie Bluthochdruck, Herzinfarkt, Fettleibigkeit (Adipositas), Typ-2-Diabetes, Arteriosklerose, Immunschwäche sowie Rücken- und Kopfschmerzen. Bei einem chronisch erhöhten Kortisolspiegel im Blut drohen zudem Knochen- und Muskelabbau, und auch entzündliche Darmerkrankungen, Neurodermitis und geistige Einbußen werden mit chronischem Stress in Zusammenhang gebracht.

Eine wichtige Untergruppe dieser Erkrankungen wird unter der Bezeichnung **metabolisches Syndrom** zusammengefasst, die 1988 von dem amerikanischen Wissenschaftlers

Gerald Reavan geprägt wurde und inzwischen breite Akzeptanz gefunden hat. Als er dieses komplexe Krankheitsbild in einem Vortrag erstmals einer breiteren Öffentlichkeit vorstellte, war er Professor an der renommierten *Stanford University.* Er hatte beobachtet, dass Fettleibigkeit (Adipositas), Bluthochdruck (Hypertonie) und Diabetes oft gemeinsam auftreten. Diese Kombination gesundheitlicher Störungen bezeichnete er als **Syndrom X.** Er führte dieses Syndrom auf einen gestörten Kohlenhydratstoffwechsel (Insulinresistenz) zurück. Dazu gehören auch ein gestörter Fettstoffwechsel und ein erhöhter Nüchtern-Glukosespiegel – alles Körperzustände, die in direkter oder indirekter Beziehung zu chronischem Stress stehen und bei denen Entzündungen eine wichtige Rolle spielen (siehe dazu im Einzelnen die Ausführungen in Kapitel 9). Das metabolische Syndrom geht mit einer erhöhten Wahrscheinlichkeit einher, einen Schlaganfall zu erleiden und an einem Morbus Alzheimer zu erkranken. Auch diese Mechanismen werden in Kapitel 9 eingehend diskutiert. **Abbildung 3** zeigt neben den psychischen Krankheiten eine Reihe von gesundheitlichen Störungen, bei denen ein enger Zusammenhang mit chronischem Stress postuliert wird. Ein sehr direkter Zusammenhang besteht, wie erwähnt, mit Übergewicht bzw. Adipositas, weil das Stresshormon Kortisol dafür verantwortlich gemacht wird, dass sich Fett im Bauchbereich ablagert. Beim männlichen Geschlecht wird dieses sogenannte **viszerale** (im Bereich der Eingeweide befindliche) oder **abdominale Fett** als besonders gefährlich angesehen, da es beim Herzinfarkt und Schlaganfall eine wichtige Rolle spielt.

## Wenn die Last zu groß wird

McEwens Konzept der allostatischen Last (siehe dazu auch Kapitel 4) eröffnet die Möglichkeit, die Mechanismen der stressinduzierten Schädigungen des Körpers in einen größeren

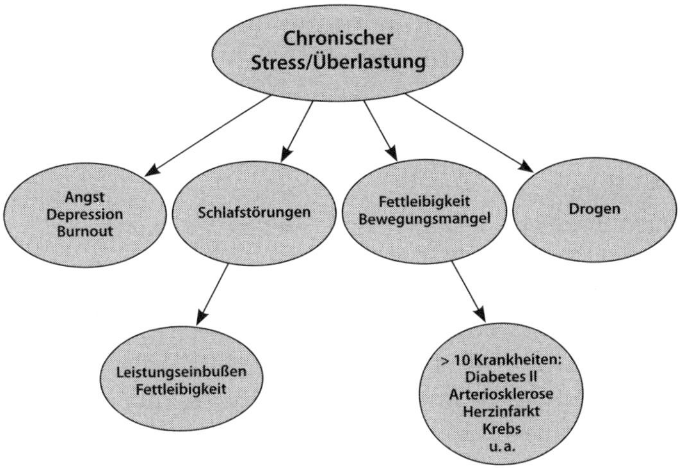


**Abbildung 3: Chronische Überlastung kann neben psychischen Störungen auch eine Reihe körperlicher Erkrankungen auslösen.** Fettleibigkeit, Bewegungsmangel und Schlafstörungen können nicht nur Folge von Stress sein, sondern auch andere Ursachen haben. Auch sie können wiederum zu einer gesteigerten Freisetzung von Kortisol und vermehrten Entzündungsprozessen führen und dadurch Stressreaktionen weiter verstärken. Die verschiedenen Krankheitsbilder sind in mannigfaltiger Weise miteinander molekular verknüpft. Stressempfindlichkeit und Übergewicht haben vermutlich zusätzlich eine genetische Komponente. Das Schema veranschaulicht, dass chronischer Stress ein breit gestreutes gesundheitsschädigendes Potenzial hat, das weit darüber hinausgeht, was üblicherweise mit Stress in Zusammenhang gebracht wird. Dies ist nur eine Auswahl von Krankheiten; daneben gibt es noch zahlreiche weitere, die ebenfalls durch chronischen Stress ausgelöst oder verstärkt werden können, darunter Kopf- und Rückenschmerzen, von denen ein hoher Prozentsatz der Bevölkerung betroffen ist. Der Burnout ist streng genommen keine definierte Krankheit, aber der Zusammenhang mit Stress ist unbestritten (s. Kapitel 9).

Zusammenhang zu stellen. Es erklärt, wie sich psychosozialer Stress und Charakteristika des Lebensstils zusammen auf unseren Körper und unser Gehirn auswirken. Solange die

Allostase funktioniert, was sie meist auch tut, wenn wir uns als gesund einstufen, regelt sich vieles in unserem Körper, ohne dass wir uns dessen bewusst sind. Wenn aber die Belastung andauert und von hoher Intensität ist – sei es nun real oder auch nur virtuell –, dann entsteht ein Zustand der chronischen Überlastung, bei dem wir den Stressor oder die Stressoren nicht mehr in den Griff bekommen und die Allostase in den Zustand der allostatischen Last kippt. Dies führt zu einer andauernden erhöhten Freisetzung von Kortisol und Adrenalin, die über die Blutbahn den ganzen Körper erreichen. Parallel dazu wird das sympathische Nervensystem aktiviert, dessen Zellen an den Nervenendigungen den Botenstoff Noradrenalin ausschütten. Diese Prozesse werden, wie bereits erläutert, durch die Amygdala angestoßen, die als Emotionszentrum eine steuernde Funktion bei psychosozialem Stress und Angstsituationen ausübt. Leider sind wir uns dieser Zustände oft gar nicht bewusst. Chronische Angstzustände können uns unbewusst über einen langen Zeitraum belasten.

Um mit Sicherheit sagen zu können, ob jemand stressfrei lebt, müssen Messungen im Körper vorgenommen werden, die aber nicht billig sind und eine spezielle Ausrüstung erfordern. Dazu gehört etwa die Messung der Herzrhythmusvariabilität, der Konzentration von Kortisol sowie von Substanzen, die Entzündungen auslösen oder markieren. Der Herzrhythmus bzw. seine Variabilität sind ein anerkanntes Maß für die Stressexposition eines Menschen. In entspanntem Zustand schlägt das Herz unregelmäßiger. Dies erklärt sich dadurch, dass die sympathischen und parasympathischen Nervenfasern beide aktiv die Herzfrequenz modulieren. Im gestressten Zustand dominiert der Sympathikus, und der Herzschlag zeigt nur noch eine geringe Variabilität – was ungünstig ist, weil die dämpfende Wirkung des Parasympathikus abgeschwächt ist.

Leider kommt chronischer psychischer Stress nur selten allein daher. Generell verdichten sich die Hinweise, dass gesundheitliche Risikofaktoren, die unserem Körper schlecht bekommen, sich auch ungünstig auf die Gesundheit und Fitness des Gehirns auswirken. Neben dem omnipräsenten Stress sind **Fettleibigkeit und Bewegungsmangel** bedeutende Risikofaktoren für das Gehirn [1, 2]. Alle drei treten oft zusammen auf, wobei Fettleibigkeit und Bewegungsmangel ihrerseits eine Folgeerscheinung von chronischem Stress sein können. Bewegungsmangel wird hinsichtlich seiner negativen gesundheitlichen Auswirkungen oft noch unterschätzt. Er verkürzt das Leben und wirkt sich negativ auf unsere Emotionen und kognitiven Leistungen aus [2]. Hinzu kommt eine ganze Reihe weiterer belastender Faktoren: Die Qualität unseres Schlafs und unserer Ernährung sowie Alkohol- und Tabakwarenkonsum [3], aber auch Einsamkeit [4] zählen zu den allostatischen Lasten. Das Gehirn als Informations- und Exekutivorgan reagiert also nicht nur auf äußeren, psychosozialen oder durch persönliche Schicksalsschläge ausgelösten Stress mit charakteristischen Stressreaktionen, sondern stark belastende Signale können auch aus dem Körper selbst kommen. Zusammengenommen bestimmen all diese Faktoren gemäß dem Konzept der allostatischen Regulation letztlich, ob wir uns im gesunden Zustand der Allostase oder der allostatischen Last, also der Überlastung, befinden.

## Bewegungsmangel und Fettleibigkeit sind Risikofaktoren auch für das Gehirn

Die potenziell schädigenden Auswirkungen von Fettleibigkeit und **Bewegungsmangel** auf die Gesundheit [1, 2] sind nur teilweise bekannt. Es ist nämlich noch gar nicht so lange her, seit dies als gesichert angesehen werden kann. Als großer Pionier auf diesem Gebiet gilt Jeremy Morris, der in einer groß angelegten Pionierstudie 1950 in London Busfahrer und Schaffner hinsichtlich der Häufigkeit, mit der sie Herzinfarkte erlitten, untersuchte. Diese Studie war deshalb so wertvoll, weil die Schaffner sich in den doppelstöckigen Bussen den ganzen Tag über intensiv bewegen mussten, wohingegen die Fahrer ihrer Tätigkeit sitzend nachgingen. Personen, die am gleichen Arbeitsort tätig waren, konnten somit direkt verglichen werden. 31 000 Personen im Alter zwischen 35 und 65 Jahren nahmen an der Studie teil, und es stellte sich heraus, dass die Busfahrer häufiger einen Herzinfarkt erlitten als die Schaffner, die tagtäglich viele Male die Treppen hoch- und heruntersteigen mussten, und dass diese Herzinfarkte auch häufiger einen tödlichen Verlauf nahmen. Dies war die erste groß angelegte Studie dieser Art.

Morris konnte diese Befunde später mit einer noch größeren Studie an Postangestellten bestätigen: Briefträger, die auf dem Fahrrad oder zu Fuß unterwegs waren, erlitten deutlich seltener einen Infarkt als Postangestellte, die den Tag in einem Büro sitzend verbrachten. Das waren bahnbrechende Studien, denn zuvor war der Einfluss von Bewegung auf das Herz-Kreislauf-System nicht systematisch untersucht worden. Professor R.S. Paffenbarger von der *University of California* (UC) in Berkeley vertiefte diese frühen Studien. Auch er ging der Frage nach, inwiefern sich körperliche Bewegung bzw. Bewegungsmangel auf die Gesundheit auswirken. Dazu untersuchte er verschiedene Altersklassen prospektiv[13]. Wie er nachweisen konnte, war das Herzinfarktrisiko von Personen, die sich regelmäßig körperlich aktiv betätigten, umso niedriger, je intensiver sie trainierten. Rückblickend erscheint uns diese Erkenntnis fast trivial. Doch erst mit diesen Studien wurde schließlich auch die Akzeptanz dieser Befunde erreicht. Es hatte langwieriger und großer Anstrengungen bedurft, bis die Zusammenhänge zwischen Lebensstil und

13 Bei einer prospektiven Studie wird die Wirksamkeit einer medizinischen Intervention so geprüft, dass die zugrunde liegende Hypothese vorher festgelegt wird.

Gesundheit in Fachkreisen akzeptiert wurden. Und bis gesicherte Forschungsergebnisse dann schließlich auch von der Öffentlichkeit zur Kenntnis genommen werden, vergehen noch weitere Jahre.

Die hier berichteten wichtigen Studien machen nur einen kleinen Teil all der weltweit durchgeführten Untersuchungen zu diesem Themenkreis aus. In einer Übersichtsarbeit beschreiben Wu und Mitarbeiter [1], dass von den 36 Millionen Todesfällen, die jährlich aus nicht übertragbaren Erkrankungen resultieren, etwa 5 Millionen zulasten körperlicher Inaktivität gehen und 5 Millionen auf das Rauchen zurückzuführen sind. Diese Zahlen belegen eindrücklich, dass körperliche Inaktivität eine sehr bedeutende Gefährdung unserer Gesundheit darstellt. Wer sich nicht mindestens 15 bis 30 Minuten täglich intensiv bewegt, erhöht diesen Autoren zufolge sein Risiko, an Krebs, Herzinfarkt, Schlaganfall oder Diabetes zu erkranken, um 20 bis 30 Prozent und verkürzt sein Leben um 3 bis 5 Jahre[14]. Inaktivität hat zahlreiche Ursachen. Neben Bequemlichkeit und Trägheit fallen infolge der zunehmenden Anzahl übergewichtiger Personen aber immer mehr auch rein körperliche Gründe ins Gewicht.

Übergewicht ist ein Gesundheitsthema, das in den Medien seit Jahren omnipräsent ist. Aus einer Veröffentlichung des schweizerischen Bundesamtes für Statistik geht hervor, dass in der Schweiz 51 Prozent der Männer und 32 Prozent der Frauen im Jahre 2012 übergewichtig waren. Gängige Erklärungen sind das große Angebot an industriell gefertigten Nahrungsmitteln mit ihrem hohen Gehalt an Transfetten, gesättigten Fetten, Kohlenhydraten und Salz, die zusammen mit dem Angebot an stark überzuckerten Getränken schuld an dieser Entwicklung sein sollen. Hinzu kommt der Mangel an Bewegung. Als Gegenrezept werden verschiedenste Diäten

14 Das sind statistische Durchschnittswerte, und natürlich gibt es immer wieder Menschen, die von diesen Erfahrungswerten abweichen.

und Bewegungstherapien propagiert. Und obwohl der Trend zu höherem Körpergewicht schon vor über 10 Jahren als gesundheitliches Problem ersten Ranges erkannt wurde, warten wir immer noch auf einen überzeugenden Erklärungsansatz. Denn offensichtlich sind die viel gepriesenen Diätmaßnahmen nicht von durchschlagendem Erfolg gekrönt – abgesehen von wenigen Personen, die mit enormer Willenskraft den Durchbruch nach «unten» schaffen.

Dass Stress dazu verleiten kann, mehr zu essen als uns gut tut, ist ein an sich bekanntes Phänomen. Wahrscheinlich ist chronischer Stress ein wichtiger, aber nicht der einzige Faktor, der unser Essverhalten mit beeinflusst. An der Steuerung der Nahrungsaufnahme sind sowohl das Gehirn als auch der Körper beteiligt, wobei wir diese komplexen Interaktionen erst teilweise verstehen. Aber so viel steht fest: Fettleibigkeit kann sich ungünstig auf die geistige Fitness auswirken, was sowohl beim Menschen als auch beim Tier nachgewiesen wurde [5]. Es sind sogar anatomische Veränderungen nachweisbar, etwa, dass bestimmte Hirnareale kleiner werden.

Basierend auf den Untersuchungen von Peters vertritt er zusammen mit McEwen [3] die Meinung, dass das beste Rezept gegen die Verfettung von Jugendlichen die Reduktion von chronischem Stress sei. Die Kritik, der Jugendliche gerade wegen ihres Übergewichts oft ausgesetzt sind, verschlimmere die Situation noch zusätzlich. Nicht minder interessant ist Peters These, wonach leichtes Übergewicht entgegen der in der Medizin lange Zeit vorherrschenden Meinung nicht lebensverkürzend, sondern im Gegenteil lebensverlängernd sei. Peters belegt diese Hypothese mit dem Verweis auf 50 von ihm als qualitativ hochwertig eingestufte Publikationen, die darauf schließen lassen, dass Menschen vom Stresstyp A ein höheres Risiko für Herzinfarkt und zahlreiche andere Erkrankungen haben, die gewöhnlich den beleibteren Menschen zugeschrieben werden. Gegen diese Erkrankungen seien leicht Übergewichtige dagegen eher geschützt. Dies passt insgesamt zu dem Befund der erwähnten zahlreichen Studien, dass ein leichtes Übergewicht lebensverlängernd sein kann.

Die Stresshypothese der Fettleibigkeit ist interessant. Aber was wissen wir wirklich über die Ursachen der aktuellen «Übergewichtsepidemie»? Nach Meinung des renommierten Wissenschaftsjournalisten Gary Taubes [6], der sich seit Langem kritisch mit den Ernährungswissenschaften auseinandersetzt und sich in einem kürzlich erschienenen Editorial der Wissenschaftszeitung *Nature* zum Thema äußerte, habe sich die Theorie, der zufolge Fettleibigkeit mit Überfütterung zu tun habe, als falsch erwiesen. Er plädiert dafür, vermehrt den Einfluss der Hormone ins Visier zu nehmen. Taubes ist Mitbegründer der *Non-Profit Nutrition Science Initiative* (NuSI) in San Diego, Kalifornien, die es sich zum Ziel gesetzt hat zu klären, ob Fettleibigkeit auf ein Zuviel an energiereicher Nahrung oder auf eine **Störung des Hormonhaushalts** zurückzuführen ist. Im letzteren Fall geht man davon aus, dass der hohe Zuckerkonsum in Speisen und Getränken zu einer permanent erhöhten Ausschüttung von Insulin führt. **Insulin** treibt die Synthese von Fetten in der Leber und die Ablagerung von Fett im Körper an. Laut Tauber erlaube die vorhandene Literatur zum Thema keine schlüssigen Antworten, weil der effektive Nahrungsmittelkonsum der Studienteilnehmer meist nicht genügend kontrolliert oder überwacht wurde.

Seit ein paar Jahren wird intensiv darüber geforscht, inwiefern die Zusammensetzung unserer Darmflora (als Teil des sogenannten Mikrobioms) unser Essverhalten beeinflusst. Mit Mikrobiom sind alle Mikroorganismen gemeint, die unseren Körper besiedeln, sowohl jene des Darms als auch der Haut und der Mundhöhle. Sie erfüllen zahlreiche wichtige Aufgaben bei der Verdauung, der Immunabwehr und Nahrungsaufnahme. Das ist ein sehr spannendes Forschungsfeld mit weitreichenden möglichen Konsequenzen auch für das Gehirn. Es wird geschätzt, dass wir zwischen 300 bis 1000 verschiedene Bakterientypen in unserem Darm beherbergen, und es werden laufend neue Entdeckungen über deren Funktionen publiziert [7]. Im Zusammenhang mit Fettleibigkeit wurde beobachtet, dass adipöse Menschen eine weniger diversifizierte Darmflora aufweisen als Schlanke [8]. Dies scheint auch bei Nagetieren zuzutreffen. Als man nämlich die Darmflora schlanker Mäuse in den Darm dicker Mäuse transferierte, wurden auch diese schlanker. Das sind erste Hinweise auf einen Sachverhalt, über dessen Bedeutung man noch nicht abschließend urteilen kann. Dem Mikrobiom wird auch eine regulierende Funktion bei entzündlichen Prozessen im Körper nachgesagt. Damit spielt es möglicherweise eine Rolle bei verschiedenen metabolisch bedingten Krankheiten [8]. Dieses spannende Forschungsgebiet erfreut sich eines enorm großen Interesses auch vonseiten der Neurobiologie. Es verdichten sich nämlich die Hinweise darauf, dass es **Mikrobiom-Darm-Hirn-Interaktionen** gibt, die selbst für die Stressprozesse wichtig sind. Nagetiere, die ganz ohne Darmbakterien aufwuchsen, zeigten eine stärkere Stressreaktion als Tiere mit einer normalen Darmflora. Wurde die Darmflora während eines gewissen Zeitfensters jenen Tieren eingeimpft, die ohne Darmbakterien aufwuchsen, dann normalisierte sich weitgehend auch ihre Stressreaktion [9]. Verschiedene Laboratorien haben nachweisen können, dass Tiere, die ohne Darmbakterien aufwachsen, eine reduzierte Angstreaktion zeigen, und Clarke und Mitarbeiter im irischen Cork fanden heraus, dass diese Tiere einen erhöhten Umsatz des Botenstoffs Serotonin aufwiesen. Dies ist ein Hinweis dafür, dass die Darmbakterien einen Einfluss auf die Hirnchemie haben [9]. Der genaue Mechanismus, der sich dahinter verbirgt, ist noch ebenso unklar wie die Frage, welche Art von Bakterien diesen Effekt vermittelt. Serotonin ist der Botenstoff, der für die Wirkung antidepressiver Psychopharmaka vom Typ Fluoxetin/Prozac verantwortlich ist. Somit ergibt sich zumindest präklinisch eine Verbindung zwischen Darmflora und Psyche.

Auch wenn wir noch nicht alle Regulationsmechanismen der Nahrungsaufnahme kennen, wissen wir ziemlich genau, dass es nicht ein einziges Zellsystem im Gehirn ist, das darüber entscheidet, was und wie viel wir essen. Ganz im Gegenteil sieht es danach aus, dass unser Essverhalten durch ein eng zusammenwirkendes Netzwerk von Zellen und Botenstoffen im Gehirn, Körper und Darm gesteuert wird. Wie kompliziert die Biologie der Nahrungsaufnahme ist, zeigt sich indirekt auch darin, dass es der Pharmaindustrie bislang nicht gelungen ist, ein Medikament gegen Übergewicht zu entwickeln, das in seiner Wirkung überzeugt und nicht von starken unerwünschten Wirkungen begleitet ist. Fast alle Medikamente, die die Zulassung erhielten, mussten wegen gravierender Nebeneffekte wieder vom Markt genommen werden. Das medizinische wie auch wirtschaftliche Interesse an einem derartigen Medikament wäre natürlich sehr groß. Da die Nahrungsaufnahme für das Überleben von allergrößter Bedeutung ist, erstaunt es nicht, dass unser Körper die Zufuhr an Nährstoffen über verschiedene Mechanismen sicherstellt – ähnlich wie beim Blutdruck, der auch über mehrere Mechanismen kontrolliert wird, sodass es bei ausgeprägtem Bluthochdruck notwendig sein kann, mit mehreren Medikamenten verschiedenen Typs therapeutisch einzugreifen.

## Schlafmangel ist keineswegs harmlos

Schon seit über 40 Jahren ist bekannt, dass der Schlaf Einfluss auf den Glukosestoffwechsel und den Hormonhaushalt nimmt. Diese alten Befunde rücken wieder in den Vordergrund, da ein Zusammenhang zwischen Schlafstörungen und den weit verbreiteten Problemen Übergewicht und Diabetes vermutet wird [10, 11]. Aus eigener Erfahrung wissen wir nur zu gut, wie positiv sich ein guter Nachtschlaf auf unser Lebensgefühl und unsere geistige Fitness auswirkt: Es fällt leichter, sich auf eine Tätigkeit zu konzentrieren und sie erfolgreich zu bewältigen. Umgekehrt haben wir alle schon einmal die Erfahrung gemacht, dass ein belastendes stressvolles Erlebnis uns in der darauffolgenden Nacht den Schlaf rauben oder ihn verkürzen kann. Zahlreiche klinische Studien weisen darauf hin, dass **Schlafmangel zu Übergewicht führen kann** [10, 11]. Aktuelle Untersuchungen haben gezeigt, dass Schlafmangel Störungen des Hormonhaushalts hervorruft. Die Schlafstörungen verändern die beiden wichtigen Hormone **Leptin** und **Ghrelin**, die beide maßgeblich an der Regulierung des Körperstoffwechsels beteiligt sind. Die Mechanismen sind allerdings noch nicht geklärt und werden zurzeit untersucht.

Basierend auf über 30 klinischen Studien wurde die Vermutung geäußert, dass die Reduktion der durchschnittlichen Schlafdauer in der modernen Gesellschaft für die weit verbreitete Zunahme des Körpergewichts bei Jung und Alt mitverantwortlich ist. Umgekehrt kann **Fettleibigkeit Schlafstörungen hervorrufen**. Hier stellt sich also die Frage nach der Henne und dem Ei: Was war zuerst da? Nagetiere, denen man experimentell den Schlaf kürzt, beginnen umgehend, mehr Nahrung zu sich zu nehmen. Bei ihnen genügt schon die Kürzung des Schlafs um eine Stunde, um dieses Phänomen beobachten zu können. Die Befunde sprechen dafür, dass der Schlafmangel das Essen anstößt und nicht umgekehrt.

Neue Untersuchungen legen nahe, dass Schlafmangel sogar ähnliche gesundheitsgefährdende Prozesse auslösen kann, wie sie für chronischen Stress beschrieben wurden. Der Psychiater und Schlafspezialist Alexandros Vgontzas vom *Pennsylvania State University College of Medicine* behauptet, chronischer **Schlafmangel** führe zu einem **Zustand chronischer Entzündung**. Das Ausmaß der Entzündung sei zwar nicht sehr stark, könne aber sehr wohl zu Arteriosklerose,

Herzproblemen und Diabetes führen, also genau wie dies für chronischen Stress auch gezeigt worden ist. Diese enorm wichtigen Zusammenhänge werden im Kapitel 9 eingehend diskutiert. Eine Woche mit zu wenig Schlaf scheint auch genetische Effekte zu haben. Derk-Jan Dijk, der diese Analysen durchführte, identifizierte mehr als 700 veränderte Gene. Somit beginnt sich abzuzeichnen, dass Schlafmangel sehr viel weitreichendere Auswirkungen auf unsere Gesundheit haben dürfte als bisher angenommen [12]. Jahrzehntelang hatten die Wissenschaftler keine konkreten Hinweise auf die Mechanismen, die bei Schlafmangel aktiviert werden. So gesehen scheint sich eine neue Tür für die Forschung geöffnet zu haben, die äußerst spannend zu werden verspricht.

## Einsamkeit– ein bedeutender Stressor

Einsamkeit trifft viele Personen in unserer auf Jugendlichkeit, Erfolg und Karriere getrimmten Gesellschaft. Einsamkeit bringt multiple gesundheitliche Risiken mit sich, vor allem wenn sie andauert und ungewollt ist. In den großen Städten der westlichen Welt leben immer mehr Personen allein. Das bedeutet nicht zwangsläufig, dass sie sich einsam fühlen, aber die modernen Lebensumstände mit der Erwartung, jederzeit, sozusagen rund um die Uhr – auch im Urlaub – abrufbar zu sein, verstärken diese Tendenz. In einer bedeutenden Publikation über die **Auswirkungen sozialer Kontakte auf Gesundheit und Lebenserwartung** wiesen House und Mitarbeiter bereits 1988 [13] darauf hin, dass soziale Isolation sich genauso negativ auf die Gesundheit auswirkt wie Rauchen, Bluthochdruck oder Fettleibigkeit. Sie waren nicht die ersten, die diese Zusammenhänge untersuchten; vielmehr erstellten sie eine Meta-Analyse, das heißt, sie werteten alle bis dahin veröffentlichten Publikationen zu diesem Thema übergreifend aus und zogen daraus dann ihre Schlussfolgerungen. Eine eminent wichtige Schlussfolgerung lautete: **Soziale Isolation verkürzt das Leben.** Für die Medizin ist die Lebensverkürzung ein hartes Kriterium, anhand dessen die Auswirkungen eines Faktors auf die Lebensqualität beurteilt werden können. Die enorme Bedeutung, die unsere soziale Einbettung für unsere Gesundheit hat, kann gar nicht hoch genug eingeschätzt werden und wird von Experten auch immer wieder hervorgehoben.

Eine umfassende Darstellung dieses Zusammenhangs verdanken wir den amerikanischen Wissenschaftlern **Cacioppo** und **Patrick** [4], die über viele Jahre hinweg die gesundheitlichen Konsequenzen von sozialer Isolation auf Psyche und Körper untersucht und in einem wunderbaren Buch umfassend beschrieben haben. Im Kontext der hier ausführlich diskutierten Stressprozesse besonders interessant und erwähnenswert ist der Befund, dass **Isolation zu einer Aktivierung des Stress-Systems führt.** Nicht die Anzahl sozialer Kontakte, so die Autoren, sei entscheidend, sondern deren Qualität. Wenn die Kontakte das Gefühl des Aufgehobenseins vermitteln, dann haben sie zahlreiche positive Effekte auf unser Lebensgefühl: Wir haben ein verbessertes Selbstwertgefühl, wir fühlen uns sicherer und auch glücklicher. Letzteres führe auch dazu, dass es uns leichter fällt, neue soziale Kontakte zu knüpfen, was sich wiederum auf unseren Lebensverlauf positiv auswirke [4]. Umgekehrt weisen die Autoren darauf hin, dass ungewollte Isolation verunsichert, die Aggressivität erhöht, unser Handeln impulsiver werden lässt und schließlich auch zu Suizid führen kann. Gute soziale Kontakte dagegen erhöhen unsere Kreativität und Energie [4].

Das menschliche Gehirn ist für seine optimale Entwicklung vom ersten Moment an auf intensive soziale Kontakte angewiesen. Seitdem vor etwas mehr als 20 Jahren die sogenannten **Spiegelneurone** entdeckt worden sind (siehe dazu auch die Ausführungen in Kapitel 13, «Die Fortschritte der vergangenen 30 Jahre können sich sehen lassen»), ist klar geworden, dass unser Gehirn bis «hinunter» auf die Ebene einzelner Hirnzellen auf soziale Interaktionen ausgerichtet ist. Diese Zellen sind nicht nur aktiv, wenn die Aktivität einer Person imitiert wird, sondern auch, wenn es um soziales Mitgefühl geht. Frans de Waal hat dies in seinem Buch *Das Prinzip Empathie* [14] für den Menschen wie auch für Primaten sehr schön erklärt. Besonderen Wert legt er dabei auf die Feststellung, dass soziales Verhalten zu unserer entwicklungsbiologischen Ausrüstung zählt, die sich auch im Aufbau und in der Funktion unseres Gehirns manifestiert, das von jeher sehr stark auf Kollaboration und Mitgefühl ausgerichtet ist. Bereits von Geburt an wird unser Gehirn durch unsere sozialen Kontakte nachhaltig geprägt, und bis ans Lebensende bleibt die Abhängigkeit von intakten sozialen Beziehungen ein entscheidender Gesundheitsfaktor. Das Gefühl des Dazugehörens ist lebenswichtig, aber das moderne Gesellschaftsleben lässt uns zusehends weniger Zeit für die Pflege dieser lebenswichtigen sozialen Kontakte.

## Drogen als Stressoren

Drogen werden auch zur Dämpfung von Stress- und Angstzuständen eingesetzt, und in der Tat kann selbst der Konsum geringer Mengen an **Alkohol** eine dämpfende Wirkung auf das Gehirn ausüben. Wer sich selber aufmerksam beobachtet, kann feststellen, dass eine entspannende Wirkung manchmal schnell und schon in kleinen Mengen spürbar wird. Allerdings unterscheiden wir uns hinsichtlich unseres Reaktionsmusters, und wenn die Dosis nur um ein Weniges zu hoch ist, kann Alkohol enthemmend und aggressionsfördernd wirken. Die Mechanismen, die sich dahinter verbergen, sind noch nicht verstanden, und auch die Prozesse, die zum Rausch führen, liegen trotz großer Anstrengungen letztlich noch im Dunkeln. Bei Alkoholabhängigkeit zeigt unsere Stressachse im Entzug eine Aktivierung, was sich in erhöhten

Kortisolwerten im Blut niederschlägt. Dies bedeutet, dass der Alkohol zur allostatischen Last wird und unsere Gesundheit auch über das Stress-System bedroht.

Auch andere **Drogen** führen zu einer erhöhten Kortisolfreisetzung und wirken damit letzten Endes kontraproduktiv, das heißt, anstatt das subjektiv empfundene Stressgefühl zu vermindern, rufen sie den gegenteiligen Effekt hervor. Ist jemand alkoholabhängig, dann ist Stress mit ein wichtiger und gut untersuchter Auslösefaktor für einen Rückfall. Dies funktioniert sowohl beim Menschen als auch beim Tier. Der wichtigste Vertreter der Botenstoffe, der die Freisetzung des Stresshormons nach chronischem Drogenkonsum auslöst, ist das bereits angesprochene Kortikotropin freisetzende Hormon (CRH). Es ist aber ziemlich sicher, dass neben CRH noch zahlreiche weitere Botenstoffe involviert sind. Daran wird intensiv geforscht, da die Identifikation der auslösenden Faktoren zu neuen Therapien der Drogenabhängigkeit führen könnte [15].

Die Erforschung der Wirkungsweise von Suchtmitteln ist an sich eine neurobiologische Erfolgsgeschichte. Die weltweiten Anstrengungen zur Aufdeckung des **Wirkmechanismus von Drogen** gipfeln in der Erkenntnis, dass allen bekannten Drogen eine Wirkung gemeinsam ist: **Sie aktivieren Hirnzellen, die bei Belohnungsprozessen eine zentrale Rolle spielen,** genauer die Zellen, die als Botenstoff **Dopamin** verwenden, das sie bei einem belohnenden Ereignis im Vorderhirn ausschütten. **Abbildung 4** zeigt schematisch einen Längsschnitt durch das Gehirn mit den Dopaminzellen, die an der Basis des Mittelhirns angesiedelt sind. **Je schneller und kräftiger die Aktivierung[15] dieser Neurone erfolgt, desto größer ist das Suchtpotenzial.** In diesem Zusammenhang sind Nikotin und Heroin besonders zu erwähnen, da beide sehr schnell

15 Mit Aktivierung ist gemeint, dass sich die elektrische Entladungsfrequenz der Zellen erhöht, wodurch mehr Dopamin von den Nervenendigungen ausgeschüttet wird.

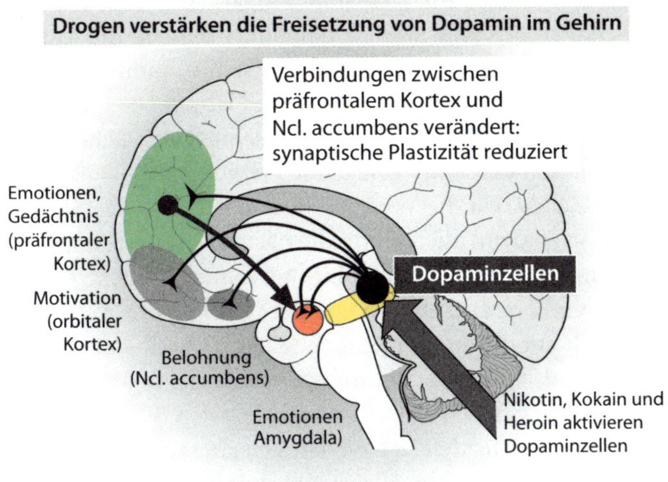


**Abbildung 4: Wirkungsort bekannter Drogen.** Drogen aktivieren die Dopaminzellen an der Hirnbasis im Mittelhirn. Von diesen Zellen, die an ihren Nervenendigungen den Botenstoff Dopamin ausschütten, ist bekannt, dass sie Einfluss auf Emotionen, Motivation und rationales Denken nehmen und, vor allem, dass sie belohnende Erlebnisse vermitteln. Da Drogen diese Zellen aktivieren, ist es nicht verwunderlich, dass der akute Konsum durchaus positive Gefühle auslösen kann. Diese multiplen Wirkungen sind deshalb möglich, weil die dopaminergen Neurone über ihre Nervenfasern Kontakt mit den für diese Effekte zuständigen Hirnregionen aufnehmen und somit deren Aktivität beeinflussen. Chronischer Drogenkonsum reizt das dopaminerge Zellsystem aus: Wenn die positiven Effekte ausbleiben, entsteht ein Zustand des Entzugs. Im Entzug wird ein Stresszustand ausgelöst, der mit einer erhöhten Kortisolfreisetzung an der Hirnbasis einhergeht.

über das Blut ins Gehirn gelangen, wo sie die dopaminergen Zellen sehr stark stimulieren. Das führt dazu, dass diese sich elektrisch entladen. Die Erregungen gelangen über die Nervenbahnen zu deren Endigungen und setzen dort Dopamin frei. Dem **Heroin** wird ein besonders großes – unter den bekannten Drogen wahrscheinlich sogar das größte – Suchtpotenzial nachgesagt, weil es besonders schnell und gut ins Gehirn gelangt. **Nikotin** hat, wie sattsam bekannt, ebenfalls ein sehr hohes Suchtpotenzial, und es ist gut belegt, dass es insbesondere beim Inhalieren sehr schnell ins Gehirn vordringt. Es hat eine stark erregende Wirkung auf die dopaminergen Zellen. Da die Wirkung aber nach etwa 45 Minuten nachlässt, ist dann auch schon die nächste Zigarette angesagt, um den Nikotinspiegel im Blut aufrechtzuerhalten. **Kokain** wirkt an mehreren Zellsystemen des Gehirns, unter anderem aber auch auf die dopaminergen Zellen. Es wirkt auf Letztere verstärkend, indem es an ihren Nervenendigungen die Wirkung von Dopamin verstärkt. Abgesehen von dieser Gemeinsamkeit unterscheiden sich die Drogen aber dadurch, dass sie jeweils unterschiedliche Hirnstrukturen beeinflussen. Da die dopaminergen Zellen über ihre aufsteigenden Nervenfasern mit mehreren Hirnregionen in Kontakt stehen und deren Aktivitäten verändern, sind die Auswirkungen der Drogen mannigfaltig: Belohnende Effekte werden im **Nucleus (Ncl.) accumbens**[16] moduliert, emotionale in der Amygdala, kognitive im präfrontalen Kortex und Hippocampus und motivationale Wirkungen im **orbitalen Kortex** (*siehe* Abbildung 4). Obwohl unser Verständnis der Drogeneffekte zugenommen hat, wissen wir noch immer nicht, über welche Mechanismen sich Abhängigkeit manifestiert. Nach wie vor ist biologisch ungeklärt, worin die stoffliche Basis dafür besteht, dass ein Alkoholiker auch nach vielen Jahren der Abstinenz immer noch rückfällig werden kann. Es wird spekuliert, dass hier Mechanismen eine Rolle spielen, die bei der Steuerung von Genen involviert sind.

16 Für diesen Teil des Belohnungssystems gibt es leider keine deutsche Bezeichnung.

## Risikofaktor Alter: erhöhte Stressanfälligkeit

Die molekularen Mechanismen des Alterns sind noch nicht verstanden. Aber sie werden intensiv studiert, und es liegen interessante Hypothesen dazu vor, von denen hier zwei vorgestellt werden sollen, weil sie einen engen Bezug zum Thema Stress haben. Es darf als erwiesen gelten, dass die **Stressempfindlichkeit mit zunehmendem Alter steigt** und dass **chronischer Stress das Altern beschleunigt**. Aber wie hat man sich das vorzustellen? Die zuvor erwähnten anatomischen Änderungen in den drei Emotionszentren des Gehirns (Amygdala, präfrontaler Kortex und Hippocampus), die durch chronische Überlastung ausgelöst werden, können schwerlich allein dafür verantwortlich sein.

Eine vielversprechende Entdeckung von Elizabeth Blackburn [16] eröffnete einen interessanten Erklärungsansatz. Unsere Erbinformation, die **DNA**, ist in den Zellkernen in 46 größeren länglichen Komplexen, den **Chromosomen**, angeordnet. Blackburn entdeckte nun, dass das Erbgut durch sogenannte **Telomere** geschützt wird, die aus DNA und Proteinen bestehen und den Enden der Chromosomen wie kleine Schutzkappen aufsitzen. In den vergangenen Jahren konnte nachgewiesen werden, dass die Telomere bei jeder Zellteilung kürzer werden und damit einen Teil ihrer Schutzfunktion einbüßen. Das passiert während des normalen Alterns. Verschiedene Belastungen wie chronischer Stress führen zu einem beschleunigten Abbau der Telomere. Zurzeit werden diese Prozesse intensiv untersucht. Die Tatsache, dass Elizabeth Blackburn den Nobelpreis entgegennehmen durfte, spricht für die große Bedeutung, die den Telomeren auch aus medizinischer Sicht zukommt. Nach Blackburn scheint es einen Zusammenhang zwischen der Telomerlänge, chronischem Stress und der Anfälligkeit für Krankheiten wie etwa Krebs zu geben – eine Hypothese, die durch zahlreiche Untersuchungen gestützt wird. Wenn diese Hypothese zutrifft, dann stellt sie eine sehr wichtige Brücke zwischen Stress und seinen schädigenden Auswirkungen auf den alternden Körper dar. Auch die in Kapitel 6 diskutierten schädigenden frühen Kindheitserlebnisse mit ihren Langzeitauswirkungen stehen mit einer Verkürzung der Telomere in Zusammenhang: Je mehr aversiven Erlebnissen Personen in der frühen Kindheit ausgesetzt gewesen sind, desto kürzer sind ihre Telomere [17]. Personen mit verkürzten Telomeren hatten ein dreifach erhöhtes Risiko, an bestimmten Krebsarten wie etwa Bauchspeicheldrüsenkrebs zu erkranken. Ältere Personen mit kurzen Telomeren hatten auch ein um 50 Prozent erhöhtes Demenzrisiko, was einen weiteren konkreten Hinweis auf einen möglichen Zusammenhang zwischen Stress und Demenz bzw. Alzheimer-Erkrankung darstellt. Die Telomere werden immer noch intensiv untersucht, sodass es noch nicht möglich ist, ein abschließendes Resümee hinsichtlich ihrer Rolle bei zahlreichen Krankheiten und dem Alterungsprozess zu ziehen.

## Literatur

[1] Wen CP, Wai JP, Tsai MK, Yang YC, Cheng TY, Lee MC, Chan HT, Tsao CK, Tsai SP, Wu X. Minimum amount of physical activity for reduced mortality and extended life expectancy: a prospective cohort study. *Lancet* 2011; 378: 1244–1253.

[2] Handschin C, Spiegelman BM. The role of exercise and PGC1α in inflammation and chronic disease. *Nature* 2008; 454: 463–469.

[3] Peters A, McEwen BS. Editorial Introduction for the Allostatic Load special issue. *Physiology & Behavior* 2012; 106: 1–4.

[4] Cacioppo JT, Patrick W. *Loneliness, Human Nature and the Need for Social Connection.* New York: Norton; 2008.

[5] Mattson MP. Energy intake and exercise as determinants of brain health and vulnerability to injury and disease. *Cell Metabolism* 2012; 16: 706–722.

[6] Taubes G. Treat obesity as physiology not physics. *Nature* 2012; 492: 155.

[7] Le Chatelier E, Nielsen T, Qin J, Prifti E, Hildebrand F, Falony G, et al. Richness of human gut microbiome correlates with metabolic markers. *Nature* 2013; 500: 541–546.

[8] Fang S, Evans RM. Wealth management in the gut. *Nature* 2013; 500: 538–539.

[9] Clarke G, Grenham S, Scully P, Fitzgerald P, Moloney RD, Shanahan F, Dinan TG, Cryan JF. The microbiome-gut-brain axis during early life regulates the hippocampal serotonergic system in a sex-dependent manner. *Molecular Psychiatry* 2013; 18: 666–673.

[10] Spiegel K, Tasali E, Leproult R, Van Cauter E. Effect of poor and short sleep on glucose metabolism and obesity risk. *Nature Reviews Endocrinology* 2009: 5: 253–261.

[11] Spiegel K, Knutson K, Leproult R, Tasali E, Van Cauter E. Sleep loss: a novel risk factor for insulin resistance and type 2 diabetes. *Journal of Applied Physiology* 2005; 99: 2008–2019

[12] Möller-Levet CS, Archer SN, Bucca G, Laing EE, Ana Slak A, Kabiljo R, Lo JCY, Santhi N, Schantz M, Smith CP, Dijk DJ. Effects of insufficient sleep on circadian rhythmicity and expression amplitude of the human blood transcriptome. *Proceedings of the National Academy of Sciences* 2013; 110: E1132–E1141.

[13] House JS, Landis KR, Umberson D. Social relationships and health. *Science* 1988; 241: 540–545.

[14] De Waal F. *The Age of Emphathy: Nature's Lessons for a Kinder Society*. New York: Harmony Books; 2009.

[15] Schank JR, Ryabinin AE, Giardino WJ, Ciccocioppo R, Heilig M. Stress-related neuropeptides and addictive behaviors: beyond the usual suspects. *Neuron* 2012; 76: 192–208.

[16] Blackburn EH, Epel ES. Too toxic to ignore. *Nature* 2012; 490: 169–171.

[17] Shalev I, Moffitt TE, Sugden K, Williams B, Houts, RM, Danese A, Mill J, Arseneault L, Caspi A. Exposure to violence during childhood is associated with telomere erosion from 5 to 10 years of age: a longitudinal study. *Molecular Psychiatry* 2013; 18: 576–581.

# 9. Wird die Last zu groß, trifft es den ganzen Körper

## Chronischer Stress verursacht Entzündungen mit weitreichenden Folgen

Wie ist es zu erklären, dass die chronische Aktivierung der Stressachse bei der Entstehung zahlreicher Zivilisationskrankheiten wie Atherosklerose, Herzinfarkt, Schlaganfall und Typ-2-Diabetes, dem sogenannten Altersdiabetes, beteiligt ist bzw. ihre Entstehung auslöst? Hier kommt das Konzept der **Allostase** zur Anwendung (vgl. dazu die Ausführungen in Kapitel 4), das nicht nur die Stresshormone und das sympathische Nervensystem, sondern auch den Körperstoffwechsel, also den Metabolismus, das Immunsystem und, übergeordnet, das Gehirn als regulatorisches Organ einbezieht [1]. Die durch Stress verursachte Kortisolausschüttung und das aktivierte sympathische Nervensystem haben zusammen maßgebliche Effekte auf das Immunsystem, die erst in den vergangenen paar Jahren hinsichtlich ihrer weitreichenden Auswirkungen auf unsere Gesundheit erkannt worden sind. Chronischer Stress führt nämlich zu verstärkten entzündlichen Prozessen im Körper (hier insbesondere im Fettgewebe), in den Blutgefäßen und im Gehirn. Diese chronischen Entzündungsprozesse sind zusehends in den Fokus der Erforschung chronischer Krankheiten gerückt. Sie drängen die alte Theorie, wonach Störungen des Fettstoffwechsels bei einigen metabolischen Krankheiten eine dominante Rolle spielen (die sogenannte **Cholesterinhypothese**), etwas in den Hintergrund.

Dass entzündliche Prozesse ausgelöst werden, ist an sich noch kein Hinweis auf ihre pathologische Relevanz. Wie ist es nun dazu gekommen, dass sie derart interessant und wichtig geworden sind? Dass chronischer Stress im Zusammenhang mit Herz-Kreislauf-Erkrankungen stehen kann, wird schon lange angenommen. Zu dieser Hypothese passt die Beobachtung, dass Stress eine kompensatorische Überfütterung auslösen kann, die von einer hohen Cholesterinaufnahme begleitet ist. Diese «Fetthypothese» macht das Cholesterin niederer Dichte (*Low Density Lipoprotein*, LDL-Cholesterin) **für die Entstehung** von **Atherosklerose** verantwortlich. Peter Libby und Mitarbeiter von der *Harvard Medical School* legten in einer 2002 erschienenen bahnbrechenden Publikation allerdings Fakten vor, die belegen, dass das Primärereignis, das zur Fettablagerung in den Blutgefäßen (Plaquebildung) führt, ein an den Blutgefäßwänden ablaufender Entzündungsprozess ist [2]. Ihren Daten zufolge sind diese **still verlaufenden Entzündungen für alle Phasen der Atherosklerose verantwortlich. Diese Entzündungen rufen keine Schmerzen hervor und bleiben daher oft lange oder überhaupt unbemerkt, außer es werden im Blut die für Entzündungsprozesse typischen Marker nachgewiesen. Dazu zählt neben den bereits erwähnten Entzündungsfaktoren auch das C-reaktive Protein (CRP),** das Hausärzte routinemäßig im Blut messen, um abzuklären, ob bei einem Patienten eine akute Infektion vorliegt. Aber das CRP ist nicht nur bei Infektionen hochreguliert, sondern eben auch bei chronisch verlaufenden schwachen Entzündungen, denen vonseiten der medizinischen Forschung aktuell besonderes Interesse entgegengebracht wird. Libby und Mitarbeiter haben diese stillen entzündlichen Prozesse bei Mensch und Tier nachgewiesen. Die Bedeutung dieser Entdeckung bekam weiteren Aufwind, als sich abzeichnete, dass die wertvollen **Statine** – Medikamente, die im Rahmen der Atherosklerose-Prävention breite Anwendung finden – selbst dann vor einem Herzinfarkt schützen, wenn der Fettlipidspiegel des behandelten Patienten gar nicht erhöht ist. Die Erklärung hierfür schreibt Libby dem Umstand zu, dass Statine unabhängig von ihrer cholesterinsenkenden Wirkung entzündungshemmende Eigenschaften haben [2]. Auch bei verschiedenen nicht übertragbaren Krankheiten sind, wie nachfolgend gezeigt werden soll, entzündliche Prozesse maßgeblich involviert.

## Das Herz im Fokus der Belastung

Noch ist der Herzinfarkt die Haupttodesursache in der westlichen Welt. Und gerade beim Herzinfarkt spielt chronischer Stress eine sehr bedeutende Rolle. Einerseits gibt es überzeugende Daten, die für einen kausalen Zusammenhang zwischen Depressionen und Infarkt sprechen [3], andererseits reagiert das Herz generell sehr empfindlich auf allostatische Belastungen. In einer älteren, aber sehr wichtigen Studie wurde nachgewiesen, dass die täglichen kleineren «Kämpfe», die uns der Alltag bringt, hinsichtlich ihrer schädigenden Wirkung stärker ins Gewicht fallen als größere Lebensereignisse [4]. Diese belastenden Alltagssituationen führen unweigerlich zu Herzbeschleunigung und Blutdrucksteigerung. Bei chronischer allostatischer Belastung, etwa bei Unsicherheit hinsichtlich des Arbeitsplatzes, kann dies zu einem starken Anstieg von Herzkomplikationen führen. McEwen weist in diesem Kontext auf die Zunahme von Herz-Kreislauf-Erkrankungen in der Ära der britischen Premierministerin Margaret Thatcher hin, in der viele Betriebe privatisiert wurden. Ebenso waren die Jahre nach dem Zusammenbruch der Sowjetunion im Jahr 1989 für viele Bürger sehr belastend, da sie von enormer Verunsicherung hinsichtlich der Arbeitssituation begleitet waren und in der Folge im Schnitt eine Lebensverkürzung bewirkten. Hieran sind auch entzündliche Prozesse beteiligt [5].

Entzündungen spielen bei den schädigenden Prozessen an den Blutgefäßen und am Herzen eine zentrale Rolle. Die **Entzündungsfaktoren** IL-1b, IL-6 und TNF-α werden unter der Wirkung des sympathischen Nervensystems im Herzen hochreguliert und entwickeln vor Ort ihre schädigende Wirkung. Ob jemand unter Stress steht, lässt sich mithilfe eines Blutdruckmessgeräts, das den Rhythmus des Herzschlags über 24 Stunden registriert, direkt an der Variabilität des Herzrhythmus ablesen. Wie schon erwähnt, zeigt das von Stress unbelastete Herz eine beachtliche Herzrhythmusvariabilität, wogegen das gestresste Individuum sich durch einen regelmäßigeren Herzschlag auszeichnet.

Neben chronischem Stress sind Diabetes und Fettleibigkeit weitere klassische Risikofaktoren für einen Herzinfarkt. Dass beide Krankheiten von stillen Entzündungen begleitet sind, deutet an, wie stark sie auch molekular miteinander verknüpft sind. Dieser Zusammenhang soll in den beiden nachfolgenden Abschnitten erörtert werden.

## Fettleibigkeit provoziert Entzündungen

Wiederum sind es Entzündungen, die von den abdominalen Fettzellen ausgehen und an den Blutgefäßen ihre schädigenden Effekte ausüben. Wie aber kommt der Bauch zu seinem Fett?

Stress erhöht die Kortisolkonzentration im Blut. Über das Blut gelangt das **Kortisol** in die Leber, wo es eine Freisetzung von Glukose aus den Speichern bewirkt. In den Leberzellen wird die Glukose anschließend in **Fett** umgewandelt, das schließlich in den Körper gelangt und bei Männern bevorzugt im Bauch abgelagert wird (das sogenannte viszerale oder abdominale Fett) [1]. Es unterscheidet sich in einer ganz wesentlichen, sehr heimtückischen Eigenschaft vom übrigen Körperfett: Es beherbergt nämlich Zellen des Immunsystems, die entzündungsfördernde Botenstoffe (Zytokine) ausschütten. Diese **Zytokine** locken Immunzellen vom Typ Monozyten ins Fettgewebe. Dort angelangt, verwandeln sich diese Monozyten in Makrophagen, die ihrerseits nun ebenfalls entzündungsfördernde Stoffe ausschütten. Zu den bekannten Entzündungsmediatoren zählen Tumor-Nekrose-Faktor alpha (TNF-$\alpha$), Interleukin-1$\beta$ (IL-1 $\beta$), IL-6, nukleärer Faktor kappa B (NF-$\kappa$B) und neben anderen Stoffen auch solche, die Immunzellen anziehen. Es wird also eine ganze **Kaskade entzündlicher Prozesse** in Gang gesetzt [6, 7], die für den Körper in mehrfacher Weise gefährlich werden. Sind erst einmal die entzündungsfördernden Zytokine im Blut, dann gelangen sie auch in die Herz- und Hirngefäße und führen dort zur Bildung von Ablagerungen (Plaques).

Wenn dieser Mechanismus, ausgehend von exzessivem und anhaltendem Stress, tatsächlich für eine Gewichtszunahme verantwortlich ist, dann wäre eigentlich zu erwarten, dass Stressreduktion das beste Mittel gegen Verfettung sein dürfte. Denn wie man seit rund 20 Jahren weiß, sind die gängigsten Diäten selten erfolgreich; vielmehr setzt nach einer Gewichtsabnahme meist der sogenannte Jo-Jo-Effekt ein mit dem Ergebnis, dass das Körpergewicht wieder den Ausgangswert erreicht oder gar darüber hinausschießt.

## Entzündliche Prozesse und Diabetes

Das immer häufigere Auftreten des **Diabetes mellitus Typ 2** gibt zu großer Besorgnis Anlass, denn diese chronische Stoffwechselkrankheit gilt als Risikofaktor nicht nur für Herz, Gefäße, Augen und Nieren, sondern auch für die Alzheimer-Demenz (siehe unten). Die Schädigungen der Augen können zur Erblindung führen, die Nieren können versagen, und es besteht auch die Gefahr, dass die unteren Extremitäten amputiert werden müssen. Drei von vier Diabetikern sterben an den Folgen eines Herzinfarkts. Diese Form des Diabetes wird schon lange mit Fettleibigkeit, Bewegungsmangel und genetischer Veranlagung in Zusammenhang gebracht. Neuere Befunde weisen allerdings darauf hin, dass auch chronische Entzündungen an der Entstehung des Typ-2-Diabetes beteiligt sind, also ähnlich wie bei der Atherosklerose, dem Herzinfarkt und dem Schlaganfall. Als Erstes wird die Empfindlichkeit der Zellen gegenüber Insulin heruntergefahren. Es entsteht eine **Insulinresistenz**, und diese bildet die Voraussetzung für die Entwicklung eines Diabetes, denn der Körper versucht, die Unterempfindlichkeit durch eine vermehrte Ausschüttung von Insulin aus der Bauchspeicheldrüse zu kompensieren.

Der molekulare Mechanismus der Insulinresistenz ist komplex, wobei neben entzündlichen Prozessen und einer genetischen Veranlagung auch Störungen des Fettstoffwechsels, vermutlich auch der Darmflora, eine Rolle spielen dürften. An der Abklärung der molekularen Mechanismen wird intensiv gearbeitet. Libby, dem wir die bahnbrechende Pionierarbeit über stille entzündliche Prozesse verdanken, postuliert, dass chronisch erhöhter Blutzucker zur Bindung von Glukose an Eiweiße (Proteine) führt, und es sind genau diese Produkte, die letztlich die Produktion entzündlicher Botenstoffe (Zytokine), anstoßen, indem sie an Rezeptoren binden, die den Namen RAGE tragen (*receptor for AGE*; AGE = *advance glycation end products*). Die **Plaques,** die aus entzündlichen Prozessen an den Gefäßwänden resultieren, bestehen aus Cholesterin, Fettsäuren, Kollagen und weiteren Komponenten. Im fortgeschrittenen Stadium führen diese Ablagerungen zu Gefäßverengungen (Stenosen), zu einer verminderten Gefäßelastizität und damit letztlich zu Herzinfarkt und Schlaganfall. Somit ist die Vorstufe des Diabetes, nämlich ein zu hoher Blutzuckerspiegel (sogenannte Hyperglykämie), ein Prozess, der ebenso wie Stress und Fettleibigkeit Entzündungen in den Blutgefäßen auslöst. Das scheint ein Erklärungsansatz zu sein, warum Fettleibigkeit, Diabetes und Stress als kardiale Risikofaktoren angesehen werden.

Eine spannende Entdeckung wurde kürzlich veröffentlicht: Danach ist nicht etwa die Bauchspeicheldrüse allein für die Regulation des Glukosespiegels verantwortlich, sondern auch das Gehirn soll maßgeblich daran beteiligt sein [8]. Dieser Befund stellt die über lange Zeit gültige Hypothese, nach der die Bauchspeicheldrüse die Glukose-Homöostase allein sicherstellt, infrage und eröffnet (über das Gehirn) auch die Möglichkeit neuer Ansätze zur medikamentösen Behandlung des Diabetes.

## Chronischer Stress: Risikofaktor für Morbus Alzheimer und Schlaganfall

Die Prognosen für die Schweiz gehen dahin, dass bis zur Mitte des Jahrhunderts etwa 300 000 an Alzheimer erkrankte Patienten pflegebedürftig werden. Aktuell sind es etwas mehr als 100 000 Kranke. Damit wird auch die Anzahl der Pflegepersonen drastisch steigen müssen. Die Pflege von Demenz- und Schlaganfallpatienten ist sehr aufwendig und belastend, vor allem wenn sie in der Familie erfolgt. Daraus kann sich gar ein Burnout-Syndrom entwickeln, denn die Patienten sind oft auf eine 24-Stunden-Betreuung angewiesen. In Anbetracht der hohen gesellschaftlichen Belastung, die Schlaganfall und Morbus Alzheimer – sie stehen auf der Rangliste der Todesursachen ganz weit oben – hervorrufen, sollen sie hier speziell im Kontext der Stressbetrachtung diskutiert werden, auch wenn wir wissen, dass zahlreiche weitere Faktoren an der Entstehung dieser Krankheiten beteiligt sind.

Seit geraumer Zeit wird eine pathophysiologische Rolle von chronischem Stress bei Morbus Alzheimer und Schlaganfall diskutiert. Einerseits spielen die entzündlichen Prozesse in den Blutgefäßen eine Rolle, von denen auch die Hirngefäße betroffen sind. Andererseits greift der chronische Stress die Hirnzellen direkt an. Ein potenziell wichtiger Mechanismus betrifft nämlich den Prozess der **Neurogenese**, also den Nachschub an Zellen, **im Hippocampus,** unserer Gedächtnisstruktur. Bis ins hohe Alter entstehen dort täglich einige tausend neue Neurone, die ins Gehirn eingebaut werden. Entstehung und Überleben dieser neuen Neurone werden durch Stress gehemmt, und dies könnte dazu führen, dass an kritischen Stellen wie dem Hippocampus der Nachschub an Neuronen mit fortdauerndem Stress versiegt. Dass Stress die Entstehung neuer Hirnzellen im Hippocampus hemmt, wurde an Nagetieren und später auch an erwachsenen Affen nachgewiesen. Um diesen Effekt auszulösen, genügte ein einmaliger psychosozialer Stress von gerade nur einer Stunde Dauer [9]. Die reduzierte «Nachlieferung» und Überlebenszeit von Neuronen könnte mit an der bis zum Gedächtnisverlust reichenden Verschlechterung von Gedächtnisleistungen beteiligt sein. Fred Gage vom *Salk Institute* in Südkalifornien gilt als Pionier auf diesem Forschungsgebiet. Seiner Meinung nach ist das Versiegen dieser Zellquelle dafür verantwortlich, dass Alzheimer-Patienten mit fortschreitender Erkrankung neue Erlebnisse und Erfahrungen nicht mehr in ihr Gedächtnis aufnehmen können. Er nimmt an, dass die permanent neu gebildeten Neurone im Hippocampus wichtig sind, damit wir überhaupt neue Information speichern **können.**

Neben Stress gibt es aber noch eine Reihe weiterer, wenig bekannter Risikofaktoren für diese Krankheit, die im Kapitel 12 vorgestellt werden. Schließlich darf nicht außer Acht gelassen werden, dass der Mensch im Alter stressempfindlicher wird, etwa weil die Regelkreise der Stresskontrolle weniger gut funktionieren. Dies begünstigt die schädigenden Wirkungen, die von Stress ausgehen. Dass der Schlaganfall auf der Liste der möglichen Folgen von allostatischer Überlastung steht, ist nicht weiter erstaunlich, zumal die bekannten pathologischen Prozesse wie Bluthochdruck, Diabetes und chronische Entzündungen jeder für sich allein genommen schon ein beträchtliches Schlaganfallrisiko bergen. Einen umso größeren Effekt hat möglicherweise die Kumulation all dieser Faktoren zusammen mit chronischem Stress – wie dies für die chronische allostatische Last typisch ist. Die Bedeutung der Einzelfaktoren quantitativ zu bestimmen, dürfte allerdings schwierig sein.

## Depressionen: Hinweise auf entzündliche Prozesse in Körper und Gehirn

Jeder fünfte Mensch wird im Laufe seines Lebens ein oder mehrere Male depressiv. Die jährlichen Kosten, die durch Depressionen anfallen, werden in der Schweiz auf ungefähr 10 Milliarden Franken veranschlagt. Depressionen sind ein bedeutender Auslöser von Herzinfarkten und einer der Risikofaktoren für den Morbus Alzheimer.

Dass das Thema **Depression** in den Medien seit längerer Zeit wachsende Aufmerksamkeit erfährt, könnte leicht den Eindruck erwecken, als trete diese Krankheit heutzutage häufiger auf als früher. Das scheint aber nicht der Fall zu sein: In einer großen europäischen Studie unter der Leitung von Hans-Ulrich Wittchen von der Technischen Universität Dresden wurde die Jahresprävalenz verschiedener psychischer und neurologischer Erkrankungen im Jahre 2010 eruiert und mit jener des Jahres 2005 verglichen [10]. Auch die

Schweiz wurde in diese Untersuchung einbezogen. Gemäß dieser Studie gab es in besagtem Zeitraum keine Zunahme von depressiven Störungen. Von allen untersuchten Hirnkrankheiten nahmen einzig die Demenzen zu, was vor dem Hintergrund der demografischen Entwicklung nicht überrascht. Die häufigsten Krankheiten waren Angstsyndrome (14 %), Depressionen (6 %), Schlafstörungen (7 %) und Demenzen, die je nach Alter zwischen 1 und 30 Prozent variierten.

Trotz jahrzehntelanger Forschung sind die den Depressionen zugrunde liegenden neurobiologischen Mechanismen nicht geklärt, weder auf genetischer und molekularer Ebene, noch auf der Ebene der Hirnzellen und ihrer Netzwerke. Aufgrund von Zwillingstudien geht man zwar von genetischen Einflüssen aus, bislang wurden aber trotz hoffnungsvoller Ansätze keine entsprechenden Gene identifiziert. Möglicherweise sind viele Gene involviert, mit jeweils von den einzelnen Genen ausgehenden kleinen Effekten; andernfalls wären die entsprechenden Gene sicherlich schon identifiziert worden. Unbestritten ist jedoch seit Langem ein enger kausaler Zusammenhang zwischen chronischem Stress und Depressionen [3]. Auch aus neurobiologischer Sicht ist eine enge Verknüpfung von Depressionen mit dem Stress-System, genauer der Hypophysen-Nebennieren-Achse (HNA), viele Jahre untersucht worden. Danach führt chronischer Stress zu einer Dysregulation der HNA, was das breite Spektrum an Symptomen erklären könnte, die diese Krankheit begleiten. Dazu passend konnte eine erhöhte Freisetzung von CRH bei depressiven Patienten nachgewiesen werden. Dieser Befund verknüpft Stress und Depression sehr direkt. Das Problem ist aber, dass nicht alle Menschen mit einer Depression dieses Phänomen zeigen, dass also Kortisol bei Depressiven nicht konsistent erhöht ist, was gemäß dieser Hypothese aber zu erwarten wäre. Da die Stressreaktion von der Amygdala als übergeordnetem Hirnareal gesteuert wird, wurde nach Störungen in diesem Bereich gesucht. In der Tat wurde mittels bildgebender Untersuchungen eine Überaktivität der Amygdala als krankheitsbegleitendes Phänomen gefunden. Darüber hinaus sind funktionelle Veränderungen im präfrontalen Kortex nachweisbar.

Einer neuen Hypothese zufolge könnten auch entzündliche Prozesse im Gehirn für die Auslösung depressiver Erkrankungen verantwortlich oder zumindest mitverantwortlich sein. Sie passt zu der Beobachtung, dass lang andauernde Stresszustände zu entzündlichen Prozessen führen [11]. Darüber hinaus haben mehrere klinische Studien eine **positive Korrelation zwischen** einer Reihe von **Entzündungsfaktoren im Blut** und dem **Schweregrad von Depressionen** nachweisen können [11]. Umgekehrt sind Infektionskrankheiten oft von Stimmungsänderungen begleitet, die eine gewisse Ähnlichkeit mit depressiven Verstimmungen haben. Damit steht auch der Sachverhalt in Einklang, dass sich bei chronischem Stress die hemmende Wirkung von Kortisol auf entzündliche Prozesse abschwächt. Dies wiederum dürfte die Hochregulierung entzündlicher Faktoren begünstigen. Der Mechanismus, der sich dahinter verbirgt, dürfte damit zu tun haben, dass Kortisol seine eigenen Andockstellen (Rezeptoren) desensibilisiert, wenn es über längere Zeit in höherer Konzentration im Blut vorliegt. Zusammengefasst passen diese Daten zu der Hypothese, dass Depressionen ein Zustand sind, bei dem das Immunsystem entzündliche Prozesse in die Wege geleitet hat. Wie so oft bei Korrelationen stellt sich die Gretchenfrage, was denn am Anfang dieser Prozesse steht: Ist es die Depression, die Entzündungen auslöst, oder umgekehrt? Sind die Entzündungen vielleicht nur Begleitphänomene als Folge der initialen Stresserlebnisse? Diese und ähnliche enorm wichtige Fragen lassen sich letztlich nur experimentell beantworten.

Dieser schwierigen Aufgabe stellt sich Christopher Pryce in Zürich. Pryce, ein sehr erfahrener Primatologe und Hirnforscher mit einem breiten Hintergrund in Neuropharmakologie, hat sich zum Ziel gesetzt, diese hoch spannende neue Fährte, die von der Entzündung zur Depression führt, experimentell zu verfolgen. Im Departement für Psychiatrie, Psychotherapie und Psychosomatik der Psychiatrischen Universitätsklinik in Zürich, das dem Schweizer Leser vielleicht besser unter seinem alten Namen *Burghölzli* bekannt ist, leitet er die Labors für präklinische Forschung. Als ausgewiesener Psychopharmakologe weiß er, dass Tierexperimente nicht ohne weiteres 1 : 1 auf den Menschen übertragbar sind. Dies trifft insbesondere auf die Depressionsforschung zu, zumal die Validität der Modelle immer wieder hinterfragt wurde. Auf der Grundlage der älteren Modelle konnten schließlich in den mehr als zwanzig vergangenen Jahren keine neuen Medikamente entwickelt werden. Pryce hat ein Mäusemodell so modifiziert, dass er die Tiere psychosozialem Stress, der durch aggressive Mäuse ausgelöst wird, aussetzen kann, ohne dass sie dabei körperlichen Schaden erleiden. Wenn dieser psychosoziale Stress andauerte, dann entwickelten die gestressten Tiere Symptome, die an die Kernsymptome der menschlichen Depression erinnern: Sie zeigten eine erhöhte Reaktivität gegenüber potenziellen Gefahren und eine verstärkte Angstkonditionierung. Letzteres bedeutet konkret, dass sie viel schneller als normal lernten, ein neutrales Signal mit einem bevorstehenden unangenehmen Ereignis zu assoziieren. Ferner waren sie in ihrer Beweglichkeit/Motorik stark reduziert. Wenn ihnen ein Laufrad zur Verfügung stand, bewegten sie sich viel weniger. Wie auch bei depressiven Patienten wurden im Blut der chronisch gestressten Tiere für verschiedene entzündungsfördernde Zytokine erhöhte Werte gemessen, unter anderem für TNF-α und IL-6 [16]. Darüber hinaus waren zahlreiche Gene in der Amygdala, im Hippocampus und im medialen präfrontalen Kortex dereguliert, also in den drei

Hirnarealen, deren Beteiligung an der Entstehung von Depressionen seit Langem vermutet wird. In den drei Gehirnregionen waren zwischen 20 und 70 Gene betroffen, und in allen drei waren Gene verändert, die mit klassischen Entzündungsprozessen verknüpft sind. Darüber hinaus waren in der Amygdala Gene betroffen, die beim Botenstoff Dopamin eine regulierende Funktion haben, was vermuten lässt, dass die dopaminerge Signalübertragung reduziert ist. Dass Störungen der dopaminergen Zellen kausal mit depressiven Zuständen verknüpft sind, wird schon lange postuliert. Die Studie von Pryce und Mitarbeitern könnte, so die Hoffnung, die Basis für die dringend nötige Entwicklung neuer antidepressiver Medikamente bilden. Die beiden Zytokine, die hier eine Rolle spielen, sind auch hochreguliert, wenn wir an Grippe erkranken. Wir fühlen uns dann oft miserabel, und das hat wahrscheinlich damit zu tun, dass diese Entzündungsbotenstoffe ins Gehirn eindringen und sich dort ungünstig auf unsere Stimmung auswirken: Sie machen uns sozusagen den «Blues».

Bei allem Optimismus, dass sich hier möglicherweise eine Tür zu neuen Psychopharmaka auftun könnte, bleibt abzuwarten, ob sich auf diesem Ansatz basierende neue Medikamente auch tatsächlich als wirksam erweisen. In einem kürzlich erschienenen Übersichtsartikel drückt sich die Autorin M. Almond denn auch vorsichtig aus und meint, ein abschließendes Urteil über die Bedeutung der Entzündungsprozesse im Zusammenhang mit Depressionen sei zurzeit noch nicht möglich [12].

## Der Burnout bleibt biologisch nebulös

Der Begriff «Burnout» hat inzwischen eine breite gesellschaftliche Akzeptanz gefunden. Die Zeitungen berichten oft über Einzelschicksale. Diese Berichte handeln in erster Linie von öffentlich bekannten Personen, die mit ihrem «Ausgebranntsein» an die Öffentlichkeit treten. Da kann leicht der Eindruck entstehen, als seien vom Burnout-Syndrom in erster Linie Personen betroffen, die sich durch ihren überdurchschnittlichen gesellschaftlichen Erfolg auszeichnen. Dieses Bild ist aber nicht zutreffend, denn Burnout kommt auch bei Menschen vor, die aufgrund ihres großen persönlichen Einsatzes und emotionalen Engagements ganz ohne mediales Aufsehen in diesen Zustand geraten sind. Verschieden Autoren weisen darauf hin, dass es sich beim Burnout um ein Konstrukt und nicht um eine medizinische Diagnose handelt. Personen mit einem schweren Burnout-Syndrom haben ein erhebliches Risiko, an einer Depression zu erkranken [13, 14]. Zu den wesentlichen Symptomen gehören emotionale Erschöpfung, verminderte subjektive Leistungsbewertung (die Betroffenen trauen sich wenig Leistung zu), Depersonalisation sowie Zynismus. Letztere äußern sich in abgestumpften Reaktionen gegenüber Mitmenschen. Die emotionale Erschöpfung wird als Kernsymptom angesehen. Aus neurobiologischer Sicht bleibt für die Forschung noch sehr viel zu tun. Der Bezug zu Stress als auslösendem Faktor ist zwar unumstritten, aber die Befunde über die Ausschüttung des Kortisols sind nicht eindeutig. Ebenso bleibt die Frage offen, ob es Gene gibt, die auf ein erhöhtes Risiko hinweisen.

## Auch die Haut ist betroffen

Die vorangehenden Beispiele für Organschädigungen durch chronischen, toxischen Stress ließen bislang ein sehr wichtiges Organ, nämlich die Haut, außer Acht. Gerade sie ist aber verschiedenen Stressfaktoren in besonders hohem Maße ausgesetzt. Dabei ist die Haut – sehr zum Leidwesen der Betroffenen – besonders bedeutend und für die Forschung auch interessant, weil die Auswirkungen von exzessivem Stress an der Haut sichtbar werden können, etwa bei Akne oder Psoriasis. Unsere Haut ist sowohl mechanischen Stressoren, die von außen auf sie einwirken, als auch – in Form von Botenstoffen – den von Nerven und vom Immunsystem ausgehenden inneren Stresseinflüssen ausgesetzt. Was nämlich die Haut für die Stressforschung vor einigen Jahren als besonders interessant erscheinen ließ, war die Entdeckung, dass auch der für die Entstehung und den Lebenszyklus des einzelnen Haars zuständige Haarfollikel unter dem steuernden Einfluss der Stressachse – also des Gehirns – steht und darüber hinaus selbst wichtige biochemische Komponenten dieses Systems enthält und produziert. Es sieht so aus, als sei der einzelne Haarfollikel eine Art Miniaturabbild der Stressachse im Gehirn [15]. Die Haut ist somit Angriffsort des im ganzen Körper wirkenden Stress-Systems und der Wirkungen dieser lokalen Stressfaktoren, die in der Haarwurzel selbst entstehen und dort auch wirken. Zu den lokal nachweisbaren Botenstoffen des Stress-Systems gehören Kortisol, ACTH, CRH und eine ganze Reihe weiterer Stressbotenstoffe [16]. Petra Arck vom Universitätsklinikum Hamburg-Eppendorf veröffentlichte zusammen mit mehreren Experten eine schöne Übersichtsarbeit zu diesem Thema und vertrat darin die Ansicht, dass die Haut im Kontext der Stressforschung gar eine besonders zentrale Position einnehme [17]. Sie weist nicht nur auf die große Anzahl von Hauterkrankungen hin, bei denen Stress als auslösender oder modulierender Faktor wirkt, sondern vertritt auch die Meinung, dass die Haut zu den am stärksten stressexponierten Organen gehört. Die Forschung machte bedeutende Fortschritte, nachdem die Einflüsse auf die Haut in einfachen Stressmodellen an Mäusen genauer und unter kontrollierten Bedingungen untersucht werden konnten. Mäuse, bei denen Stress durch Lärm erzeugt wurde, entwickelten Hautentzündungen; in einem anderen Modell bewirkten elektrische Fußschocks bei Mäusen ein verzögertes Haarwachstum [17]. Das sind robuste Modelle, mit denen sich die zugrunde liegenden Mechanismen genauer studieren lassen. Die Dermatologen sind somit gut beraten, der Bedeutung von Stress größeres Gewicht einzuräumen, wobei die Entwicklung von neuen Medikamenten wohl noch weitere Forschung erforderlich machen dürfte [17].

## Literatur

[1] McEwen BS. Physiology and neurobiology of stress and adaptation: central role of the brain. *Physiological Reviews* 2007; 87: 873–904.

[2] Libby P. Inflammation and atherosclerosis. *Circulation* 2002; 105: 1135.

[3] Holsboer F., Ising M. Stress hormone regulation: biological role and translation into therapy. *Annual Review of Psychology* 2010; 61: 81–109

[4] Kanner AD, Coyne JC, Schaefer C, Lazarus RS. Comparison of two modes of stress measurements: daily hassles and uplift versus major life events. *Journal of Behavioral Medicine* 1981; 4: 1–39.

[5] McEwen BS. *The End of Stress As We Know It.* Washington DC: Joseph Henry Press; 2002.

[6] Fernández-Riejos P, Najib S, Santos-Alvarez J, Martín-Romero C, Pérez-Pérez A, González-Yanes C, Sánchez-Margalet V. Role of leptin in the activation of immune cells. *Mediators of Inflammation* 2010; 2010:568343. doi: 10.1155/2010/568343. Epub 2010 Mar 23. http://dx.doi.org/10.1155/2010/568343.

[7] Baker RG, Hayden MS, Ghosh S. NF-kB, inflammation, and metabolic disease. *Cell Metabolism* 2011; 13: 11–22.

[8] Schwartz MW. Cooperation between brain and islet in glucose homeostasis and diabetes. *Nature* 2013; 503: 59–66.

[9] Gould E, Tanapat P, McEwen BS, Flügge G, Fuchs E. Proliferation of granule cell precursors in the dentate gyrus of adult monkeys is diminished by stress. *Proceedings of the National Academy of Sciences USA* 1998; 95(6): 3160–3171.

[10] Wittchen HU, Jacobi F, Rehm J, Gustavsson A, Svensson M, Jönsson B, Olesen J, Allgulander C, Alonso J, Faravelli C, Fratighlioni L, Jennum P, Lieb R, Maercker A, van Os J, Preisig M, Salvador-Carulla L, Simon R, Steinhausen HC. The size and burden of

mental disorders and of other disorders of the brain in Europe 2010. *European Psychopharmacology* 2011; 21: 655–679.

[11] Raison CL, Capuron L, Miller AH. Cytokines sing the blues: inflammation and the pathogenesis of depression. *Trends in Immunology* 2006; 27: 24–31.

[12] Almond M. Depression and inflammation: examining the link. *Current Psychiatry* 2013; 12(6): 25–32.

[13] Hättenschwiler J, Seifritz E, Holsboer-Trachsler E, Hemmeter UM, Keck ME, Preisig M, Rennhard MS, Walitza SW, Modestin J. Burnout, Seminar A3 an der 13. Fortbildungstagung des Kollegiums für Hausarztmedizin (KHM) vom 16. und 17. Juni 2011 in Luzern. *Primary Care* 2012; 12: 353–358.

[14] Rico N, Jacobshagen N, Schächinger H, Baumann P, Höck P, Hättenschwiler J. Burnout – eine Standortbestimmung. *Schweizer Archiv für Neurologie und Psychiatrie* 2010; 161: 72–77.

[15] Slominski A, Wortsman J, Tuckey RC, Paus R. Differential expression of HPA axis homolog in the skin. *Mol Cell Endocrinol* 2007; 143: 265–266.

[16] Paus R. Frontiers in the (neuro-)endocrine controls of hair growth. *Journal of Investigative Dermatology Symposium Proceedings* 2007; 12: 20–22.

[17] Arck PC, Slominski A, Theoharides TC, Peters EM, Paus R. Neuroimmunology of stress: skin takes center stage. *J Invest Dermatol* 2006; 126: 1697–1704.

# 10. Stressprävention zum Schutz von Körper und Gehirn

## Wird die Bedeutung von Prävention unterschätzt?

Lohnt sich Prävention, und wird ihre Bedeutung gar unterschätzt? Beide Fragen lassen sich mit einem klaren «Ja» beantworten. Es ist viel billiger und viel weniger belastend, den Ausbruch einer Krankheit zu verhindern, als sie mit aufwendigen medizinischen Eingriffen nachträglich zu behandeln. In einem Interview der deutschen Wochenzeitschrift *Der Stern* meinte der Direktor der Berliner Charité, Detlef Ganten, «mit einer guten Vorsorge ließe sich auf lange Sicht viel erreichen und Geld sparen». Er plädierte für einen **präventiven Lebensstil** mit viel Bewegung und gesunder Ernährung und hatte dabei die Zivilisationskrankheiten im Sinn. Er gab auch den wertvollen und sehr wichtigen Tipp, nicht mit der moralischen Keule zu drohen. Das Gespräch fand im Sommer 2010 vor dem unter seiner Leitung stattfindenden Weltgesundheitsgipfel statt, dessen Hauptthema die Prävention war. Viele der Zivilisationskrankheiten entstehen direkt oder indirekt durch Faktoren, die bekannt sind. Stress führt die Liste an, gefolgt von Bewegungsmangel und Übergewicht mit all den begleitenden sekundären Komplikationen. Ganten vertritt die Ansicht, dass die Prävention in den

Familien einsetzen sollte, damit sich die heranwachsenden Kinder einen Lebensstil aneignen können, der diesen Risikofaktoren Rechnung trägt.

Auch bei der **Krebsprävention** liegt noch ein beachtliches Präventionspotenzial brach. Der berühmte Schweizer Onkologe Franco Cavalli äußerte sich in einem am 6. Februar 2014 im *Tagesanzeiger* veröffentlichten Beitrag, dass «mindestens 40 % aller Krebsfälle durch äußere Risikofaktoren bedingt» seien. Er meint, der Rückgang der Krebserkrankungen in den einkommensstarken Ländern in den letzten 10 Jahren erkläre sich eher durch die gesündere Lebensweise als durch Therapieerfolge. Ganz anders sieht es in den Drittweltländern aus. Dort explodieren die Zahlen, und Krebs wird gemäß WHO zum größten Killer überhaupt, das heißt, Krebserkrankungen werden die Herz-Kreislauf-Erkrankungen von ihrer Spitzenposition verdrängen.

Bei der Drogenprävention könnte wahrscheinlich auch noch mehr erreicht werden. Im Auftrag des Bundesgesundheitsamtes (BAG) führten das Winterthurer Institut für Gesundheitsökonomie und das Institut für Wirtschaftsforschung der Universität Neuenburg eine Studie über die Auswirkungen von Maßnahmen zur Krankheits- und Unfallprävention in der Schweiz durch. Dabei ergab sich ein geschätzter ROI[17]-Faktor von 23 bei **Alkoholprävention** und von 41 bei der **Tabakprävention**. Gemäß dieser Studie lohnt sich Prävention in zwei schwierigen Bereichen, in denen Stress zumindest eine indirekte Rolle spielt und bei denen leicht der Eindruck entsteht (und manchmal auch offen die Meinung vertreten wird), Prävention «bringe sowieso nichts». Die Kosten im Gesundheitswesen – vielleicht sollten wir besser vom Krankenwesen sprechen – belaufen sich in der Schweiz aktuell auf etwas mehr als 65 Milliarden Franken. Es beschäftigt ungefähr eine halbe Million Personen und

17 Return on Investment (eine Renditekennzahl)

beläuft sich bei einem Bruttoinlandsprodukt von knapp über 630 Milliarden Franken somit auf mehr als 10 Prozent der nationalen Wertschöpfung – Tendenz steigend. Innerhalb Europas hat die Schweiz das teuerste Gesundheitswesen. Es zeigt darüber hinaus ein starkes Wachstum und ist einer der Hauptmotoren des wirtschaftlichen Wachstums. Dabei ist die Wertschöpfung dieses an sich wichtigen Sektors nicht groß, weil die Bevölkerung ihr Geld sozusagen von einer Hosentasche in eine andere (fremde) verschiebt. Ganz befriedigend ist diese Situation also sicher nicht. Aus der Sicht jener, die davon leben, ist dies zwar eine durchaus positive Entwicklung, aber eben nicht für die große Mehrheit der Bevölkerung. Obwohl Staat und Arbeitgeber einen wesentlichen Teil der Krankenkassenkosten übernehmen, haben die von Privatpersonen zu tragenden Lasten ein Ausmaß erreicht, das ein wachsender Teil der Bevölkerung als zu hoch einschätzt und öffentliche Unterstützung zur Begleichung der Krankenkassenprämien benötigt. Selbst große Teile des Mittelstands fühlen sich durch die wachsenden Kosten finanziell bedroht – dies umso mehr, als sich ihr Einkommen in den vergangenen Jahren wenig bewegt hat – ganz im Gegensatz zu den Versicherungsprämien der Krankenkassen, die laufend angestiegen sind.

In Anbetracht des beachtlichen Präventionspotenzials, auf das Ganten hinwies, müsste im Grunde überall hoffnungsvolles Aufatmen zu hören sein, denn der zu beschreitende Weg ist eigentlich klar. Dies entspricht aber nicht der Realität. Ein Grund hierfür könnte sein, dass diese Botschaft noch nicht «angekommen» ist oder dass es einfach noch viel mehr Zeit braucht, bis solche Präventionsempfehlungen umgesetzt werden. Das Wissen um die Bedeutung der gesundheitlichen Prävention ist sowohl in der Bevölkerung als auch bei den Behörden eigentlich vorhanden. Man kommt aber nicht umhin festzustellen, dass abgesehen von vereinzelten Aktionen konkret nur wenig passiert, auch wenn viel darüber diskutiert und geschrieben wird. Positiv fallen gelegentliche Zeitungsartikel oder Zeitungsbeilagen auf, die auf Präventionsmöglichkeiten Bezug nehmen, die aber immer nur einen beschränkten Teil der Bevölkerung erreichen. Im weitaus größten Teil der krankheitsbezogenen Medienbeiträge, etwa im Fernsehen, geht es in erster Linie um Medikamente und Möglichkeiten der Behandlung von Krankheiten, nachdem sie ausgebrochen sind, und sehr viel weniger um die Prävention vor allem der chronischen Erkrankungen. Weit verbreitet ist der Tenor, dass die Krankenkassenkosten wegen der demografischen Entwicklung auch weiterhin steigen werden. Als Trostpflaster wird auf die gute Medizin verwiesen, mit der viele zufrieden sind.

In der Schweiz liegt die Verantwortung für die Prävention bei den Gemeinden und Kantonen, und dies könnte mit einer der Gründe dafür sein, warum eine übergreifende nationale Präventionspolitik – wenn überhaupt – dann nur ansatzweise zu erkennen ist. Letzten Endes liegt aber die Verantwortung bei jedem Menschen selbst bzw. im Fall von minderjährigen Kindern bei den Eltern. Dass jedermann für seine Gesundheit selbst verantwortlich ist, war in Europa mehr als 2000 Jahre lang gängige Meinung. Die Möglichkeit, die Dienste der Medizin und der ihr nahestehenden pharmazeutischen Wissenschaften in Anspruch nehmen zu können, wurde gern aufgegriffen – gegen entsprechende Entlohnung der Fachkräfte. In einem interessanten medizinhistorischen Aufsatz über «Die Tradition der Eigenverantwortung für die Gesundheit» hat der deutsche Wissenschaftler Klaus Bergdolt [1] diesen Sachverhalt eindrücklich dargestellt. Frühe Spuren des Konzepts, dass jeder Mensch seine Gesundheit durch seinen Lebensstil beeinflusst, fand er bei dem Griechen Alkmaion von Kroton[18], der sich schon 500 v. Chr. entsprechend geäußert haben soll.

18 Kroton war eine griechische Siedlung in Süditalien (das heutige Crotone in der Region Kalabrien).

Die Entwicklung der Krankenkassenkosten ist derart besorgniserregend, dass es kaum ausreichen dürfte, nur die Medikamentenpreise zu senken. Es braucht mehr als das. Eine nachhaltige Möglichkeit, den rasanten Anstieg der Krankenkosten zu dämpfen, besteht in der Prävention. Wir müssen den Ursachen auf den Grund gehen. In diesem Buch vertreten wir die Hypothese, dass chronische Überlastung ein wichtiger Faktor ist, dem in diesem Kontext viel mehr Aufmerksamkeit entgegengebracht werden muss.

## Ist Prävention mit liberalem Gedankengut vereinbar?

Beim Stichwort Prävention taucht bei einigen Zeitgenossen reflexartig die Befürchtung auf, der Staat bzw. die Medizin wolle ihnen ihren Lebensstil vorschreiben. Wie Prävention aber konkret aussehen und den einzelnen Bürger tangieren würde, hängt ganz davon ab, was die Bevölkerung letztendlich daraus macht, also was sie selber umsetzt. Ein Eingriff, wie ihn der ehemalige Bürgermeister von New York, der Milliardär Michael Bloomberg, inszenierte, indem er sogar die maximale Größe von Trinkbechern diktieren wollte, um gegen die durch exzessiven Konsum von gesüßten Getränken hervorgerufene Fettleibigkeit anzukämpfen, ist im gemäßigten Europa schwer vorstellbar. Immerhin nimmt Bloomberg eine Vorreiterrolle ein, da er nicht raucht, kaum Alkohol konsumiert und kleinere Distanzen zu Fuß zurücklegt.

Selbst wenn wir vom schlimmstmöglichen, aber sehr unwahrscheinlichen Fall ausgehen, dass Prävention – allen Studien zum Trotz – in ihren bisherigen Ansätzen gesundheitlich und ökonomisch wenig bis gar nichts bringt, dann bliebe immer noch die Frage zu beantworten, ob es nicht eine ethische Verpflichtung und den Auftrag gibt, die Bevölkerung über Präventionsmöglichkeiten und besondere Gefährdungen aufzuklären und über neue Entwicklungen auf dem Laufenden zu halten. Die Bürger sollten die Möglichkeit erhalten, sich auf den neuesten Wissensstand zu bringen. Teilweise ist das ja auch der Fall, doch die größeren Zusammenhänge bleiben dabei oft unklar. Als Beispiel sei hier die Aufklärung über Drogen angeführt. Es ist heute eine Selbstverständlichkeit, dass Jugendliche in den unteren und mittleren Schulstufen über die Auswirkungen des Drogenkonsums auf ihre Gesundheit informiert werden. Eine gut durchdachte Aufklärung erfolgt nicht mit erhobenem Zeigefinger, sondern primär informativ, am besten schon frühzeitig, ab dem 11. oder 12. Lebensjahr. Die gesellschaftlich akzeptierten Drogen Alkohol und Tabak haben potenziell derart bedeutende Auswirkungen auf das Leben der Heranwachsenden, dass die Aufklärungspflicht unbestritten sein dürfte. Es genügt aber nicht, an einem einzigen Tag im Jahr einen Experten zu einem einstündigen Vortrag in die Schule einzuladen. Da wird kaum etwas hängen bleiben. Kein anderes wichtiges Unterrichtsthema lässt sich in einer einzigen Stunde für den Rest der Schulzeit bzw. «für das Leben» auf diese Weise abhaken.

Ob Jugendliche genügend Informationen über das Thema Drogen erhalten, ist sehr fraglich. Die Tatsache, dass drogenkonsumierende Heranwachsende sich gemäß einer kürzlich veröffentlichten Studie in Zürich heutzutage im Internet über die medizinischen Konsequenzen eingehend informieren können, beweist nicht, dass sie die relevante Information auch tatsächlich aufgesucht, zur Kenntnis genommen und verstanden haben. Wie man daraus die Schlussfolgerung ableiten kann, dass es deshalb sinnlos sei, noch mehr Geld und Zeit in Prävention zu investieren, wie dies nach der erwähnten Zürcher Studie in der Presse letztes Jahr zu lesen war, ist schwer nachvollziehbar. Der Erstautor des vorliegenden Textes hat aus eigener Initiative vor über 10 Jahren begonnen, an Schulen und an der Universität Basel über Drogen zu informieren, weil sich in Gesprächen mit Studierenden gezeigt hatte, dass selbst Studenten mit naturwissenschaftlichem Hintergrund verblüffend wenig über Drogen wissen. Kaum jemand weiß, dass Cannabis das Gedächtnis beeinträchtigt, was gerade für Schüler und Studenten nicht unwichtig ist. Es genügt auch nicht zu wissen, dass Rauchen Lungenkrebs erzeugen kann. Die Auswirkungen sind viel massiver. Kaum jemand weiß, dass zahlreiche Krebsarten durch Rauchen «begünstigt» werden. Ähnlich dürfte es auf den wichtigen Gebieten Stress, Ernährung und Bewegung aussehen. Hier existiert oft nur ein oberflächliches Wissen. Dies sollten eigentlich Schwerpunkte im Biologieunterricht sein. Das Thema Stress ist derart reichhaltig und vielseitig – und wenn man es geschickt verpackt, auch spannend –, dass es im Biologieunterricht einen prominenten Platz einnehmen könnte und eigentlich auch sollte – nicht im Sinne einer latenten Warnung, sondern als Beispiel für einen modernen und lebensnahen Biologieunterricht. Es ist sicherlich wichtiger, dass die Jugendlichen im Biologieunterricht ausführlich über derartige Themen aufgeklärt werden, als dass sie über sämtliche Tierfamilien – einschließlich der verschiedenen Gattungen von Bandwürmern – Auskunft geben können.

## Keine magischen Pillen gegen Stress

Am einfachsten wäre es, wir könnten vor stressvollen Ereignissen oder während längerer Stressphasen ein Medikament einnehmen, das uns vor den schädigenden Einwirkungen von exzessivem Stress schützt. Mehrere große Pharmakonzerne haben während der vergangenen 20 Jahre mit erheblichem Aufwand versucht, ein derartiges Medikament zu entwickeln. Sie wollten die Freisetzung des Stresshormons Kortisol unterbinden oder zumindest hemmen, und zwar durch Substanzen, welche die Freisetzung des übergeordneten Hormons ACTH im Gehirn unterdrücken. Das war ein durchaus rationaler Ansatz, ganz in der Tradition der klassischen Pharmakologie. Man hoffte, dies über eine Blockade des Corticotropin Releasing Hormone (CRH), also einen sogenannten CRH-Blocker, zu erreichen. CRH ist der Botenstoff, der seinerseits zur Freisetzung von ACTH führt. Bis heute ist trotz großer Forschungs- und Entwicklungsanstrengungen und riesiger Investitionen kein derartiges Medikament auf den Markt gelangt. Es sind zwar noch einige Kandidaten in der Entwicklungspipeline , aber es ist nicht klar, wie viel Energie und vor allem wie viel Geld da noch hineinfließen muss. Grundsätzlich ist es aber fraglich, ob diesem Versuch Erfolg beschieden sein wird, da Kortisol sehr wichtige lebenserhaltende Funktionen ausübt und zudem ausgeprägte Tagesschwankungen aufweist. Es wäre also vermutlich mit erheblichen Nebenwirkungen zu rechnen. Somit muss abgewartet werden, ob damit überhaupt ein gesundheitlicher Gewinn zu erzielen ist. Das Stresshormon ganz zu blockieren, macht aber eigentlich keinen Sinn, da es für die Allostase essenziell ist und nicht einfach ausgeschaltet werden sollte. Übergeordnete Hirnareale – etwa mithilfe von Drogen – zu «entstressen», funktioniert bislang leider auch nicht, da sie alle die Freisetzung von Kortisol steigern. Drogen induzieren somit Stress im klassischen physiologischen Sinne.

Sind in Zukunft Pillen gegen Stress zu erwarten? Wenn es – abgesehen von unspezifisch wirkenden Beruhigungsmitteln wie den Tranquilizern vom Typ Valium, Librium usw. – bislang noch kein stressdämpfendes Medikament gibt, dann stellt sich die Frage, ob die Entwicklung solcher Medikamente grundsätzlich überhaupt möglich ist. Die Prozesse, die über eine Deregulierung der Allostase zu psychischen oder körperlichen Krankheiten führen, sind, wie in den vorausgehenden Ausführungen deutlich geworden ist, sehr komplex. Es ist unstrittig, dass die Entwicklung eines Stressmedikaments ein sehr schwieriges Unterfangen ist, zumal die meisten modernen Medikamente gerade nur einzelne molekulare Zielstrukturen selektiv modifizieren. Im chronischen Stresszustand ist der Kortisolspiegel erhöht, und gleichzeitig ist der Tagesverlauf der Kortisolausschüttung, der sogenannte zirkadiane Rhythmus, dereguliert. Man müsste also den Tagesverlauf der Hormonausschüttung wieder normalisieren, was viel schwieriger ist, als einfach den Kortisolspiegel zu senken. Die Hürde auf dem Weg zu einem pharmakologischen Ansatz ist sogar noch höher, wenn wir uns die Tatsache vor Augen halten, dass die Weichen zu allostatischer Fehlsteuerung möglicherweise schon im Mutterleib oder während der frühen Kindheit gestellt werden – zu einem Zeitpunkt also, an dem das Gehirn noch ganz am Anfang seiner Entwicklung steht. Die Idee, frühkindliche Fehlentwicklungen Jahre oder gar Jahrzehnte später mit einer Pille zu therapieren, sprich: umkehren zu wollen, ist ein schwieriges Unterfangen. Denkbar wäre, dass frühkindlich induzierte Fehlsteuerungen der Aktivität einzelner Gene oder Gruppen von Genen umgelenkt oder umgekehrt werden könnten.

## Ist Stressempfindlichkeit vererbbar?

Seit ein paar Jahren verdichten sich die sehr interessanten experimentellen Hinweise darauf, dass frühe Stresserlebnisse in den Gehirnen der nächsten und übernächsten Generation Spuren hinterlassen können. Im Fokus dieser Untersuchungen steht die Frage, ob belastende Stresserfahrungen in Form einer veränderten Stressempfindlichkeit an nachfolgende Generationen übertragen werden. Lange Zeit hielt man das für unmöglich. Die allerersten experimentellen Untersuchungen verliefen indes in umgekehrter Richtung: Nicht die Auswirkungen eines stressvollen Erlebnisses wurden untersucht, sondern, wie bereits erwähnt, die positiven

Auswirkungen von intensiver pflegender Zuwendung der Muttertiere auf die Stressreaktivität der Jungtiere (siehe dazu die «Schrei»-Debatte in Kapitel 6). In diesen sehr wichtigen Pilotstudien, die Michael Meaney an Nagetieren durchführte, konnte erstmals gezeigt werden, dass die Qualität der Beziehung zwischen Muttertier und Nachwuchs biologische und verhaltensmäßige Auswirkungen auf die Gehirne der Nachkommen hat und dass diese über zwei Generationen hinweg nachweisbar sind [2]. Sie haben auch ziemlich schlüssig den Nachweis dafür erbringen können, dass dies über die Steuerung bestimmter Gene abläuft und nicht über eine Veränderung der Gene selbst – ein Phänomen, das in die Domäne der sogenannten **Epigenetik** fällt. An Nagetieren wurde nachgewiesen, dass sich die Pflege und Zuwendung der Neugeborenen durch die Muttertiere auf die weiblichen Nachkommen in der Weise auswirkt, dass diese ihren Jungtieren ebenfalls mehr Pflege angedeihen lassen, mit dem Resultat, dass über zwei Generationen hinweg die Ängstlichkeit der Nachkommen reduziert und die Ausschüttung des Stresshormons vermindert war [2]. Laut Meaney treffen diese Befunde unabhängig von der Tierspezies zu. Bei Muttertieren, die ihren Neugeborenen diese Pflege nicht zukommen ließen, waren diese positiven Auswirkungen nicht zu beobachten. Weitere Untersuchungen dieses Typs folgten, und übereinstimmend gehen sie davon aus, dass diese an sich unerwartete und verblüffende **Weitergabe einer veränderten Stressempfindlichkeit** über die Steuerung der Aktivität gewisser Gene geschieht [1–3]. Die Forschungsgruppe von Isabelle Mansuy an der Eidgenössischen Technischen Hochschule (ETH) in Zürich, die gezielt die Vererbbarkeit einer stressvollen Trennung der Jungtiere vom Muttertier untersuchte, stellte in einer Mäusestudie fest, dass die chronische und nicht vorhersehbare Trennung der Jungtiere von ihren Muttertieren im ausgewachsenen Zustand zu Verhaltensmustern mit «depressiven» Zügen führte

[3]. Die Forscher konnten zeigen, dass diese Verhaltensänderungen an die nächste Generation weitergegeben wurden und dass dies mit Veränderungen in den Steuerungsmechanismen verschiedener Gene verknüpft war. Die Effekte wurden über die Geschlechtszellen an die nächste Generation weitergegeben; interessanterweise erfolgte die Übertragung über die männlichen Tiere. Eine kürzlich veröffentlichte Studie an Mäusen konnte den Nachweis dafür erbringen, dass selbst die Assoziation eines mit belastenden Erlebnissen gekoppelten Duftes auf die nächste Generation übertragen wurde. Diese Duftkonditionierung war verbunden mit der Verstärkung von spezifischen Nervenfasern des Geruchsorgans, und der Effekt war duftspezifisch [4]. Es ist klar, dass diese Untersuchungen noch am Anfang stehen und dass es noch weiterer Studien bedarf. Sollten diese Befunde auch auf den Menschen zutreffen, würde dies bedeuten, dass Stressempfindlichkeit möglicherweise über Generationen hinweg vererbt wird.

Die vorangehenden Untersuchungen stehen in engem Zusammenhang mit Fragen zur Entstehung psychischer Erkrankungen, zumal stressvolle Erlebnisse in der Kindheit als auslösende Faktoren bei der Entstehung von Depressionen schon lange diskutiert werden. Sie weisen darauf hin, dass Veränderungen der Genregulation bei der Entstehung psychischer Krankheiten eine Rolle spielen könnten. Gemäß dieser Hypothese sind es nicht Veränderungen der Gene selbst, also Genmutationen, sondern es wäre ihre Steuerung, die bei psychischen Krankheiten verändert und die an der Entstehung psychischer Erkrankungen beteiligt sein könnte. Denn bislang hat man keine Genmutationen nachweisen können, die sich eindeutig psychischen Krankheiten zuordnen ließen. Das heißt nicht, dass sie nicht eines Tages doch noch aufgedeckt werden, aber im Moment sieht es eher danach aus, dass eine größere Anzahl von Genen bei mehreren psychischen Krankheiten involviert ist.

## Stressreduktion wäre der direkteste Ansatz

Wenn also in nächster Zeit kein Medikament zur Bekämpfung von toxischem Stress zu erwarten ist, dann lohnt es sich umso mehr, nach Möglichkeiten der Stressreduktion Ausschau zu halten. Das deckt sich mit den Absichten vieler deutscher Bürger. Der wichtigste gute Vorsatz für das Jahr 2014 ist nämlich nach einer im Auftrag der Krankenkasse DAK-Gesundheit durchgeführten Forsa-Umfrage, Stress abzubauen. Gemäß dieser Umfrage zielen noch zwei weitere Vorsätze in die gleiche Richtung, nämlich sich mehr Zeit für Freunde und Familie zu nehmen (54 %) und mehr Zeit für sich selbst zu gewinnen (47 %). Das ist vorbildlich und steht im Einklang mit der hier vorgestellten Hypothese, wonach chronischer Stress ein weit verbreitetes Phänomen ist, das in wichtige Regulationsmechanismen des Körpers eingreift und so an der Entstehung einer großen Anzahl von Erkrankungen maßgeblich beteiligt oder gar dafür verantwortlich ist. Maßnahmen, die der chronischen Überlastung entgegenwirken, sind daher ein rationaler Ansatz und können, je nach persönlicher Veranlagung und Lebensgeschichte, positive Auswirkungen auf die Psyche und den Körper haben. Da sich unsere Gehirne von ihrer frühen Entwicklung an verschieden entwickeln und sehr unterschiedlichen äußeren Einflüssen ausgesetzt sind, **muss eine effiziente Stressbekämpfung die eigene Geschichte, die aktuellen Lebensumstände und Lebenspläne berücksichtigen.** Das Konzept der allostatischen Last fasst die klassische Sichtweise von Stress viel weiter, indem es wichtige Aspekte des Lebensstils und der Körperverfassung einbezieht. Idealerweise sollte eine Reduktion von psychosozialem Stress Hand in Hand gehen mit einer Verringerung weiterer allostatischer Lasten wie beispielsweise Schlafstörungen, Fettleibigkeit, Bewegungsmangel und chronischen Angstzuständen.

Chronische psychische Überlastung entsteht oft erst durch eine Mehrfachbelastung, die aus beruflichen wie auch privaten Aktivitäten, Verpflichtungen und Krisensituationen resultiert. Grundsätzlich gibt es zwei Möglichkeiten, damit umzugehen. Die erste besteht darin, die eigene Stressresistenz (Resilienz) auszubauen. Die zweite zielt darauf ab, die Ursachen von Stress abzubauen. Das hört sich ziemlich trivial an. Aber welche Möglichkeiten gibt es wirklich, unseren Stress zu reduzieren? Gibt es überhaupt allgemein brauchbare Ansätze, da doch jeder Mensch seine ganz eigene Vorgeschichte hat, in einer anderen Lebenssituation steckt und diese auch noch in ganz eigener Weise wahrnimmt?

Das Thema Lebenssinn ist erfahrungsgemäß eher «schwierig», vor allem, wenn gar nicht viel Spielraum vorhanden ist und die wichtigsten «Weichen» schon gestellt sind. Übergeordnet könnte am Anfang dennoch die Frage nach dem kurz-, mittel- und auch langfristigen Sinn bzw. den kurz-, mittel- und langfristigen Zielen unserer persönlichen Aktivitäten stehen. Unabhängig davon, ob jemand an ein Leben nach dem Tod glaubt oder nicht, kann es sich lohnen, sich gerade in Zeiten der Überlastung mit diesen Fragen auseinanderzusetzen. Das geht über Gehaltsvorstellungen und Klima am Arbeitsplatz hinaus und zielt letztlich auf den eigenen **Lebensentwurf**. In welche Richtung möchte ich mich entwickeln? Was für Interessen verfolge ich? Wo setze ich meine zwischenmenschlichen Akzente, und was ist mir besonders wichtig? Geht meine berufliche Entwicklung in Richtung Spezialisierung, oder versuche ich eine gewisse Breite hinsichtlich meiner Expertise und Interessen anzustreben und aufrechtzuerhalten? Nach welchen Werten richte ich mein Verhalten aus? Und schließlich: Welchen Stellenwert haben meine Familie oder mein Lebenspartner? Möchte ich überhaupt eine Familie gründen? Die Liste wird am Schluss so lang sein, dass sich schon bald die Frage nach «Kürzung und Verzicht» aufdrängt. Eine **realistische Einschätzung der eigenen Möglichkeiten** aufgrund der Lebensumstände und Fähigkeiten ist ein Ansatz, um Überlastung zu vermeiden oder zu reduzieren. Ein konkreter Einstieg in diese Übung wäre es, sich vorzustellen, dass man nur noch ein Jahr oder weniger zu leben hätte, und sich dann zu fragen, was man unbedingt noch erreichen oder erledigen möchte. Dann fallen die Prioritäten zwar nicht einfach vom Himmel, aber es wird plötzlich eng und realistisch. Die Antworten auf diese Frage dürften individuell sehr unterschiedlich ausfallen. Diese Übung stärkt auch das Bewusstsein für die Tatsache, dass jeder für sich verantwortlich ist und soweit wie möglich auch die Verantwortung für seine Gesundheit übernehmen muss.

Ein einfacherer, aber konkreter Schritt in Richtung Entstressung könnte darauf abzielen, **mehr Erholungszeit in den Tagesablauf einzubauen** – auch auf Kosten anderer Aktivitäten, und zwar aus dem einfachen Grund, dass niemand darum herumkommt, einmal auszuspannen. Eine Möglichkeit, um sich mehr Freiräume zu schaffen, könnte darin bestehen, den eigenen täglichen Zeitaufwand für verschiedene Routineaktivitäten nüchtern zu analysieren. In Zeiten überfüllter Straßen und Züge ist der Arbeitsweg (von Tür zu Tür) oft sehr zeitraubend. In der Schweiz pendeln sehr viele Berufstätige täglich über weite Strecken zwischen Wohnort und Arbeitsplatz – oft aus familiären Gründen oder mangels freistehender Wohnungen am Arbeitsort. Und die Zahl der Pendler nimmt immer mehr zu. Der ehemalige Chef der Schweizerischen Bundesbahnen meinte in einer Kolumne der Sonntagspresse: «Ich pendle, also bin ich». Ob ernst oder humoristisch gemeint, dies ist in der Tat für viele Zeitgenossen Realität. Pendeln ist aber oft alles andere als lustvoll und sollte von Zeit zu Zeit kritisch überdacht werden. Wer nämlich den Zeitaufwand aufs Jahr hochrechnet, kommt schnell in die Größenordnung von mehreren hundert Stunden, die jährlich «verpendelt» werden. Es kann ein Befreiungsschlag sein, wenn es einem gelingt, diese Zeit zu verkürzen, selbst wenn es einen Wechsel des Arbeitsplatzes oder des Wohnortes mit sich bringt. Dadurch kann je nach Dauer der täglichen Fahrzeit sehr viel Zeit gewonnen werden.

Stress oder chronische Überlastung ist definitiv nicht gleichzusetzen mit «Arbeit» und auch nicht unbedingt mit «viel Arbeit». Es gibt genügend Personen, die mit großem Engagement und Zufriedenheit bis ins hohe Alter und somit weit über ihre Pensionierung hinaus einer regulären Tätigkeit nachgehen, weil sie sich ein Leben ohne Arbeit gar nicht vorstellen können. Arbeit hat für viele Menschen mit **Sinngebung** zu tun, was einem manchmal erst so richtig bewusst wird, wenn sie wegfällt. Manche Menschen wünschen sich sogar, über die Pensionierung hinaus arbeiten zu dürfen – selbst bei einem deutlich niedrigeren Lohn – einfach weil die Arbeit für viele befriedigend und sinnstiftend ist. Aber die Arbeitgeber tun sich – zumindest in der Schweiz – mit der Umsetzung dieses neuen Trends schwer. Es bleibt oft bei Lippenbekenntnissen, denen keine oder nur wenige Taten folgen. Immer noch werden in der Schweiz viele Menschen sogar Jahre vor dem regulären Rentenalter in den Ruhestand geschickt, trotz allen Beteuerungen, man würde sich um die älteren Mitarbeiter kümmern und ihnen entgegenkommen. Besonders hart kann es Akademiker und Akademikerinnen treffen, die ein Leben lang mit großer Begeisterung auf ihrem Gebiet tätig waren und die mit Erreichen des 65. Lebensjahres ihr Institut verlassen müssen oder sich bestenfalls «geduldet» in ein kleineres Zimmer zurückziehen dürfen. In den USA wird dies manchmal flexibler gelöst, indem bis weit über das 70. Lebensjahr hinaus noch Forschungsgelder zur Verfügung gestellt werden, wenn entsprechend überzeugende Forschungsanträge gestellt werden. Ist dies so, dann können qualifizierte Forscher bis weit über das 70. Lebensjahr weiterforschen.

Es ist also nicht die Arbeit an sich, sondern, wie schon die erwähnten großen Untersuchungen in England und den USA überzeugend gezeigt haben, es sind die Rahmenbedingungen, die den Unterschied zwischen einer stressigen, die Gesundheit gefährdenden und einer befriedigenden Tätigkeit ausmachen. Wer in der Hierarchie ganz unten angesiedelt ist, viel Verantwortung trägt, kaum Anerkennung – weder in Worten noch finanziell – erhält und selbst wenig Entscheidungsspielraum hat, der ist stressgefährdeter als jemand, der hart arbeitend in einem Team gut aufgehoben ist. Zum Glück gibt es ja das Personalwesen (Neudeutsch auch *Human Resource Management* genannt) mit seinen psychologisch geschulten Fachkräften, die gefährdeten Mitarbeitern bei Bedarf unterstützend beistehen können – könnte man meinen. Da aber auch die Personaldienste selbst in den vergangenen Jahren durch Restrukturierungen vielerorts abgebaut wurden, ist die Situation hinsichtlich psychologischer Hilfestellung oft unbefriedigend. Wer also in die Lage kommt, am Arbeitsplatz keine Anerkennung zu bekommen, keine Entscheidungsfreiheit zu haben und keine Unterstützung zu genießen, kann gut beraten sein, den Arbeitsplatz zu wechseln – selbst, wenn dadurch Lohneinbußen hingenommen werden müssen. Und sollten in einer Abteilung bereits mehrere Angestellte mit psychischen Problemen zu kämpfen haben, dann dürfte sich – solange dieselbe Führungskraft am Ruder bleibt – die Arbeitsatmosphäre sowieso kaum ändern und sich die Trennung von diesem Arbeitsplatz daher geradezu aufdrängen. Ein solcher Schritt kann zwar – jedenfalls vorübergehend – mit einem Verlust an Prestige, Rang und Einkommen einhergehen, sich langfristig aber zumindest auf die Gesundheit positiv auswirken.

## Die Last ist messbar

Wie merkt man, dass man sich im Zustand chronischer Überlastung befindet? Es ist ja wichtig, diesen Zustand an sich selber überhaupt erst einmal wahrzunehmen. Ähnlich wie bei zu hohem Blutdruck, der sich nicht von selbst bemerkbar macht, wissen viele Menschen gar nicht, dass ihre allostatischen Steuerungsmechanismen dereguliert sind und Gegenmaßnahmen notwendig wären. Der Hausarzt untersucht die messbaren Veränderungen nur selten, weil dies beträchtliche Extrakosten verursachen würde. Allein die regelmäßige Kontrolle des Blutdrucks, geschweige denn des Kortisolspiegels, ist schwer zu realisieren, obwohl beide Messgrößen ein deutliches Indiz für den Zustand der allostatischen Last sind. Im Gegensatz zu psychischen Störungen wie Schizophrenien, Angstzuständen oder Burnout ist chronischer Stress im Blut nachweisbar. Neben einem erhöhten Kortisolspiegel im Speichel oder Blut ist das **glykosylierte Hämoglobin ($HbA_{1c}$)** ein sensitiver Indikator für metabolische Störungen. Bei allostatischer Überlastung entsteht zudem oft ein Zustand schwacher, aber chronischer Entzündung, der sich in der Erhöhung des im Blut nachweisbaren Markers CRP manifestiert. Diese entzündlichen Prozesse sind es, die für das Herz und für die Blutgefäße langfristig gefährlich werden, da sie bei der Entstehung von Arteriosklerose eine wichtige Rolle spielen. Entzündliche Prozesse sind auch an der Entstehung des Typ-2-Diabetes beteiligt (siehe dazu Kapitel 9). Das Spektrum der biologischen Parameter, die sich medizinisch bei chronischer Überlastung, also allostatischer Last, als Indikatoren verwenden lassen, umfasst neben den bereits erwähnten noch weitere Parameter, die alle in klinischen Labors nachgewiesen werden können. Aber im medizinischen Alltag wird der Stressstatus nur selten evaluiert. Es sind eher indirekte Hinweise, die in einer hausärztlichen Untersuchung zunächst einmal den Verdacht auf Stress aufkommen lassen. Dazu gehören sicher Schlaf-, aber auch Essstörungen oder ein zu hoher Blutdruck. Stressprävention wäre der billigste und nachhaltigste Ansatz, zumal dadurch die Entstehung zahlreicher Krankheiten verhindert werden könnte.

## Literatur

[1] Bergdolt K, Schuld und Sühne? Die Tradition der Eigenverantwortung für die Gesundheit. In: Schumpelick V, Vogel B. (Hrsg.). Volkskrankheiten. Gesundheitliche Herausforderungen in der Wohlstandsgesellschaft. Beiträge des Symposiums vom 4. bis 7. September 2008 in Cadenabbia. Freiburg, Basel, Wien 2009, S. 16–32.

[2] Champagne FA, Meaney MJ. Transgenerational effects of social environment on variations in maternal care and behavioral response to novelty. *Behavioral Neuroscience* 2007; 121(6): 1353–1363.

[3] Franklin TB, Russig H, Weiss IC, Gräff J, Linder N, Michalon A, Vizi S, Mansuy IM. Epigenetic transmission of the impact of early stress across generations. *Biological Psychiatry* 2010; 68: 408–415.

[4] Dias BG, Ressler KJ. Parental olfactory experience influences behavior and neural structure in subsequent generations. *Nature Neuroscience* 2014; 17: 89–96.

# 11. Stresspuffer

## Auf der Suche nach mehr Resilienz

Wenn wir davon ausgehen, dass die Summe aller belastenden Stresserlebnisse und der weiteren, auf unsere Gehirne einwirkenden allostatischen Lasten in Zukunft nicht ab-, sondern sogar eher zunimmt – weil das Leben immer komplexer wird –, dann sind, aus dieser Perspektive betrachtet, alle Maßnahmen sehr willkommen, die unsere Widerstandskraft – gemeinhin als Resilienz bezeichnet – gegen allostatische Lasten erhöhen. In der Tat befassen sich mit dem Thema **Stressresilienz** zurzeit denn auch Psychologen, Pädiater, Neurobiologen, Genetiker, Sportmediziner und Molekularbiologen.

Im Gegensatz zu psychologischen Resilienzansätzen bemühen sich die neurobiologisch-medizinisch ausgerichteten Fachrichtungen darum, die **Mechanismen der Stressresilienz** zu verstehen. Ein Ziel besteht darin zu klären, was Personen, die mit Stressbelastungen locker umgehen können, von jenen unterscheidet, die darunter leiden und daran erkranken. Vielleicht wird es später einmal möglich sein, letztere – basierend auf einem vertieften Verständnis der physiologischen Prozesse – gezielt zu stärken. Noch stehen diese Aktivitäten aber ganz am Anfang. Im Moment gibt keine übergreifende konsistente Hypothese, die Resilienz auf der Grundlage genetischer oder molekularer Fakten zu erklären vermag. Dieses Forschungsgebiet bleibt aber wichtig und gilt unter Fachleuten denn auch als zukunftsträchtiger Ansatz zur besseren Bewältigung von Stress.

In einer Übersichtsarbeit haben Franklin und Mitarbeiter den Stand der präklinischen Forschung zusammengefasst [1]. Sie kommen dabei auf einige der Hirnsysteme zu sprechen, die vorangehend im Zusammenhang mit Stressprozessen bereits diskutiert worden sind. Das passt grundsätzlich zu der Vorstellung, dass Resilienzverstärkung an den Orten ansetzen müsste, an denen die Überlastung schädigend angreift. Bei Tieren scheinen, so die Autoren, bei der Steuerung der Resilienz viele Mechanismen von der Ebene der Gene über die der Zellsysteme bis hinauf zur Verhaltensebene eine Rolle zu spielen. Zu den kritischen Orten und Mechanismen zählen der Wachstumsfaktor BDNF, dann die Stressachse selbst, die stressempfindliche Neurogenese im Hippocampus, epigenetische Prozesse und nicht zuletzt das dopaminerge Belohnungssystem. All diese Systeme könnten an der Regulation der Resilienz beteiligt sein [1]. Dabei ist von einem komplexen Zusammenspiel vieler Faktoren und Umwelteinflüsse auszugehen, die darüber entscheiden, ob jemand stressempfindlich oder stressresistent ist. Da diese Daten an Tieren erhoben wurden, bleibt noch sehr viel zu tun, bis ihre Relevanz für den Menschen geklärt sein wird. Besonders interessant ist aber die bekannte Tatsache, dass die beiden Geschlechter in unterschiedlichem Maß auf Stress reagieren. Franklin und Mitarbeiter weisen darauf hin, dass deutlich mehr Frauen (31 %) an stressgekoppelten Krankheiten leiden als Männer (19 %), und führen diese Diskrepanz auf Unterschiede in der Regulation der Stresshormone ACTH und Kortisol durch die Sexualhormone zurück [1].

## Die Meditation ist aus dem Reich des Mystischen herausgetreten

Die bisher diskutierten durch Stress verursachten Gesundheitsrisiken wurden auf drei Ebenen erörtert, nämlich auf der

Ebene der Biologie, der Psychologie und der Soziologie. Das sind sozusagen die «Klassiker». Als vierte Dimension wird neuerdings auch die **Spiritualität** in die Diskussion über Gesundheit einbezogen. Dr. Ralph Steinmann [2] von der Organisation «Gesundheitsförderung Schweiz» hat dazu einen interessanten Text veröffentlicht, in dem er nicht nur eine Klärung des Begriffs vornimmt und auf die enorme Vielfalt der verschiedenen Formen von Spiritualität hinweist, sondern auch dafür plädiert, dass dieser Dimension von Gesundheit in der Forschung mehr Platz eingeräumt werden sollte. In seiner Definition von Spiritualität hat Meditation ebenso ihren Platz wie Achtsamkeitstherapien und Religionen.

Es gibt viele Möglichkeiten, gegen die Auswirkungen von chronischem Stress anzugehen. Wir wollen uns hier auf einige wenige beschränken, die einen direkten Bezug zur modernen Hirnforschung und Psychologie haben. Wem es gelingt, dem Alltag etwas Zeit für sich abzuringen, kann sich nach Möglichkeiten umsehen, um zu mehr innerer Ruhe zu finden und dadurch seine Stressachse herunterzufahren. Die Palette der Möglichkeiten zur Stressdämpfung ist breit gefächert, wie ein kurzer Blick auf die wachsende Ratgeberliteratur zeigt. Letztlich muss jeder Mensch ihren eigenen Weg finden. Zu den zahlreichen Optionen gehören neben Yoga, progressiver Muskelentspannung, Spazierengehen oder sportlicher Betätigung und Musik auch verschiedene Formen der Meditation. Letztere erfreuen sich zunehmender Akzeptanz als Mittel gegen Stress, um so größere Stressresistenz zu erlangen und um sich zu entspannen. Sogar auf dem Weltwirtschaftsforum in Davos sollen 2014 eine größere Anzahl prominenter Konferenzteilnehmer meditiert haben. Nicht zuletzt erhält die Meditation auch einen rational begründbaren Schub durch die Neurowissenschaften, weil neurobiologische Erkenntnisse darauf schließen lassen, dass Meditation positive Wirkungen auf das Gehirn hat. Sie sollen hier kurz beschrieben werden.

Die **Meditation**, die seit Jahrhunderten in vielen Varianten praktiziert wird, erlebt seit einiger Zeit ein Comeback als effiziente Möglichkeit, den Stress in den Griff zu bekommen und Stressresilienz zu entwickeln. Auch in der Hirnforschung stößt Meditation auf zunehmendes Interesse, denn regelmäßig praktizierte Meditation bewirkt in mehreren Regionen unseres Gehirns Veränderungen, die sich mit bildgebenden Verfahren nachweisen lassen [3]. Besonders interessant ist der Befund, dass durch Meditation auch der Hippocampus beeinflusst werden kann. Die deutsche Psychologin Dr. Britta Hölzel führte während ihrer Forschungstätigkeit an der *Harvard University* mit Erwachsenen eine Meditationsstudie durch und wurde dadurch sehr berühmt. Es handelte sich um einen Typ von Meditation, der auf den Prinzipien der **Achtsamkeit** basiert, die heute eine immer breitere Beachtung und Anwendung finden. Dr. Hölzel verglich die Hirne der Kursteilnehmer mittels Bildgebungsstudien (funktionelle Magnetresonanztomographie, fMRT) vor und nach dem dreimonatigen Meditationskurs und fand dabei heraus, dass die Konzentration der grauen Substanz, die ein Maß für die Anzahl der Neurone ist, im Hippocampus signifikant zugenommen hatte [4]. Grundsätzlich passt dieser Befund zum zentralen und in Fachkreisen weithin akzeptierten Postulat der Neurobiologie, dass jegliche geistige Tätigkeit in unseren Gehirnen Spuren hinterlässt. Im Hinblick auf die besondere Stressanfälligkeit des Hippocampus ist dieser Befund interessant und ermutigend. In derselben und einer weiteren Studie [3] konnte nachgewiesen werden, dass auch noch andere Hirnregionen verändert waren. So wurden beispielsweise Veränderungen im Cortex cingularis, einem Teil des Cortex insularis (Inselrinde, Inselkortex), im Kleinhirn und in der Zone zwischen dem temporalen und dem parietalen Kortex gefunden. Der Inselkortex spielt bei Emotionen eine wichtige Rolle, die wir aber noch nicht ganz verstehen. Die Studie von Dr. Hölzel stieß selbst bei Hirnforschern auf Interesse, denn bislang hatte der Meditation etwas Mystisches angehaftet. Ihr Befund wird regelmäßig zitiert und zeigt, dass die Durchführung einer einzigen interessanten Studie genügen kann, um große Aufmerksamkeit zu wecken. Heinz Hilbrecht, der selber meditiert, hat ein informatives Buch über die Meditation verfasst, in dem er den Lesern die Meditation in ihren verschiedenen Varianten näher bringt und die neuesten wissenschaftlichen Daten dazu zusammenfasst [5]. Er sieht in der Meditation eine Möglichkeit, die «Zwänge des Denkens» zu überwinden, und präsentiert Erklärungen auf der Basis ganz normaler Hirnfunktionen, wobei die Arbeiten von Frau Hölzel besondere Beachtung finden. Es dürfte in diesem Kontext auch interessieren, dass der mehrfach zitierte Stressforscher Bruce McEwen als Ausgleich zu seiner Forschungstätigkeit seit vielen Jahren regelmäßig meditiert. Es ist gut und wichtig zu wissen, dass der etwas schmerzvolle Lotussitz als Meditationsstellung keine Voraussetzung für erfolgreiches Meditieren ist. Meditation funktioniert auch im Liegen oder im Gehen. Neben Meditation kann aber auch körperliche Aktivität der Entspannung dienen (siehe unten). Auch hierzu gibt es robuste biologische Befunde, die zeigen, dass körperliche Aktivität das Gehirn funktionell stützt.

Ein viel beachteter und wirksamer Ansatz gegen Stress ist das Verfahren der **Achtsamkeit**, das hilft, sich auf die Gegenwart, auf das Hier und Jetzt, zu konzentrieren, um sich all den zerstreuenden Umwelteinflüssen und Gedanken, die unser Gehirn permanent aktivieren, zu entziehen. Es ist eine Technik, die auch zur Behandlung psychischer Störungen eingesetzt wird. Der bekannte Mannheimer Psychiater Martin Bohus weist darauf hin, dass sich auch große Religionen dieses Mittels bedienen, etwa beim Beten des Rosenkranzes oder beim repetitiv-eintönigen Singen von Mantras. Auch diese Aktivitäten sind laut Bohus darauf ausgerichtet, die Aufmerksamkeit auf die Gegenwart zu lenken. Die ursprüngliche Erfahrung von Achtsamkeit sei, so Bohus, die sitzende

Meditation, wie sie im Zen-Buddhismus praktiziert wird. Die auf Achtsamkeit basierende Meditation hat nicht nur stressdämpfende, sondern auch resilienzverstärkende Effekte. Eine sehr schöne und umfassende Monografie zum Thema Achtsamkeit wurde kürzlich von Zimmermann, Spitz und Schmidt herausgegeben, die diesen vielversprechenden therapeutischen Ansatz sowohl von der biologischen als auch von der psychologischen Seite beleuchtet [6]. Sehr interessant im Kontext von Stress und induzierten chronischen Entzündungen sind auch die neuen Forschungsergebnisse des kalifornischen Psychologen J.D. Creswell [7], der fand, dass die Aktivität bestimmter Gene, die mit entzündlichen Prozessen gekoppelt sind, bei älteren Personen nach einem Achtsamkeitstraining reduziert war. Auch für den Entzündungsmarker CRP wurden im Blut niedrigere Werte gemessen [7].

## Körperliche Ertüchtigung zum Schutz vor Stress

Die Frage, ob Sport oder generell körperliche Ertüchtigung vor Stress schützt, ist nicht einfach zu beantworten und hängt von vielen Faktoren ab, etwa dem Trainingszustand, dem Alter, der Art und Dauer des Trainings und von den Kriterien, mit denen man die Auswirkung auf das Stressempfinden evaluiert [8]. Auf alle Fälle ist es ermutigend, dass körperliche Ertüchtigung einen gewissen Schutz vor Stress zu bieten verspricht, da er auf den ersten Blick am diametral entgegengesetzten Ende der Entspannungsachse lokalisiert ist. Die Meditation wäre dann fast ein Gegenpol. Zum Glück gibt es Forscher, die sich seit Jahren mit dieser interessanten Frage beschäftigen und bereits umfassendes Datenmaterial erhoben haben. An vorderster Front haben sich Sportmediziner damit befasst, und kürzlich ist ein sehr wertvolles Buch im deutschen Sprachraum erschienen, in dem Fachleute diese und verwandte Fragen eingehend behandeln [8]. Im Kontext der vorliegenden Betrachtungen ist besonders erwähnenswert, dass die Bedeutung von **sportlicher Aktivität als Stresspuffer** von den Experten als erwiesen betrachtet wird [8]. Ebenso unumstritten ist aber die Tatsache, dass bei sehr hoher körperlicher Aktivität dieser Effekt wegfallen kann und Sport selber zum Stressauslöser wird.

Dass regelmäßige sportliche Aktivität eine protektive Wirkung gegen psychosozialen Stress hat, geht aus einer Schweizer Studie vom Psychologischen Institut der Universität Zürich unter der Leitung von Markus Heinrichs hervor, der dies in einem Vergleich von 21 Leistungssportlern mit 20 Nichtsportlern festgestellt hat. Die Leistungssportler zeigten im oben besprochenen TRIER-Stresstest (siehe dazu den Abschnitt «Wie viel Stress haben eigentlich Jugendliche?» in Kapitel 6) einen geringeren Anstieg des Kortisolspiegels und der Herzfrequenz. Die Autoren der Untersuchung sprechen von einem gesundheitsfördernden (salutogenetischen) Effekt von Sport mit protektiven Wirkungen auf die psychologische und physiologische Stressreaktivität bei psychosozialem Stress.

Besonders erwähnenswert ist eine sehr umfassende Arbeit über die Auswirkungen von Sport auf die Psyche von Erwachsenen und Jugendlichen von M. Gerber, die am Institut für Sport und Sportwissenschaften in Basel entstanden ist und eine sorgfältige Analyse der Literatur enthält [9]. Darin macht er auf die **hohe Stressexposition von Jugendlichen** aufmerksam, was allein schon deshalb verdienstvoll ist, weil diese oft zu wenig Beachtung findet und oft hinter dem arbeitsbedingten Alltagsstress von Erwachsenen zurücktritt. Zudem hebt er die stresspuffernde Wirkung von Sport hervor, die mit über 30 Studien gut belegt sei, und weist darauf hin, dass die positiven Auswirkungen bei Erwachsenen besser dokumentiert sind als bei Jugendlichen. Interessanterweise erwähnt er auch Studien, denen zufolge sich nicht nachweisen lässt, ob von körperlicher Ertüchtigung eher Frauen oder eher Männer profitieren. Die positiven Wirkungen von Sport gegen Stress bei Jugendlichen können zwar noch nicht als gesichert gelten, doch hebt Gerber eine Reihe sehr bedeutender anderer Wirkungen hervor: Sport und die damit einhergehende Fitness steigern das Selbstwertgefühl, zudem ist Sport sinnstiftend und sozial integrativ. Gerade Letzteres hat auch bei Erwachsenen einen hohen Stellenwert. Da Angst einer der wichtigsten, wenn nicht gar der wichtigste Auslöser von Stressreaktionen ist, kommt dem Befund, dass Sport Angst reduzieren kann, eine besondere Bedeutung zu. Hierzu liegen mehrere Meta-Analysen vor [8]. Wie eingangs erwähnt, spielt bei derartigen Untersuchungen eine große Anzahl von Variablen eine Rolle, und wer sich über die Probleme und die Komplexität der Auswirkungen körperlicher Ertüchtigung auf Stimmung und Psyche genauer informieren möchte, ist gut beraten, die hier zitierten beiden Werke zu konsultieren [8, 9].

## Literatur

[1] Franklin TB, Saab BJ, Mansuy IM. Neural mechanisms of stress resilience and vulnerability. *Neuron* 2012; 75: 747–761.

[2] Steinmann RM. *Spiritualität – die vierte Dimension der Gesundheit.* Reihe Psychologie des Bewusstseins. Hrsg. von Belschner W, Walach H. Wien: LIT Verlag; 2012.

[3] Grant JA, Duerden EG, Courtemanche J. Cherkasova M, Duncan GH, Rainvielle P. Cortical thickness, mental absorption and meditative practice: Possible implications for disorders of attention. *Biological Psychology* 2013; 92: 275–281.

[4] Hölzel BK, Carmody J, Vangel M, Congleton C, Yerramsetti SM, Gard T, Lazar SW. Mindfulness practice leads to increases in regional brain gray matter density. *Psychiatry Research* 2011; 191: 36–43.

[5] Hilbrecht H. *Meditation und Gehirn.* Stuttgart: Schattauer; 2010.

[6] Zimmermann M, Spitz C, Schmidt S. *Achtsamkeit – Ein buddhistisches Konzept erobert die Wissenschaften.* Bern: Hans Huber; 2012.

[7] Creswell JD, Irwin MR, Burklund LJ, Lieberman MD, Arevalo JM, Ma J, Breen EC, Cole SW. Mindfulness-based stress reduction training reduces loneliness and proinflammatory gene expression in older adults: A small randomized controlled trial. *Brain Behaviour and Immunity* 2012; 26: 1095–1101.

[8] Fuchs R, Schlicht W. *Seelische Gesundheit und sportliche Aktivität.* Bern: Hogrefe; 2012.

[9] Gerber M. *Sport, Stress und Gesundheit bei Jugendlichen.* Schorndorf: Hofmann; 2008.

# 12. Hirn-Wellness: Wunschdenken oder Wirklichkeit?

## Was dem Körper schlecht bekommt, gefährdet auch das Gehirn

Dass wir unsere Muskulatur und unseren Kreislauf durch regelmäßige körperliche Ertüchtigung nachhaltig stärken können, ist bekannt und unumstritten. Viel weniger klar ist, ob wir dadurch auch die Hirnfunktionen selber positiv beeinflussen können. Zur Beantwortung dieser Frage scheint es uns am einfachsten zu sein, zuerst der Frage nachzugehen, was für schädigende Einflüsse bekannt sind und wie sie sich auf unsere Hirnfunktionen auswirken. Daraus ergibt sich auch die Basis für unsere nachfolgenden Kommentare möglicher förderlicher Maßnahmen. Der Schwerpunkt dieser Betrachtungen liegt dabei auf biologisch-medizinischen Daten.

Es ist sattsam bekannt, dass Fettleibigkeit ein Risikofaktor für die Entstehung von Herz-Kreislauf-Erkrankungen, Typ-2-Diabetes und weiteren gesundheitlichen Problemen ist, doch ist bislang kaum zur Kenntnis genommen worden, dass sie sich auch ungünstig auf das Gehirn und die geistigen Fähigkeiten auswirken kann. Die Hinweise verdichten sich, dass ein Überschuss an Körperfett die Entstehung einer Demenz begünstigt. In einer sehr aufwendigen, in Nordkalifornien durchgeführten Studie wurden 6583 Patienten im

Durchschnitt über 36 Jahre hinweg beobachtet [1, 2]: Mehr als tausend Personen (1049/15,9 %) hatten in diesem Zeitraum eine Demenz entwickelt. Die Patienten waren hinsichtlich ihres Bauchfetts untersucht und in fünf Kategorien eingeteilt worden. In der Gruppe von Patienten mit dem meisten Bauchfett war der Anteil der Demenzkranken dreimal so hoch wie bei den Studienteilnehmern, die einen Body Mass Index von 18,5 bis 24,9 aufwiesen, was einem normalen Wert entspricht. Am schlimmsten traf es jene, die einen Body Mass Index (BMI) von mehr als 30 und gleichzeitig viel Bauchfett aufwiesen. Aus den Ergebnissen, die für eine große Anzahl potenzieller systematischer Fehler (sogenannte Verzerrungen oder Bias) statistisch korrigiert worden waren, folgerten die Autoren, dass ein hoher Bauchfettanteil im mittleren Alter ein erhebliches Demenzrisiko birgt und unbedingt näher untersucht werden sollte. Diese Studie ist deshalb besonders wertvoll, weil sie eine große Gruppe von Personen umfasste und die Auswertung der Daten unter Berücksichtigung zahlreicher möglicher Störfaktoren erfolgte. Präzisere Schlussfolgerungen waren jedoch kaum möglich, da ein stark erhöhter viszeraler Fettanteil auch mit Diabetes, Stress und Entzündungen vergesellschaftet sein kann und diese Beschwerdebilder ebenfalls für Hirnveränderungen verantwortlich sein können, sodass es schwierig ist, den Einfluss der einzelnen Faktoren jeweils genau zu bestimmen.

In dieselbe Richtung, also in die ungünstiger Auswirkungen abdominalen Fetts auf das Gehirn, zielte eine große Studie mit 1799 Probanden beiderlei Geschlechts [3], in der die Autoren untersuchten, ob eine Korrelation zwischen Fettleibigkeit und verschiedenen Hirnparametern (Hirngesamtvolumen, Anteil der grauen Substanz, Volumen des Hippocampus) besteht. Als Maß für die Fettverteilung wählten sie das Verhältnis zwischen Bauch- und Hüftumfang und bestimmten die erwähnten Hirnparameter mittels Magnetresonanztomographie (MRT). Wie sie feststellten, war –

geschlechts- und altersunabhängig – das Volumen von Gehirn und Hippocampus umso kleiner, je größer das Bauch-zu-Hüft-Verhältnis war. Anders ausgedrückt: Ein Fettbauch hat strukturelle Konsequenzen im Gehirn. In Tierexperimenten wurde wiederholt gezeigt, dass die Fütterung mit fettreicher Nahrung mit kognitiven Leistungseinbußen in verschiedenen Tests einhergeht [3–5]. Untersuchungen an Mäusen, deren Nahrung einen hohen Fettanteil enthielt, zeigten erwartungsgemäß ein erhöhtes Körpergewicht und in einem Labyrinth-Test eine verringerte Leistung, was ein deutlicher Hinweis auf reduzierte kognitive Leistungen ist. Bei der biochemischen Analyse der Mäusegehirne fanden die Autoren auch erhöhte Entzündungswerte und verminderte Werte für den Wachstumsfaktor BDNF [4].

Zahlreiche neurodegenerative Erkrankungen sind mit entzündlichen Prozessen im Gehirn gekoppelt. Fettleibigkeit tritt sehr oft im Rahmen des metabolischen Syndroms (siehe dazu auch Kapitel 7) auf. In einem Übersichtsartikel über die Auswirkungen dieses Syndroms auf die geistige Kapazität der Betroffenen kamen Segura und Jurado zu dem Schluss, dass das metabolische Syndrom mit einer erhöhten Inzidenz von Demenzerkrankungen, einer erhöhten Schädigung der Hirngefäße und auch mit strukturellen Schädigungen des Gehirns einhergeht [6]. Schließlich wurde auch untersucht, wie sich die allostatische Last, die bei Personen mittleren Alters aus vielen Komponenten besteht, auf die kognitiven Funktionen auswirkt. In einer von der *University of California, Los Angeles* (UCLA), und der *Brandeis University* (Massachusetts) initiierten Studie wurden sieben verschiedene biologische Systeme untersucht, die zur allostatischen Last beitragen können. In die Studie waren Personen mittleren und höheren Alters eingeschlossen worden. Unabhängig vom Alter der Personen stellte sich heraus, dass die Gedächtnisleistungen umso schwächer ausfielen, je größer die allostatische Last war.

Der BMI ist zwar ein anerkanntes Maß zur Beurteilung des Körperzustands, man sollte ihn aber nicht überbewerten. Seine Relevanz ist denn auch kürzlich kritisch hinterfragt worden [7]. Was nämlich nicht vergessen werden darf, ist der Umstand, dass ab der Lebensmitte bei beiden Geschlechtern ein Muskelabbau einsetzt und dass anstelle der Muskeln vermehrt Fett eingelagert wird – außer man versucht, dem Muskelabbau durch körperliche Aktivität entgegenzuwirken. Somit täuscht ein stabiles Körpergewicht konstante Verhältnisse vor, was natürlich nicht zutrifft. Ein konstantes Körpergewicht vor allem in der zweiten Lebenshälfte sagt deshalb weit weniger über unseren Gesundheitszustand aus, als es uns lieb wäre. Einige Expertinnen und Experten gehen sogar soweit, dass sie Fitness als wichtigeres Kriterium einstufen als den BMI. Regelmäßige körperliche Ertüchtigung ist gerade deshalb ab der Lebensmitte besonders wichtig.

## Was dem Körper gut tut, hilft auch dem Gehirn

Ausgangspunkt zu nachfolgenden Betrachtungen war ein Gedankenaustausch zwischen McEwen von der *Rockefeller University* in New York und dem Erstautor dieses Buches. Letzterer hatte vor drei Jahren die Idee, dass eine Stellungnahme zum Thema Hirn-Wellness aus neurobiologischer Sicht von allgemeinem Interesse sein dürfte. Im Vordergrund dieser Überlegungen stand die Frage, ob es überhaupt wissenschaftlich fundierte Hinweise dafür gibt, dass sich die Funktionen des Gehirns durch einfache, nichtmedikamentöse Maßnahmen verbessern oder stützen lassen. Psychoaktive Substanzen, die zur Steigerung zerebraler Leistungen diskutiert werden, wurden nicht in diese Betrachtungen einbezogen, da sie selbst unter Experten der Neuropharmakologie kontrovers diskutiert werden. Der rege und über ein Jahr geführte Gedankenaustausch resultierte in einem Arbeitspapier mit dem Titel *Brain Wellness*, das bislang nicht publiziert wurde, sodass sich hier nun die Gelegenheit bietet, die wichtigsten Anregungen vorzustellen, wohlwissend, dass diese Gedanken auf persönlich gefärbten Beurteilungen beruhen und nicht den «offiziellen» Stand der Wissenschaft reflektieren. Dazu wäre die Einbeziehung eines größeren Expertengremiums erforderlich gewesen. Aber da sich beide Autoren mehrere Jahrzehnte lang mit Fragen der Hirngesundheit aus dem Blickwinkel der Stressforschung und Pharmakologie beschäftigt haben, könnten die Schlussfolgerungen dennoch von Interesse sein.

An vorderster Stelle standen zwei Aspekte, nämlich zum einen die **positiven Auswirkungen körperlicher Bewegung** auf das Gehirn und zum anderen die positiven stärkenden Auswirkungen guter, d.h. **verlässlicher, sozialer Beziehungen.** Auf beiden Gebieten schienen uns die biologischen Daten solide genug zu sein, um auch kritischen Fragen standhalten zu können. Ein drittes interessantes Gebiet schien uns die Ernährung zu sein, und zwar konkret die positiven Auswirkungen der viel gepriesenen **mediterranen Küche**, weil sie sich nicht nur auf Herz und Kreislauf, sondern auch auf das Gehirn positiv auswirken soll (siehe unten). Insgesamt erschien es uns aber schwierig, allgemein gültige Empfehlungen zur optimalen Ernährung zu formulieren – abgesehen eben von «mediterraner Küche». Bei der Beurteilung schädigender Einflüsse auf das Gehirn stand chronischer Stress an vorderster Stelle, gefolgt vom Drogenmissbrauch. Neurologische Hirnerkrankungen wurden nicht in die Überlegungen einbezogen.

Es ist gut belegt, dass **regelmäßige körperliche Bewegung** nicht nur vor zahlreichen Zivilisationskrankheiten schützt, sondern auch zu deren Behandlung eingesetzt werden kann. Dazu gehören so relevante Erkrankungen wie Typ-2-Diabetes, Herz-Kreislauf-Erkrankungen, Erkrankungen des Bewegungsapparats sowie Darm- und Brustkrebs, um nur einige zu erwähnen. B. Pederson und B. Saltin aus Kopenhagen gehen bei zahlreichen chronischen Erkrankungen sogar so weit, körperliche Ertüchtigung als therapeutischen Ansatz den Medikamenten gleichzustellen; die Evidenz für diese Behauptung haben sie für eine ganze Reihe nicht übertragbarer Krankheiten in einer umfassenden Veröffentlichung zusammengestellt [8]. Ihrer Meinung nach ist die Wirksamkeit körperlicher Ertüchtigung bei einigen dieser Krankheiten derart überzeugend, dass sie sich als Alternative zu Medikamenten förmlich aufdrängt. Ein gewichtiges Argument für diesen Ansatz sei das Auftreten von deutlich weniger Nebenwirkungen. Die Autoren haben für zahlreiche Krankheiten Empfehlungen zusammengetragen, wie und in welchem Ausmaß Bewegung und Sport therapeutisch eingesetzt werden können und was dabei besonders zu beachten ist. Der Wissenschaftsjournalist Jörg Blech hat zu diesem Thema eine interessante Monografie mit dem Titel *Bewegung als Heilmittel* verfasst [9]. Die Empfehlung, sich genügend und regelmäßig zu bewegen, ist zwar ins Bewusstsein der Bevölkerung vorgedrungen, aber – so steht zu fürchten – wieder ins Unterbewusstsein verdrängt worden. Denn nicht viele Menschen folgen dieser Empfehlung, vor allem jene im mittleren bis fortgeschrittenen Alter nicht, weil in diesem Lebensabschnitt oft andere Prioritäten vorherrschen. Dabei wäre es im mittleren Alter besonders wichtig, sich um Bewegung, also körperliche Ertüchtigung im weitesten Sinne, zu bemühen. Es gibt Hinweise darauf, dass sich regelmäßige Bewegung während dieses Lebensabschnitts positiv auf die Gesundheit in der zweiten Lebenshälfte auswirkt. Wahrscheinlich ist aber noch immer zu wenig bekannt, dass es bei dieser Empfehlung um sehr viel mehr geht als nur um die Stabilisierung oder die Reduktion des Körpergewichts. Die positiven Auswirkungen auf die Gesundheit greifen sehr viel weiter und schließen sehr wahrscheinlich auch positive Wirkungen auf das emotionale Wohlbefinden und die geistige Fitness mit ein.

## Bewegung ist «Dünger» fürs Gehirn

Einer über Jahrzehnte hinweg vertretenen Ansicht der Neurobiologie zufolge übt das Gehirn ziemlich isoliert vom Rest des Körpers im Schädel das Kommando über uns aus. Insbesondere die Hirndurchblutung werde streng kontrolliert und konstant gehalten. Gemäß dieser überholten Hypothese hätten wir also keine Möglichkeiten, in unseren Hirnstoffwechsel einzugreifen. Studien mit modernen Techniken haben indes den klaren Beleg erbracht, dass wir sehr wohl Einfluss nehmen und unsere Hirndurchblutung durch Bewegung steigern können. Die Auswirkungen regelmäßig praktizierter körperlicher Ertüchtigung gehen dabei weit über die Steigerung der Hirndurchblutung hinaus. Die Bedeutung dieser Entdeckung kann gar nicht hoch genug bewertet werden, und wenn wir Möglichkeiten zur Stärkung des Gehirns aus biologischer Sicht diskutieren, dann ist dies einer der am besten gesicherten Befunde überhaupt. Diese Botschaft ist aber noch lange nicht überall angekommen – vor allem nicht in den Schulen. Dabei wäre es besonders wichtig, den Schülern diese Botschaft zu vermitteln, denn schließlich hilft körperliche Bewegung ihren Gehirnen gleich mehrfach. Dies würde aber voraussetzen, dass die Unterrichtenden selbst besser informiert wären, um diese wichtigen Erkenntnisse mit Engagement und Begeisterung weitergeben zu können.

In den 1970er-Jahren begann sich abzuzeichnen, dass ältere, körperlich aktive Personen bezüglich ihres geistigen und emotionalen Zustands in besserer Verfassung sind als Personen, die sich nicht bewegen bzw. keiner sportlichen Aktivität nachgehen. Den Startschuss zur Erforschung der Prozesse, die diesem vielversprechenden Phänomen zugrunde liegen, gab

Carl Cotman von der *University of California*, Irvine (UCI)[19]. Cotman hatte damit begonnen, den Zusammenhang zwischen körperlicher Aktivität und Hirnleistung systematisch zu untersuchen. Ihn ließ der Befund, dass ältere Personen von körperlicher Ertüchtigung mental profitieren, nicht los. Er beauftragte seine Studentinnen und Studenten deshalb, Experimente durchzuführen, bei denen Labormäuse die Möglichkeit bekamen, sich in einem Laufrad zu bewegen. Den aktiven, also «sportlichen» Mäusen wurde eine zweite Gruppe von Mäusen gegenübergestellt, die in ihrem Käfig kein Laufrad zur Verfügung hatten und sich in der Folge viel weniger bewegten. Fitte Mäuse, die Zugang zu einem Laufrad haben, laufen begeistert und freiwillig rund 5 km pro Tag. Gemessen an ihrer Körpergröße ist dies gewiss eine beachtliche physische Leistung. Drei Wochen später wurden die Mäuse beider Gruppen geopfert und ihre Gehirne hinsichtlich des bereits intensiv untersuchten Hirnwachstumsfaktors **BDNF**[20] untersucht: In den Hippocampi, also den Gedächtniszentren, der Mäuse, die im Rad gelaufen waren, fand sich eine signifikant erhöhte BDNF-Konzentration. BDNF verhielt sich also genau so, wie man es von einer chemischen Substanz erwarten würde, die dieses Gehirnareal funktionell fördern soll. Dieses Ergebnis versetzte die Forscher in helle Begeisterung, war doch damals bereits gut belegt, dass BDNF bei Gedächtnisprozessen eine bedeutende förderliche Rolle spielt.

19 Cotman ist Gründer und Direktor des dort angesiedelten Instituts für Gedächtnisstörungen und neurologische Erkrankungen. Im Rahmen des 11. Alzheimer-Kongresses wurde er 2008 für sein Lebenswerk, die Forschung auf dem Gebiet der Alzheimer-Erkrankung und ihrer Behandlung, mit dem *Lifetime Achievement Award* geehrt. Diese besondere Auszeichnung erhalten Personen, deren Forschung die Lebensqualität von Millionen von Menschen konkret verbessert hat – für einen Wissenschaftler wohl einer der größten Erfolge.

20 BDNF steht für *brain derived neurotrophic factor*, einen wichtigen Wachstumsfaktor mit zahlreichen Funktionen im Gehirn.

Cotman und Mitarbeiter wiederholten die Experimente und kamen wiederum zu demselben Ergebnis. Das biologische Wirkspektrum von BDNF ist derart vielfältig, dass es so aussah, als sei dies der Stoff, der unser Gedächtnis reguliert oder zumindest eine wichtige Rolle dabei spielt. BDNF ist in der Lage, die Anzahl der synaptischen Kontakte zwischen den Zellen des Hippocampus zu erhöhen, also mehr Verbindungen zwischen den Zellen zu generieren. Zudem erhöht dieser Wachstumsfaktor die Plastizität[21] der Kontakte, was im Kontext der Gedächtnisbildung als besonders wichtig erachtet wird. Ferner fördert BDNF die Entstehung neuer Zellen im Hippocampus und begünstigt die Vernetzung und somit das Überleben dieser neu entstandenen Zellen. Cotman selbst wies nach, dass eine ein- bis dreiwöchige Aktivität im Laufrad das Erinnerungsvermögen von Mäusen in einem Labyrinth-Test signifikant verbessert. Bei diesen Tests, von denen es mehrere Varianten gibt, muss das Nagetier sich in einem Labyrinth daran erinnern, in welchem der sechs bis acht Arme eine Futterbelohnung bereitliegt. Bei einer anderen Variante wird das Tier in ein mit Wasser gefülltes Labyrinth gesetzt, in dem es schwimmend eine versteckte Plattform finden muss, um dem ungeliebten Wasser zu entkommen. Der Befund, dass körperliche Aktivität die Konzentration von BDNF im Gehirn erhöht, ist auch insofern sehr interessant, als bei verschiedenen Hirnerkrankungen die Konzentration von BDNF im Blut und Gehirn reduziert ist. Dies trifft auf die Alzheimer- und Parkinson-Krankheit sowie auf Depressionen zu.

Die Entdeckung der Cotman-Gruppe weckte das Interesse vieler Neurobiologen. Cotman löste mit seinen bahnbrechenden Studien einerseits weitere Forschungsaktivitäten

21 Plastizität bezeichnet das Phänomen, dass die Kontaktstellen zwischen den Hirnzellen gebahnt oder gehemmt werden, wenn sie benutzt werden, und genau dies geschieht während der Festigung eines Gedächtnisinhalts.

aus, andererseits waren seine Befunde von großer praktischer Bedeutung. Die Daten belegten auf molekularer Ebene, warum es sich lohnt, sich genügend zu bewegen [10]. Anderen Forschungsgruppen gelang es in den folgenden Jahren, eine Reihe weiterer **Wachstumsfaktoren** zu identifizieren, die nach körperlicher Ertüchtigung freigesetzt werden und ebenfalls ins Gehirn gelangen. Einige der wichtigeren sind in **Abbildung 5** schematisch festgehalten. Dazu gehört zunächst der *Insulin Like Growth Factor* 1 (**IGF1**). Dieser sehr potente Wachstumsfaktor gelangt bei körperlicher Aktivität über das Blut ins Gehirn und hilft den neu gebildeten Hirnzellen im Hippocampus, sich optimal zu entfalten. Er fördert das Wachstum und die Ausreifung von Hirnzellen, die Synthese von Neurotransmittern und die synaptische Plastizität. Gut untersucht ist auch der *Vascular Endothelial Growth Factor* (**VEGF**), der im Körper für die Bildung neuer Blutgefäße zuständig ist. Dies führt beispielsweise dazu, dass in den Muskeln bei intensivem Training neue Blutgefäße gebildet werden, um die erforderliche erhöhte Versorgung mit Sauerstoff und Nährstoffen zu gewährleisten. Was eine erhöhte Zufuhr von VEGF im normalen Gehirn alles bewirkt, ist nicht restlos geklärt. Der *Fibroblast Growth Factor 2* (**FGF2**) hat unter anderem Funktionen bei der Hirnentwicklung. Interessant sind auch die Untersuchungen über ein Wachstumshormon, den humanen Wachstumsfaktor (HGF), der die Blut-Hirn-Schranke zu durchdringen und in verschiedenen Hirnregionen, so auch im Hippocampus, an Rezeptoren zu binden vermag. Es ist daher nicht erstaunlich, dass sich dieses Hormon stärkend auf die Gedächtnisleistung auswirkt. **HGF** ist, wie der Name schon sagt, für das Körperwachstum entscheidend. Bei einem HGF-Mangel in jungen Jahren resultiert ein vermindertes Körperwachstum. Das Hormon wird von der Hypophyse ausgeschüttet, und körperliche Aktivität fördert seine Freisetzung. Es gibt Hinweise darauf, dass die Freisetzung von HGF um das 40. Lebensjahr zu versiegen beginnt

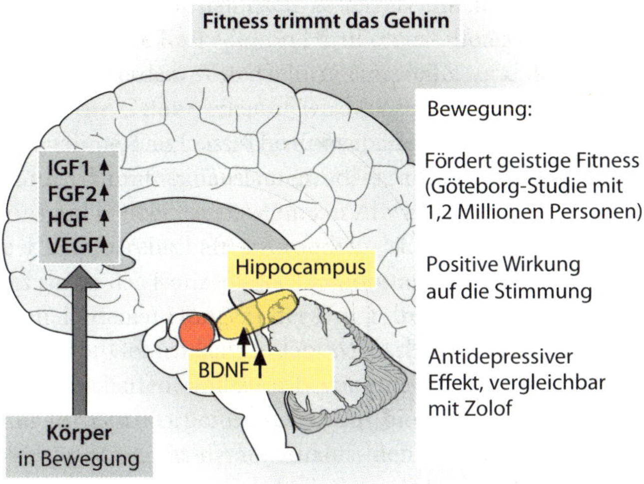


**Abbildung 5: Auswahl von Molekülen, die von aktiven Muskeln in die Blutbahn ausgeschüttet werden und auf diesem Weg ins Gehirn gelangen.** Sie lösen zahlreiche biologische Effekte aus: bessere Vernetzung von Hirnzellen, Bildung neuer Blutgefäße, bessere Vernetzung der neu gebildeten Zellen im Hippocampus und Einbau der Zellen ins zelluläre Netzwerk. Diese Wirkungen werden dahingehend interpretiert, dass sie mitverantwortlich sind für die positiven Auswirkungen körperlicher Aktivität auf die Gehirnleistungen.

und diese Entwicklung durch regelmäßige körperliche Betätigung hinausgezögert werden kann.

Bahnbrechende Untersuchungen wurden später von Bente Pederson, der Direktorin des Instituts für Metabolismus und Infektionen in Kopenhagen, veröffentlicht. Sie fand heraus, dass aus der aktiven Körpermuskulatur über 700 verschiedene Stoffe in die Blutbahn freigesetzt werden, denen sie den Namen **Myokine** gab (von griech. *mys/myos* = Muskel) [11]. Zu den Myokinen gehören vor allem Peptide, also Eiweißbruchstücke, und Zytokine. **Zytokine** bilden eine große

Gruppe von Peptiden, die an der Vermehrung und Ausdifferenzierung anderer Zellen und bei Immunreaktionen beteiligt sind. Noch sind lange nicht alle Stoffe, die aus den Muskeln austreten, chemisch identifiziert, aber von einigen weiß man, dass es sich um Wachstumsfaktoren handelt, die auch sonst im Körper wichtige Funktionen ausüben und schon vorher bekannt waren. Diese Entdeckung belegt, dass die Muskeln nicht einfach Befehlsempfänger sind, die tun, was ihnen das Nervensystem vorgibt. Vielmehr werden sie als Reaktion auf ihre Aktivierung selbst zu einer Art sekretorischem Organ, das zahlreiche Stoffe in die Blutbahn ausschüttet, die ihre Wirkung in anderen Organen wie etwa der Leber, dem Fettgewebe oder eben dem Gehirn entfalten. Der Muskel funktioniert somit wie ein klassisches hormonproduzierendes Organ, das die Fähigkeit hat, andere Organleistungen über die Blutbahn zu beeinflussen.

Ein Stoff, der im Muskel identifiziert wurde und besondere Aufmerksamkeit erregte, trägt den wohlklingenden Namen **Irisin**. Er ist für zahlreiche positive Auswirkungen der körperlichen Bewegung verantwortlich. Insbesondere konnte nachgewiesen werden, dass Irisin bei erhöhter Muskelaktivität vermehrt freigesetzt wird und dass sich unter seinem Einfluss im Körper weißes in braunes Fettgewebe umwandelt [12]. Letzteres ist die Art von Fettgewebe, die in der Lage ist, Fett zu verbrennen, und dadurch hilft, Körpergewicht abzubauen. Der aktivierte Muskel synthetisiert auch Stoffe, die sein eigenes Wachstum beeinflussen, und solche (wie IGF1), die sich positiv auf das Knochenwachstum auswirken. Je gründlicher diese Mechanismen studiert und aufgeklärt werden, desto verständlicher wird es, warum körperliche Aktivität ein derart breites Spektrum an positiven Wirkungen auf den ganzen Körper ausübt. Und die Forschung macht laufend neue Entdeckungen. Auch genetische Analysen haben gezeigt, dass bei Muskelkontraktionen mehr als 1000 Gene aktiviert werden. Unter diesen dürften vermutlich einige sein, die Proteine oder Peptide synthetisieren können, welche dann als Botenstoffe auf Gehirn und Körper einwirken. Umgekehrt könnte es sein, so spekuliert Frau Pedersen, dass diese Stoffe für die Auslösung von Krankheiten verantwortlich sind, wenn sie nicht mehr zur Verfügung stehen, was bei einem inaktiven Lebensstil passieren kann. Cotman hat die Fülle an biochemischen Daten über die Auswirkungen körperlicher Ertüchtigung auf das Gehirn in einer schönen Übersichtsarbeit zusammengefasst. Sein Artikel schließt mit der Bemerkung, dass sich aerobe körperliche Ertüchtigung angesichts ihrer zahlreichen Wirkungen eigentlich positiv auf die kognitiven Leistungen des Gehirns auswirken sollte [10].

Am traumhaft über dem Pazifik gelegenen *Salk Institute* bei La Jolla in Südkalifornien arbeitet Fred Gage seit vielen Jahren an der Frage, was für Auswirkungen körperliche Ertüchtigung auf den Hippocampus hat. Ihn interessiert die Wirkung auf die bereits erwähnten Stammzellen, die im Hippocampus laufend und bis ins hohe Alter für Zellnachschub sorgen. Auch er arbeitet an Nagetieren, um invasiv das Schicksal dieser neu geformten Zellen genau verfolgen zu können. Er vertritt die Ansicht, dass diese fortlaufend neu gebildeten Hirnzellen dafür verantwortlich sind, dass sich neue Gedächtnisinhalte überhaupt im Gehirn festigen können. Seine Untersuchungen haben gezeigt, dass körperliche Aktivität nicht nur die Entstehungsrate neuer Zellen steigert, sondern dass diese neuen Zellen besser ins Hirngewebe eingebaut werden und folglich auch länger überleben können [13]. Stress hemmt die Entwicklung und das Überleben dieser Stammzellen, was sich gemäß dieser Hypothese schädigend auf die kognitiven Funktionen auswirken muss.

Bislang wurden lediglich Tierdaten präsentiert. Die entscheidende Frage ist aber, ob sich auch ähnliche positive Auswirkungen auf die kognitiven Leistungen beim Menschen nachweisen lassen. Für ein abschließendes Urteil ist es zwar noch etwas zu früh, doch legen verschiedene Untersuchungen nahe, dass dies auch für den Menschen zutreffen dürfte. In einer in diesem Kontext oft zitierten Studie haben Kirk I. Erickson und Mitarbeiter aus Pittsburgh an 120 älteren Personen nachweisen können, dass aerobes Training das Volumen des Hippocampus vergrößert und das räumliche Gedächtnis verbessert [14]. Sie fanden – und dieser Befund steht in Einklang mit den Ergebnissen vorangehender tierexperimenteller Studien –, dass der wichtige Hirnwachstumsfaktor BDNF im Serum der trainierten Personen signifikant erhöht war. Diese Studie ist gerade deshalb herausragend, weil sie prospektiv ist, das heißt, es wurden Messwerte vor Beginn des Trainings mit Werten nach Beendigung des Trainings an derselben Gruppe von Personen verglichen.

In einer Übersichtsarbeit über die Auswirkungen von aerobem Training auf das Gehirn kommen Hillmann und Mitarbeiter [15] zu dem Schluss, dass aerobes Fitnesstraining sowohl zu verbesserter physischer als auch mentaler Gesundheit führen könnte, wobei sich die Effekte gar lebenslang auswirken dürften. Sie zitieren auch vier Humanstudien, in denen nachgewiesen wurde, dass sportlich aktive Menschen ein Hirnstrommuster (EEG) aufweisen, das in mehreren Frequenzbereichen über jenem inaktiver Personen liegt: Dies ließ sich anhand der Thetawellen (4–8 Hz), der Alphawellen (8–13 Hz) und der Betawellen (13–20 Hz) nachweisen und stützt die Hypothese, dass körperlich aktive und fitte Menschen ein aktiveres Hirnstrombild aufweisen [14]. Schließlich verdient auch eine kritische und sorgfältig durchgeführte Meta-Analyse Erwähnung, in der Smith und Mitarbeiter 29 randomisierte kontrollierte Studien[22] zusammenfassend untersuchten und zu dem Schluss kamen, dass physisches

22 *Randomised Controlled Trials* (RCTs) gelten als Studien mit dem besten Studiendesign und besonders hoher Aussagekraft, weshalb sie in der medizinischen Forschung auch als «Goldstandard» angesehen werden.

Training bei gesunden Erwachsenen positive Effekte auf das Gedächtnis und die Aufmerksamkeit hat [16].

In ein paar Studien wurde auch der Zusammenhang zwischen körperlicher Fitness und kognitiver Leistung bei Kindern und Jugendlichen untersucht. In einer Meta-Analyse von Studien mit Schulkindern konnten für mehrere kognitive Parameter positive Effekte, die mit physischer Aktivität korrelieren, nachgewiesen werden. Positiv beeinflusst waren unter anderem der Intelligenzquotient, die Aufnahmefähigkeit sowie mathematische Fähigkeiten. Einzig das Gedächtnis wurde nicht beeinflusst [17–20]. Es gibt eine Reihe sehr großer retrospektiver Studien aus Kalifornien, Schweden und Finnland, die alle in die gleiche Richtung weisen: dass nämlich körperlich fitte Jugendliche auch geistig fitter sind. Die in Kalifornien und Schweden durchgeführten Studien umfassten jeweils mehr als eine Million Jugendliche. Retrospektive Studien sind aber mit Fragezeichen behaftet. So könnte es sein, dass klügere Jugendliche eher einsehen, dass sportliche Aktivität ihnen gut tut und dieser Umstand die Daten von vornherein verzerrte.

Zu diesem Thema haben John Ratey und Eric Hagerman eine eindrückliche Begebenheit recherchiert. In ihrem Buch *Superfaktor Bewegung* [21] beschreiben sie ein bahnbrechendes Experiment, das in einem amerikanischen Schulbezirk in der Nähe von Chicago, genauer dem *Naperville District 203*, durchgeführt wurde und das sich auch auf zahlreiche andere Schulen in den USA ausgewirkt hat. Die Schüler dieses Schulbezirks nahmen regelmäßig an internationalen Wettbewerben teil, in denen ihre Fähigkeiten in Mathematik und den Naturwissenschaften gemessen und verglichen wurden, so etwa an dem seit 1995 stattfindenden TIMSS[23], an dem

---

23 *TIMSS – Trends in International Mathematics and Science Study* ist eine international vergleichende Schulleistungsuntersuchung, die seit 1995 im vierjährlichen Turnus von der *International Association for the Evaluation of Educational Achievement* (IEA) durchgeführt wird.

manchmal mehr als 200 000 Personen teilnehmen. Die Schülerinnen und Schüler von Naperville lagen mit ihren Leistungen deutlich hinter den Leistungen der asiatischen Teilnehmer aus Peking, Singapur, Hongkong und Tokio zurück. Darüber ärgerten sich einige Lehrer von Naperville ganz gewaltig. Um Abhilfe zu schaffen, griffen sie zu einem wirklich erstaunlichen Mittel: Einer der Sportlehrer hatte in einem Artikel gelesen, dass körperliche Ertüchtigung die geistige Leistungsfähigkeit steigern könne. Sie beschlossen deshalb, dieser Behauptung nachzugehen. Den Unterricht in den naturwissenschaftlichen Fächern ließen sie unverändert, was schon sehr verwunderlich war, denn auf den ersten Blick wäre es vielleicht sinnvoller erschienen, die Schüler mehr Physik und Chemie pauken zu lassen. Stattdessen schickten sie die Schülerinnen und Schüler jeden Morgen vor Unterrichtsbeginn – sie nannten diese «nullte» Schulstunde «Zero Hour» – auf die Aschenbahn, wo sie vier Runden drehen, also rund 1 Meile (ca. 1,6 km) laufen sollten. Alle Schüler waren mit einem Pulsmesser ausgerüstet und hatten die Order, ihren Puls im Schnitt auf über 185 zu halten, was in etwa 85 bis 90 Prozent ihrer maximalen Herzfrequenz entspricht. Dann ging es – natürlich nach dem Duschen – ab in den Unterricht. Beim nächsten internationalen Wettbewerb belegten die Jugendlichen aus Naperville in den Naturwissenschaften Platz 1 und in Mathematik Platz 6. Sie ließen in den naturwissenschaftlichen Fächern alle Asiaten hinter sich, ebenso auch alle anderen amerikanischen Schulen, die weit abgeschlagen waren. Nach diesem sensationellen Erfolg begann die Schule, ihr Sportangebot massiv auszubauen. Es soll dort jetzt wie in einem Fitness-Center zugehen. Besagter Sportlehrer hatte das Lauftraining ursprünglich vorgeschlagen, weil er beobachtet hatte, wie inaktiv viele Schüler während des Sportunterrichts herumstanden. Er sah, dass die einzelnen Schüler und Schülerinnen oft lange warten mussten, bis sie selber ein Gerät benutzen konnten. Er kam zu dem Schluss, dass der konventionelle Sportunterricht die Jugendlichen viel zu wenig forderte. Die Schule hatte mit ihrer Initiative den üblichen Schulsport ganz auf Fitness umgestellt – und wurde belohnt. Ihre Devise lautete: ***Fitness statt Sport.*** Die Schüler selbst sagten, sie seien nach der Morgenfitness viel aufmerksamer und konzentrierter im Unterricht. Dieses erfolgreiche Experiment hatte eine enorme Signalwirkung und fand in den amerikanischen Medien große Aufmerksamkeit. Mehrere hundert Schulen sollen sich in Naperville Beratung geholt und dann in ihren Schulen ein ähnliches Fitnessprogramm aufgebaut haben. Die ganze Bewegung läuft überall unter der Bezeichnung *Fitness, not Sport.* In einer Schule in Titusville, Pennsylvania, wurde der Effekt dieses Sportprogramms auf die kognitive Leistungsfähigkeit der Jugendlichen gleich von Anfang an gemessen. So konnte man die Leistung der Schüler vor Trainingsbeginn mit jener nachher vergleichen. Und in der Tat wurde dabei eine signifikante Verbesserung in Bezug auf Mathematik und Lesefähigkeit festgestellt.

Ganz ähnliche positive Ergebnisse berichteten kürzlich Booth und Mitarbeiter in einer 2014 veröffentlichten Studie, an der 4755 englische Schülerinnen und Schüler im Alter von 11, 13 und 16 Jahren teilnahmen [22]: Ihr Bewegungsprofil wurde individuell mithilfe eines Aktometers bestimmt, und ihre geistigen Fähigkeiten wurden in den Fächern Englisch, Mathematik und Naturwissenschaften geprüft. Die akademischen Leistungen korrelierten mit der bei ihnen gemessenen physischen Aktivität, wobei die Resultate für die aktivsten unter ihnen statistisch signifikant ($p < 0{,}05$) waren. Die Autoren empfehlen den englischen Schulen aufgrund der erhobenen Daten, ihr Sportprogramm auszubauen, weil es das geistige Potenzial der Schüler vergrößert. Bei den Mädchen wurden positive Effekte in den naturwissenschaftlichen Fächern verzeichnet, was von den Autoren besonders hervorgehoben wird, zumal Mädchen sich zu den naturwissenschaftlichen Fächern oft weniger hingezogen fühlen.

## Wie viel Bewegung darf/müsste es bei Erwachsenen sein?

Die Antwort auf diese Frage hängt neben Alter, Gesundheitszustand und Fitness davon ab, was jemand erreichen möchte und wie viel Zeit er dafür aufzuwenden bereit ist. Die Weltgesundheitsorganisation empfiehlt der Altersgruppe der 18- bis 64-Jährigen, sich wöchentlich 150 Minuten bei mittlerer Intensität oder 75 Minuten bei erhöhter Intensität zu bewegen. Ob dies ein Minimalprogramm oder schon das Optimum darstellt, hängt von der einzelnen Person ab. Es ist aber eher als minimale Empfehlung zu betrachten. Mehr dürfte besser sein. Aber schon kurze, regelmäßig ausgeführte Aktivitäten können sich bereits positiv auf die Gesundheit und die Lebenserwartung auswirken. Dies geht aus einer mit riesigem Aufwand betriebenen prospektiven Studie aus Taiwan hervor, die 2011 veröffentlicht wurde [23]. In der Studie, die sich über den Zeitraum von 1996 bis 2008 erstreckte, gingen die Autoren der Frage nach, ob schon weniger als die empfohlenen 150 Minuten körperlicher Aktivität pro Woche sich positiv auf die Lebensqualität auswirken würde. An der Studie nahmen über 400 000 Personen (rund 199 000 Männer und etwa 217 000 Frauen) teil, die unter Berücksichtigung ihrer wöchentlichen körperlichen Aktivitäten fünf Gruppen zugeteilt wurden. Bereits die unterste Gruppe, die gerade einmal 93 Minuten wöchentlich trainierte, gewann im Schnitt drei Lebensjahre. Mit jeder weiteren Viertelstunde körperlicher Ertüchtigung pro Woche reduzierte sich die Sterblichkeit gegenüber der Gruppe komplett inaktiver Personen um jeweils 4 Prozent. Gleichzeitig reduzierte sich die Wahrscheinlichkeit, an Krebs zu erkranken, pro zusätzlichen 15 Minuten Training um 4 Prozent. Die Ergebnisse waren unabhängig vom Geschlecht. Über das aerobe Fitnesstraining hinaus empfiehlt die WHO Erwachsenen, zweimal pro Woche ein Krafttraining zu absolvieren. Wer davon zum ersten Mal hört, dürfte über das Ausmaß des wünschenswerten Trainings erstaunt sein. Der zeitliche Aufwand fällt vor allem bei jungen Erwachsenen ins Gewicht, denn im Alter zwischen 18 und 34 Jahren wird immer weniger Zeit für die körperliche Ertüchtigung aufgewendet. Gemäß einer Studie der Schwenninger Krankenkasse verbringen junge Bundesbürger im Alter zwischen 18 und 34 Jahren «mindestens drei Stunden täglich vor dem Fernseher und weitere drei Stunden vor Computer, Tablet und Handy» (Bericht über diese Ergebnisse durch die Stiftung «Die Gesundarbeiter» der Schwenninger Krankenkasse in einer Pressemitteilung 2013). Angesichts dieser Zahlen sind die Möglichkeiten, sich durch sportliche Betätigung auf die größeren gesundheitlichen Herausforderungen vorzubereiten, die im mittleren und fortgeschrittenen Alter auf uns warten, damit natürlich eingeschränkt.

## Bei Jugendlichen ist deutlich mehr Bewegung angezeigt

Bei Jugendlichen sieht es etwas anders aus. Da wäre ein deutlich größeres Engagement wünschenswert. Im Jahre 2004 setzten sich in den USA 13 Experten mit unterschiedlichem fachlichem Hintergrund zusammen, um herauszufinden, wie sich sportliche Betätigung auf die körperliche und geistige Gesundheit Jugendlicher auswirkt. Es wurden viele Aspekte untersucht, angefangen bei der Knochendichte über die geistigen Fähigkeiten bis hin zu psychischen Störungen und natürlich Fettleibigkeit. Sie analysierten 850 publizierte Studien und kamen zu dem Schluss, dass eine Stunde körperlicher Betätigung für Jugendliche pro Tag optimal wäre (siehe die Beschreibung dazu in [21]. Die Expertengruppe gelangte zu dem Schluss, dass körperliche Ertüchtigung bei Jugendlichen einen positiven Effekt auf Gedächtnis, Konzentration und Verhalten im Klassenzimmer hatte.

Wie wirken sich die Aktivitäten während der Adoleszenz auf das spätere Leben aus? Körperliche Ertüchtigung während der Adoleszenz hat eine Langzeitwirkung. Dies geht aus einer retrospektiven Untersuchung in Schweden an 1,5 Millionen Menschen hervor. Personen, die als Jugendliche aktiv waren, erreichten im Schnitt als Erwachsene mittleren Alters einen höheren sozialen Status. Da es sich hierbei aber um eine retrospektive Studie handelt, ist nicht sicher, ob sich nicht von vornherein jene Menschen zum Sport hingezogen fühlten, die an sich eine aktivere und positivere Lebenseinstellung hatten.

Wir wollen es an dieser Stelle bei diesen Beispielen bewenden lassen, denn die Gesamtliteratur ist viel zu umfangreich, um sie im Rahmen dieses Buches umfassend darstellen zu können. Zusammenfassend können wir festhalten, dass Studien an Mensch und Tier Hinweise auf hirnleistungsverstärkende Effekte durch körperliche Ertüchtigung geben, die zwar noch mit Fragen behaftet sind, die aber insgesamt nahelegen, dass sportliche Aktivität sich positiv auf das Gehirn auswirkt. Der Psychiater John Ratey, der sich intensiv mit dieser Frage beschäftigt hat, kommt zu dem Schluss, dass körperliche Ertüchtigung «das beste Mittel ist, um seine Hirnfunktionen zu optimieren» [21]. Dieses Potenzial gilt es weiter zu erforschen. Denn zu den wichtigen Fragen der Trainingsintensität, der Dauer und des optimalen Trainingsanfangs gibt es bislang noch zu wenige Studien.

## Die mediterrane Küche hat positive Wirkungen auf Gesundheit, Emotionen und kognitive Funktionen

Die optimale Ernährung schlechthin oder gar die optimale Ernährung für das Gehirn zu definieren, ist ein schwieriges Unterfangen, zumal es dazu, wie wir bereits dargestellt haben, verschiedene und oft auch kontroverse Ansichten gibt. Wer die in der Öffentlichkeit geführten Debatten zu Ernährungsfragen verfolgt, weiß, dass die Meinungen zum Thema «gesunde Ernährung» teilweise recht weit auseinanderklaffen. Eine generell gültige Empfehlung bleibt daher ein heikles Unterfangen, zumindest solange es keine großen Studien gibt, in denen verschiedene Ernährungsweisen prospektiv miteinander verglichen werden.

Ausgehend von der Hypothese, dass für das Gehirn gut ist, was auch dem Körper gut tut, sei zunächst auf die positiven Auswirkungen einer **mediterranen Ernährung** hingewiesen. Die bahnbrechende *Lyon Diet Heart Study*, die im Jahre 2001 veröffentlicht wurde, zeigt, dass das Sterberisiko von Herzinfarktpatienten mit einer Ernährung, wie sie früher in Süditalien und weiten Teilen Griechenlands üblich war, gesenkt werden kann. Der Speiseplan dieser sogenannten Kreta- oder Mittelmeer-Diät bestand aus viel Gemüse, Obst, Getreide und Fisch sowie wenig rotem Fleisch. Die Resultate waren derart überzeugend, dass sie auch in die Küche anderer Krankenhäuser Einzug gehalten hat.

Während die positiven Auswirkungen der mediterranen Küche auf Herz und Kreislauf etabliert sind, interessiert hier die Frage, wie sich eine an der mediterranen Küche orientierte Ernährungsweise auf die kognitiven Leistungen des alternden Gehirns sowie bei Alzheimer-Patienten auswirkt. Obwohl diese Untersuchungen noch in einer frühen Phase stecken, gibt es doch schon interessante Studien, die auf eine mögliche Schutzwirkung schließen lassen. In diesem Kontext sei auf eine prospektive Studie aus dem Mittleren Westen der USA hingewiesen, das *Chicago Health and Aging Project*, bei dem ältere schwarze und weiße Personen über 12 Jahre hinweg hinsichtlich der Abnahme ihrer geistigen Fähigkeiten untersucht wurden [24]. Die ursprüngliche Stichprobe umfasste mehr als 6000 Teilnehmer, die alle in einem Altersheim lebten und über 65 Jahre alt waren. Ihre Ernährung wurde hinsichtlich der Befolgung der mediterranen Diätempfehlungen analysiert, und ihre geistigen Fähigkeiten wurden alle drei Jahre anhand von vier bewährten psychologischen Tests erfasst. Insgesamt zeigte sich, dass Personen, die ihre Ernährung der mediterranen Küche am besten angepasst hatten, den geringsten Abfall ihrer geistigen Leistungen zeigten. Die Mechanismen, über die diese bedeutenden Wirkungen der Ernährung zustande kommen, sind zwar noch unklar. Angesichts der großen Zahl von Studienteilnehmern ist dies aber eine wertvolle Studie.

Die mediterrane Ernährung hat auch positive Auswirkungen auf die Befindlichkeit gesunder Personen, wie aus einer großen Studie hervorgeht, die in Spanien mit 3910 Männern und 4285 Frauen im Alter von 35 bis 74 Jahren durchgeführt wurde. Darin wurde untersucht, ob es einen Zusammenhang zwischen der Art der mediterranen Ernährung und der psychischen Befindlichkeit gibt. Die Studienteilnehmer mussten dabei ihren mentalen Zustand selber beurteilen. Die Autoren fanden nach Berücksichtigung verschiedener Faktoren wie Rauchen, chronische Erkrankungen, BMI und weiterer Faktoren, dass es einen klaren Zusammenhang zwischen der psychischen Befindlichkeit und der Befolgung einer mediterranen Ernährungsweise gibt [25]. Zu einem vergleichbaren Ergebnis kamen Ford und Mitarbeiter in den USA, die an 9255 Personen die Frage zu beantworten versuchten, ob sich eine an Gemüsen, Früchten und Nüssen reiche Ernährungsweise im Vergleich zu einer traditionellen westlichen Ernährung positiver auf die Stimmungslage der Personen auswirkte [26]. Nach Berücksichtigung zahlreicher möglicher Verzerrungen der Daten durch Faktoren wie Alter, Schlafdauer, körperliche Aktivität und Alkohol konnte wiederum gezeigt werden, dass die mediterrane Ernährung der vor allem an Fastfood und Süßigkeiten reichen westlichen Ernährungsweise überlegen war.

Neben der Empfehlung, viele Früchte und Gemüse zu verzehren, schien es lange Zeit klare Richtlinien zu geben, die darauf hinausliefen, beim Fett wegen des Cholesterins Vorsicht walten zu lassen und den Energiebedarf mit Kohlenhydraten zu decken. Dann kam mit *Low Carb High Fat* eine Art Gegenbewegung auf, die aber auch in der Sportmedizin keine breite Akzeptanz gefunden hat. Seit Kurzem wird wieder vermehrt darauf hingewiesen, dass gerade das Gehirn viel Glukose benötigt, um optimal zu funktionieren, was sicher stimmt und was wiederum für die Kohlenhydrate spricht, also vor allem für die komplexeren Kohlenhydrate, die langsam abgebaut werden und dadurch keine starke Insulinfreisetzung provozieren.

Die Diskussion um gesunde Ernährung wird seit ein paar Jahren durch die Vertreter der «paläolithischen» Ernährung bereichert, die eine Art Steinzeitkost propagieren. Sie verzichten auf Getreide, Milch und Zucker und essen ausschließlich Fleisch, Gemüse, Nüsse und Eier. Dahinter steht die Auffassung, dass sich unsere Vorfahren so über Tausende von Jahren ernährt haben dürften und dass dies deshalb auch die beste Ernährungsweise sein müsse. Das Fett steht nicht mehr als Übeltäter da. Dies kommt auch daher, dass die Diskussion um die Bedeutung von **Cholesterin** in der Nahrung erneut aufgeflammt ist. Da ist etwa das Argument zu hören, dass das vom Körper selbst hergestellte Cholesterin quantitativ stärker ins Gewicht falle als das durch die Nahrung aufgenommene. Insbesondere die **Transfette** stehen schon lange auf der Schwarzen Liste. Seit Fred Kummerow in den USA die Entdeckung machte, dass die Fettablagerungen in den Blutgefäßen des menschlichen Herzens Transfette enthalten und daher als gefährlich einzustufen sind, brauchte es gut 30 Jahre, bis seine Erkenntnisse Eingang in entsprechende Ernährungsempfehlungen gefunden haben. Kummerow hatte schon 1957 erstmals darüber berichtet und in der Zwischenzeit 450 Publikationen zu diesem Thema veröffentlicht. Seine Geduld hatte 2009 ein Ende, als er der amerikanischen Gesundheitsbehörde FDA vorwarf, sie würde seine Entdeckung nicht in konkrete Gesetzesvorgaben umsetzen. Und er sorgt auch weiterhin für

Aufsehen, denn neuerdings meint er, dass die **mehrfach ungesättigten Fettsäuren** aus Pflanzen hinsichtlich der Fettablagerungen in den Gefäßen ebenfalls gefährlich seien, nämlich dann, wenn sie oxidiert sind. Man darf gespannt sein, wie sich diese neu eröffnete Debatte entwickeln wird. Er selbst, so der emeritierte Professor, verzehre täglich ein Ei, trinke mehrere Gläser Vollmilch und esse Fleisch, Gemüse, Nüsse und Vollkornprodukte. Seiner Meinung nach ist das Cholesterin in der Ernährung an sich nicht schädlich. Seine Gesundheit scheint ihm Recht zu geben: Auch im hohen Alter von 99 Jahren geht er noch jeden Tag ins Labor.

Wer einen Blick über den Atlantik wirft, dem dürfte nicht entgangen sein, dass in den USA seit vielen Jahren eine kontroverse Diskussion zum Thema **Zucker** geführt wird, die im Kontext der Auswirkungen von allostatischer Last auf den Körper sehr interessant ist. Chronische Überlastung führt über die vermehrte Kortisolausschüttung dazu, dass Zucker in der Leber vermehrt in Fett umgewandelt wird, das dann als viszerales Fett gespeichert wird. Wie in Kapitel 9 ausgeführt, birgt dieses Fett hinsichtlich Arteriosklerose, Herzinfarkt und Schlaganfall ein besonderes Gefahrenpotenzial. In den USA sind deshalb schon lange sehr kritische Stimmen zu vernehmen, die vor Zucker warnen – übrigens nicht nur wegen der Gefahr der Fettleibigkeit, sondern auch, weil es in den USA Fachleute gibt, die behaupten, Zucker könne Krebs auslösen. In Europa ist diese Debatte noch nicht so richtig angekommen.

All diese Ernährungsdebatten durchzieht aber wie ein roter Faden die Empfehlung für einen an Obst und Gemüse reichen Speiseplan. Dazu passt, dass die mediterrane Ernährung von vielen Fachleuten vorbehaltlos propagiert wird. Auch Nüsse scheinen als gesunde Lieferanten von mehrfach ungesättigten Fettsäuren, die auch noch den Hunger dämpfen, unumstritten zu sein, wobei man allerdings die Quantität nicht aus dem Auge verlieren sollte.

Wissenschaftlich gesehen bleiben die Ernährungswissenschaften ein sehr spannendes Feld. Konkret bedeutet das, dass noch viele Fragen offen sind. Vor diesem Hintergrund fällt es nicht leicht bzw. ist es aktuell unmöglich, individuelle Ernährungsempfehlungen auszusprechen, denn dies würde auf eine personalisierte Ernährungslehre hinauslaufen. Vielen mag das nur recht sein, da sie sich den Genuss am Essen nicht vermiesen lassen wollen. Wir unterscheiden uns nun einmal hinsichtlich unseres Lebensstils, unserer genetischen Ausstattung und unserer Speisepräferenzen ganz erheblich voneinander, und alles wird noch komplizierter, seit sich abzeichnet, dass unsere Darmbakterien möglicherweise mit darüber entscheiden, wie viel Körperfett wir haben und wie gesund wir sind.

## Schützt körperliche Aktivität vor Demenz?

Wenn es auch für ein abschließendes Urteil noch zu früh sein mag, so ist es doch spannend, an dieser Stelle der Frage nachzugehen, ob körperliche Aktivität das Potenzial hat, Demenzen zu verzögern oder gar zu verhindern. Basierend auf den vorangestellten Daten zu den positiven Einflüssen körperlicher Aktivität auf die kognitiven Leistungen des gesunden Gehirns scheint dies zumindest nicht völlig aus der Luft gegriffen zu sein. Zu dieser Frage gibt es in der Tat bereits große Meta-Analysen. Die erste Analyse dieser Art, die damals auf besonders großes Interesse stieß, stammt von den *National Institutes of Health* (NIH), einer Behörde des US-amerikanischen Gesundheitsministeriums. In ihrem 2010 veröffentlichten Expertenbericht[24] folgerten die Autoren, dass körperliche Bewegung (engl. *exercise*) keinen Effekt auf die Entwicklung

24 Der volle Name dieses wichtigen Berichts lautet *NIH Consensus Development Conference Statement on Preventing Alzheimer's Disease and Cognitive Decline.*

des Morbus Alzheimer habe. In Anbetracht der hohen Reputation, die diese Behörde genießt, hätte es nicht verwundern dürfen, wenn dieses Fazit der NIH-Autoren weitere Untersuchungen ausgebremst hätte. Doch glücklicherweise wurden weitere Studien und Meta-Analysen durchgeführt, die zu einer diametral entgegengesetzten Schlussfolgerung gelangten. Die hoch angesehene Mayo-Klinik veröffentlichte ihre eigene Meta-Analyse, in die eine große Anzahl von Studien mit mehrheitlich randomisiertem kontrolliertem Design (siehe dazu Fußnote 3) eingeschlossen und ausgewertet wurden; die Studien waren in großen Datenbanken wie beispielsweise *PubMed* identifiziert worden. In ihrer Analyse fanden die Autoren eine Reihe interessanter Effekte, die sich in etwa wie folgt zusammenfassen lassen: Patienten mit Demenz oder einer leichten kognitiven Störung (engl. *Mild Cognitive Impairment*, MCI) zeigten nach 6 bis 12 Wochen körperlichen Trainings bessere kognitive Leistungen als inaktive Vergleichspersonen. Gesunde Senioren wiesen nach einem Jahr aeroben Trainings größere Hippocampi und ein verbessertes räumliches Gedächtnis auf. Die Autoren stießen beim Vergleich mit inaktiven Kontrollpersonen fortgeschrittenen Alters auch auf Daten, die auf eine reduzierte Abnahme der grauen Substanz nach aerobem Training hinwiesen. Schließlich verweisen sie auf den mittels funktioneller Magnetresonanztomographie (fMRT) erhobenen Befund, dass 6 bis 12 Wochen Training zu einer verbesserten Konnektivität zwischen verschiedenen Hirnarealen führte. Die Autoren der Mayo-Klinik kamen somit zu einem anderen Fazit als die Autoren der NIH. Ihre Hypothese, dass vor allem aerobes Training kognitive Leistungseinbußen reduziert und das Risiko, an einer Demenz zu erkranken, verringert, erfuhr durch die vorhandenen Daten starke Unterstützung.

Das ist aber nicht die einzige Meta-Analyse, die zu dieser Schlussfolgerung kommt. In einer umfassenden Übersichtsarbeit, die 2013 in der angesehenen Zeitschrift *Molecular*

*Psychiatry* veröffentlicht wurde, untersuchten der Australier B.M. Brown und Mitarbeiter prospektive und retrospektive Studien an über 65-Jährigen über die Auswirkungen von körperlicher Ertüchtigung auf die Abnahme der geistigen Kapazitäten im Alter und auf die Entstehung von Demenzen, unter anderem vom Alzheimer-Typ [27]. Im Fazit ihrer Meta-Analyse halten die Autoren fest, dass die positiven Auswirkungen körperlicher Ertüchtigung auf die drei untersuchten kognitiven Variablen klar erkennbar sind, dass es aber noch weiterer Studien bedarf, um präzisere Angaben zur Intensität und Dauer des erforderlichen körperlichen Trainings machen zu können. In eine weitere große Meta-Analyse von Smith und Mitarbeitern waren 29 Studien mit insgesamt 2049 Teilnehmern einbezogen worden [28]. Die Autoren fanden positive Effekte auf das Gedächtnis, die Aufmerksamkeit, exekutive Funktionen und die Geschwindigkeit der Informationsverarbeitung. Allerdings wurden diese Effekte insgesamt als klein eingestuft. Um ein klareres Bild zu gewinnen, ist nach Meinung der Autoren die Durchführung weiterer randomisierter kontrollierter Studien erforderlich.

Möglicherweise hat Bewegung aber auch unmittelbar positive Effekte auf Alzheimer-Patienten. In Köln hat die Tanzschule Hans-Georg Stallnig-Nierhaus positive Wirkungen, insbesondere auf der emotionalen Ebene, an Patienten beobachtet. «*Die Welt*» berichtete darüber ausführlich in ihrer Ausgabe vom 20. September 2013 und meinte dazu, dass es sich um einen bundesweit bislang einmaligen Weg handele, der aber allmählich Schule mache. Alte Melodien scheinen die Patienten zu erreichen, sodass sie sich zu bewegen beginnen. Es seien alte Schlager, aber auch Hiphop, die eine aktivierende Wirkung haben, berichtete der Leiter der Tanzschule. Die Patienten hatten Spaß, und man darf gespannt sein, wie sich dies weiterentwickelt. Die Idee dazu hatte Stefan Kleinstück vom Demenz-Servicezentrum Köln. Wegen der diskutierten positiven Auswirkungen von Bewegung auf biologische Prozesse im Gehirn könnte diese «Tanztherapie» ein interessanter stützender Ansatz sein.

Zweifelsohne sind weitere gezielte Studien notwendig, um das Potenzial von körperlicher Ertüchtigung auf die Entwicklung einer Demenz im fortgeschrittenen Alter genauer abschätzen zu können. Es scheint aber aufgrund der Datenlage nicht gerechtfertigt, dieses Kapitel als uninteressant zu beenden, sondern es zeichnet sich im Gegenteil ab, dass körperliche Ertüchtigung im mittleren und fortgeschrittenen Alter sehr wohl positive Effekte haben kann. Die meisten der zitierten Studien und Analysen sind erst vor wenigen Jahren publiziert worden und haben deshalb wahrscheinlich noch nicht genügend Beachtung gefunden. Auf der individuellen Ebene gibt es keine Hinweise, wer davon profitiert und wer nicht. Das und viele weitere Fragen müssen noch geklärt werden. Aber zumindest ist ein erfolgversprechender Anfang gemacht worden.

## Bewegungstherapie in der Psychiatrie

Wer sich sportlich betätigt oder auch nur einen etwas ausgedehnteren Spaziergang unternimmt, weiß, dass dies positive Effekte auf die Stimmung haben kann, es sei denn, man überschreitet seine physischen Grenzen. Worin liegt aber das Potenzial körperlicher Ertüchtigung bei Personen, die an einer psychischen Erkrankung leiden? Dieses spannende Forschungsgebiet beginnt sich erst zu entfalten, und dennoch liegen bereits viele Daten dazu vor. Eine gründliche Analyse zu dieser Frage wurde kürzlich von Martin Hautzinger und Sebastian Wolf publiziert [29]. Ihre Betrachtungen fokussieren auf vier Meta-Analysen von ausschließlich randomisierten kontrollierten Studien. Bei diesen Studien, die qualitativ höchsten Ansprüchen genügen, resultierte insgesamt gerade nur ein schwacher Effekt zugunsten sportlicher Interventionen. Die Autoren schließen ihre Betrachtungen mit der Bemerkung, dass «sportliche Aktivität einen moderaten positiven Einfluss auf die Reduktion depressiver Symptomatik haben könnte». Trotz der verhalten optimistischen Beurteilung gibt es jedoch auch Psychiater, die Bewegung therapeutisch – offenbar seit Jahren mit Erfolg – einsetzen.

Der amerikanische Psychiater John Ratey beispielsweise hat seine Arztpraxis im zweiten Stock eines Hauses in Boston eingerichtet, zu der kein Lift hinaufführt. Das ist etwas mühsam für seine Patienten, denn sie müssen zu Fuß zu ihm hinaufsteigen. Aber der Arzt hat dies so gewollt, denn seine Therapie beginnt sozusagen bereits vor seinen Praxisräumen am Hauseingang. Wenn die Patienten die Treppen bewältigt haben, dann kommen sie schon ziemlich aktiviert in seiner Praxis an. Denn Bewegung ist ein Kernstück seines therapeutischen Ansatzes. Er ist ein überzeugter Befürworter von körperlicher Ertüchtigung als therapeutischem Mittel gegen diverse seelische Erkrankungen sowohl bei Erwachsenen als auch bei Jugendlichen, insbesondere bei Angsterkrankungen und Depressionen. Als Erklärung für die mannigfaltigen positiven Auswirkungen der Bewegungstherapie auf die Psyche von Jung und Alt verweist er auf die Wachstumsfaktoren, die bei Bewegung sowohl vom Gehirn selbst produziert werden als auch aus dem Körper ins Gehirn gelangen. Daneben verweist er auf den positiven Effekt körperlicher Ertüchtigung auf die Entstehung neuer Hirnzellen im Hippocampus und auf tierexperimentelle Daten, wonach körperliche Aktivität jene Zellsysteme aktiviert, von denen wir annehmen, dass sie bei der Stimmungsregulation involviert sind [19]. Das sind die Zellsysteme, die Dopamin, Noradrenalin und Serotonin als Botenstoffe verwenden und an denen die meisten Psychopharmaka angreifen (für weitere Information wird auf Kapitel 12 verwiesen). Er beschreibt in seinem Buch *Spark*, dass in England bereits vor 7 Jahren etwa 25 Prozent aller Psychiater und Psychiaterinnen regelmäßig Bewegung und Sport therapeutisch einsetzen. Bei der Behandlung Jugendlicher sieht er ein großes therapeutisches Potenzial, zum Beispiel bei der ADHS, einer Störung, bei der Aufmerksamkeitsprobleme in Verbindung mit motorischer Hyperaktivität auftreten.

In einer kürzlich veröffentlichten Studie gingen T.J. Schoenfeld und Kollegen von der *Princeton University* in New Jersey der Frage nach, was für Mechanismen der Beobachtung zugrunde liegen, dass körperliche Ertüchtigung angstlösend (anxiolytisch) wirken kann [30]. Ausgehend von der Hypothese, dass die anxiolytischen Effekte vom Hippocampus ausgehen, untersuchten sie im Rahmen von Stressuntersuchungen an Mäusen den Botenstoff Gamma-Aminobuttersäure (GABA) in diesem Hirnareal. Dazu ließen sie die Mäuse in kaltem Wasser schwimmen, was deren Stress-System aktivierte. Im Hippocampus von Mäusen, die sich zuvor in einem Laufrad hatten bewegen können, konnte die für ein Stresserlebnis typische Genaktivierung nicht nachgewiesen werden, während bei den inaktiv gewesenen Mäusen eine starke Aktivierung erkennbar war. Interessanterweise war dieser Effekt an Veränderungen der hemmenden GABA-Neurone gekoppelt, die durch das Laufen eine deutliche Aktivierung erfahren hatten. Die Autoren schlossen daraus, dass die anxiolytische Wirkung im Schwimm-Stresstest auf die durch körperliche Bewegung ausgelöste Aktivierung von hemmenden Zellsystemen im Hippocampus zurückzuführen war. Diese Ergebnisse passen sehr schön zu dem Befund, dass angstlösende Psychopharmaka vom Typ Valium und Librium die Wirkung von GABA im Gehirn verstärken.

## Literatur

[1] Whitmer RA, Gustafson DR, Barrett-Connor E, Haan MN, Gunderson EP, Yaffe K. Central obesity and increased risk of dementia more than three decades later. *Neurology* 2008; 71: 1057–1064.

[2] Jagust W, Harvey D, Mungas D, Haan M. Central obesity and the aging brain. *Archives of Neurology* 2005; 62: 1545–1548.

[3] Debette S, Wolf C, Lambert JC, Crivello F, Soumaré A, Zhu YC, et al. Abdominal obesity and lower gray matter volume: a Mendelian randomization study. *Neurobiology of Aging* 2014; 35: 378–386.

[4] Pistell PJ, Morrison CD, Gupta S, Knight AG, Keller JN, Ingram DK, Bruce-Keller AJ. Cognitive impairment following high fat diet consumption is associated with brain inflammation. *Journal of Neuroimmunology* 2010; 219(1): 25–32.

[5] Farr SA, Yamada KA, Butterfield DA, Abdul HM, Xu L, Miller NE, et al. Obesity and hypertriglyceridemia produce cognitive impairment. *Endocrinology* 2008; 149: 2628.

[6] Segura B, and Jurado MA, Metabolic syndrome and ageing: cognitive impairment and structural alterations of the central nervous system. *Reviews in Neurology* 2009; 49: 417–424.

[7] Lazar A, Lazar MA. Science. The health risk of obesity – better metrics imperative. *Science* 2013; 341: 856–858.

[8] Pedersen BK, Saltin B. Evidence for prescribing exercise as therapy in chronic disease. *Scandinavian Journal of Medicine & Science in Sports* 2006; Suppl: 13–63.

[9] Blech J. *Heilen mit Bewegung: Wie Sie Krankheiten besiegen und Ihr Leben verlängern.* Frankfurt a. M.: Fischer; 2007.

[10] Cotman CW, Berchtold NC. Exercise: a behavioral intervention to enhance brain health and plasticity. *Trends in Neuroscience* 2002; 25: 295–301.

[11] Pedersen BK, Akerström TC, Nielsen AR, Fischer CP. Roles of myokines in exercise and metabolism. *Journal of Applied Physiology* 2007; 103: 1093–1098.

[12] Boström P. A PGC1-α-dependent myokine that drives brown-fat-like development of white fat and thermogenesis. *Nature* 2012; 481: 463–468.

[13] Praag H, Shubert T, Zhao C, Gage FH. Exercise enhances learning and hippocampal neurogenesis in aged mice. *The Journal of Neuroscience* 2005; 25: 8680–8685.

[14] Erickson KI, Voss MW, Prakash RS, Basak C, Szabo A, Chaddock L, et al. Exercise training increases size of hippocampus and improves memory. *Proceedings of the National Academy of Sciences* 2011; 108: 3017–3022.

[15] Hillman CH, Erickson KI, Kramer AF. Be smart, exercise your heart: exercise effects on brain and cognition. *Nature Reviews Neuroscience* 2008; 9: 58–65.

[16] Smith PJ, Blumenthal JA, Hoffman BM, Cooper H, Strauman TA, Welsch-Bohmer K, Browndyke JN, Sherwood A. Aerobic exercise and neurocognitive performance: a meta-analytic review of randomized controlled trials. *Psychosomatic Medicine* 2010; 72: 239–2527.

[17] Sibley BA, Etnier JL. The relationship between physical activity and cognition in children: a meta- analysis. *Pediatric Exercise Science* 2003; 15: 243–256.

[18] Koivusilta L, Rimpelä A, Vikat A. Health behaviours and health in adolescence as predictors of educational level in adulthood: a follow-up study from Finland. *Social Science & Medicine* 2003; 57: 577–593.

[19] Chaddock L, Erickson KI, Prakash RS, Kim JS, Voss MW, Vanpatter M, et al. Neuroimaging investigation of the association between aerobic fitness, hippocampal volume, and memory performance in preadolescent children. *Brain Research* 2010; 172–183.

[20] Chaddock L, Hillman CH, Pontifex MB, Johnson CR, Raine LB, Kramer AF. Childhood aerobic fitness predicts cognitive performance one year later. *Journal of Sports Sciences* 2012: 30(5): 421–430.

[21] Ratey J, Hagerman E. *Superfaktor Bewegung.* Kirchzarten: VAK Verlag; 2009. Übersetzung aus dem Englischen: Spark, *The revolutionary new science of exercise and the brain.* New York: Little, Brown & Co.; 2008.

[22] Booth JN, Leary SD, Joinson C, Ness AR, Tomporowski PD, Boyle JM, Reilly JJ. Associations between objectively measured physical activity and academic attainment in adolescents from a UK cohort. *British Journal of Sports Medicine* 2014; 48(3): 205–270.

[23] Wen CP. Minimum amount of physical activity for reduced mortality and extended life expectancy: a prospective cohort study. *Lancet* 2011; 378: 1244–1253.

[24] Tangney CC, Kwasny MJ, Li H, Wilson RS, Evans DA, Morris MC. Adherence to a Mediterranean-type dietary pattern and cognitive decline in a community population. *American Journal of Clinical Nutrition* 2011; 93: 601–607.

[25] Muñoz MA, Fíto M, Marrugat J, Covas MI, Schröder H; REGICOR and HERMES investigators. Adherence to the Mediterranean diet is associated with better mental and physical health. *British Journal of Nutrition* 2009; 101: 1821–1827.
[26] Ford PA, Jaceldo-Siegl K, Lee JW, Youngberg W, Tonstad S. Intake of Mediterranean foods associated with positive affect and low negative affect. *Journal of Psychosomatic Research* 2013; 74: 142–148.
[27] Brown BM, Peiffer JJ, Martins RN. Multiple effects of physical activity on molecular and cognitive signs of brain aging: can exercise slow neurodegeneration and delay Alzheimer`s disease? *Molecular Psychiatry* 2013; 18: 864–874.
[28] Smith PJ, Blumenthal JA, Hoffman BM, Cooper H, Strauman TA, Welsh-Bohmer K, et al. Aerobic exercise and neurocognitive performance: a meta-analytic review of randomized controlled trials. *Psychosomatic Medicine* 2010; 72: 239–252.
[29] Hautzinger M, Wolf S. Sportliche Aktivität und Depression. In: Fuchs R, Schlicht W. *Seelische Gesundheit und sportliche Aktivität.* Göttingen: Hogrefe; 2012, S. 164.
[30] Schoenfeld TJ, Rada P, Pieruzzini PR, Hsueh B, Gould E. Physical exercise prevents stress-induced activation of granule neurons and enhances local inhibitory mechanisms in the dentate gyrus. *The Journal of Neuroscience* 2013; 33(18): 7770–7777.

# 13. Hirnforschung im Stresstest

## Die Neurowissenschaften «boomen» – und ernten dennoch Kritik

Die Hirnforschung beschäftigt weltweit rund 100 000 Forscherinnen und Forscher – vielleicht sind es sogar etwas mehr. Genaue Zahlen sind schwer zu eruieren, denn es kommt ganz darauf an, welche Gebiete man der Hirnforschung zurechnet. Ein richtiger «Neuroboom» hat vor etwa 30 Jahren eingesetzt. Die wachsende Gemeinschaft der Hirnforscherinnen und Hirnforscher generierte immer mehr Publikationen, und in der Folge entstanden immer mehr neue Fachzeitschriften. Das Gebiet begann sich gleichzeitig in viele Disziplinen aufzuspalten. Die «Neuroszene» wurde für den einzelnen Forscher allmählich unüberschaubar. Darüber hinaus sind die Neurowissenschaften zu einer Art Referenzwissenschaft geworden, deren Position aber nicht unumstritten geblieben ist. Einerseits genießen sie enorm hohes Ansehen, sodass andere Wissenschaften bemüht sind, sich auf diesem Gebiet ebenfalls zu etablieren, andererseits werden die Erfolge der Neurowissenschaften in jüngster Zeit von verschiedenen Seiten kritisch hinterfragt. In einer interessanten Streitschrift hat sich Felix Hasler besonders kritisch mit der Hirnforschung auseinandergesetzt. Da er zehn Jahre lang an der Psychiatrischen Universitätsklinik Zürich geforscht hat, verfügt er hinsichtlich der Methoden und Probleme in der Psychiatrie über einen soliden Fundus an Wissen und Erfahrung. Sein Buch *Neuromythologie* greift neben vielen anderen Themen die unbefriedigende Wirksamkeit von Psychopharmaka auf [1]. Insbesondere weist er auf die Gefahren von Medikamenten hin, die bei schizophrenen Erkrankungen eingesetzt werden. Diese Kritik ist den Neuropharmakologen sehr wohl geläufig. Auch sie hätten gern wirksamere und besser verträgliche Medikamente, aber trotz jahrelanger großer Anstrengungen und Investitionen blieb ihnen ein größerer Durchbruch in den vergangenen paar Jahren versagt. Im Kontext des vorliegenden Buches ist es bemerkenswert, dass Felix Hasler bei leichten bis mittelschweren Depressionen die Psychotherapie als äquivalent zu Pharmaka beschreibt und dass er Sport und auch Yoga als unterstützende therapeutische Ansätze darstellt. Über die Psychiatrie hinausblickend hinterfragt er die weit verbreitete Neuroeuphorie, die er nicht nachvollziehen kann. Als besonders gravierend empfindet Hasler, dass Versprechungen gemacht wurden, die nicht eingelöst werden konnten, und auch die in Aussicht gestellten therapeutischen Durchbrüche hätten sich bisher nicht realisieren lassen. Was Hasler jedoch ungenügend herausarbeitet, ist, dass die Kritik in gleichem Maße auch für andere Disziplinen der Medizin gilt, dass aber aufgrund der Faszination des Gehirns beziehungsweise der Psyche die Neurowissenschaften in besonders hervorstehendem Fokus sind.

In einigen Punkten hat Hasler vollkommen Recht. Trotz harter, aber inhaltlich meist zutreffender Kritik sollte indessen nicht vergessen werden, dass gemessen an der enormen Komplexität unseres Hirns die 100 Jahre, in denen der Hirnforschung modernere Methoden zur Verfügung stehen, nur eine sehr kurze Zeitspanne sind. Und wahrscheinlich wird es noch sehr lange dauern, bis wir etwa das Bewusstsein besser verstehen, zu dessen Erklärung immerhin schon einige konzeptionelle Ansätze vorliegen: Hirnrinde, Zwischenhirn und

Cortex cingularis sind bereits als wichtige Areale für diese Hirnleistung erkannt worden, und mehrere berühmte Vertreter der Neurobiologie haben das Bewusstsein zu ihrem Forschungsgebiet gemacht. Doch Hoffnungen auf bevorstehende größere Durchbrüche in der Neurobiologie, die oft geweckt werden, wenn in einer führenden Zeitschrift eine wichtige Entdeckung mit großem Potenzial veröffentlicht wird, sind generell mit Vorsicht zu genießen. Es ist inzwischen schon zur Routine geworden, am Schluss einer Publikation auf das therapeutische Potenzial der jeweiligen Befunde hinzuweisen. Das passiert ja auch in anderen Disziplinen wie etwa der Physik, der Krebsforschung oder der Genetik, ohne dass es anrüchig wäre. Oft handelt es sich dabei um die Verkündung neuer Zielsetzungen oder schlicht um Werbung in eigener Sache, um neue Forschungsgelder zu akquirieren. Das darf natürlich nicht zu weit gehen. Aber selbst in den besten Wissenschaftsjournalen ist mit schöner Regelmäßigkeit am Schluss eines Artikels der Standardsatz zu lesen, dass die präsentierten Ergebnisse Türen zu neuen therapeutischen Ansätzen aufstoßen würden, oft ohne dass konkret aufgezeigt würde, was dafür genau zu tun wäre. Das gehört sozusagen zum gängigen Forschungsmarketing.

## Die Fortschritte der vergangenen 30 Jahre können sich sehen lassen

Kritiker der modernen Neurowissenschaften monieren oft, dass psychologische Erkrankungen auf Neurotransmitterstörungen reduziert würden. Diese Sichtweise ist sicher überholt. Gerade die hier vorgestellten Hypothesen über die Entstehung psychischer und körperlicher Erkrankungen bei chronischer Überlastung belegen, dass heute neben biologischen auch psychische und soziale Faktoren berücksichtigt werden. Zudem werden vermehrt ganze Netzwerke analysiert, wobei auch die Steuerung der Genaktivität und ihre Modulation durch Umwelteinflüsse in moderne Erklärungsmodelle psychischer Erkrankungen einfließen. Es hat sich dabei als enorm bereichernd herausgestellt, dass verschiedene Disziplinen zu diesem Erfolg beigetragen haben. Es sind wichtige Beiträge der Neuroanatomie, Neuroendokrinologie, Psychologie, Zellbiologie, Genetik, Molekularbiologie und auch der Sozialwissenschaften in diese Modelle eingeflossen. Darüber hinaus hat die Stressforschung Belege für die Hirnplastizität erbracht, denn wie erwähnt, können sich an verschiedenen Stellen des Gehirns die Zellen und ihre gegenseitigen Vernetzungen unter anhaltender Belastung verändern. Es bedarf noch weiterer Untersuchungen, um abzuklären, inwiefern diese Veränderungen reversibel sind. Trotz großer Forschungsfortschritte bleibt aber noch immer viel zu tun, denn die vielzitierte Amygdala ist mit mehreren anderen Hirnregionen interaktiv verbunden, die ihrerseits auch bei der Angstauslösung und -regulation involviert sind und deren genaue Funktion es noch zu erforschen gilt.

Eine weitere bedeutende Entdeckung hinsichtlich der Steuerung emotionaler Prozesse und psychischer Erkrankungen betrifft jene neuronalen Mechanismen, die zwischenmenschlich eine Rolle zu spielen scheinen und uns emotional aufeinander abstimmen. Hier kommt der gesellschaftlich besonders relevante psychosoziale Stress ins Spiel. Es wird vermutet, dass die sogenannten **Spiegelneurone** eine wichtige Rolle spielen dürften, die 1992 im italienischen Parma von Giacomo Rizzolatti im Rahmen von Affenexperimenten entdeckt wurden: Demnach werden bei einem Affen, der einen anderen Affen beim Ergreifen einer Erdnuss beobachtet, dieselben Hirnzellen aktiviert, die er aktivieren müsste, um diese Handlung selbst auszuführen. Sein Gehirn simuliert also die Aktivität seines glücklicheren Kollegen. Diese Beobachtung war der Startschuss zur weltweiten Erforschung der Spiegelung von Aktivitäten wie auch von Emotionen, die in unserem Gehirn allein schon durch das Anschauen anderer Personen ausgelöst werden. Werden wir Zeuge emotionaler Ereignisse, stellt sich bei uns ganz von allein Mitgefühl ein. Dabei kann es sich sowohl um ein fröhliches als auch ein trauriges Ereignis handeln. Man geht heute davon aus, dass bei diesen Prozessen nicht einzelne Zellen, sondern ganze Netzwerke von Zellen involviert sind – eine Entdeckung, die wahrscheinlich zu den bedeutendsten der vergangenen 20 Jahre gehört. Beispielsweise wird angenommen, dass ein **Defekt des Spiegelneuronensystems** für das selbstbezogene Verhalten von **Autisten** verantwortlich sein könnte. Danach weisen die Betroffenen ein Verhaltensdefizit auf, da ihre Spiegelneurone nicht optimal funktionieren. Sie wurden möglicherweise nicht angelegt oder in der Kindheit nicht genügend eingeübt, und es gibt Hinweise auf zahlreiche Gene, die involviert sein dürften. Über Defizite dieser Systeme wird auch bei **Psychopathen** nachgedacht, und es gibt Vermutungen, dass bei Mördern Gefühlskälte beziehungsweise fehlende Empathie mit Defekten dieser Spiegelungssysteme zusammenhängen könnten. Wenn bei einem Gewalttäter die Spiegelneurone bei belastenden Erlebnissen nicht anspringen, dann macht es ihm vermutlich auch nicht viel aus, jemandem ein Messer zwischen die Rippen zu stoßen, denn seine Amygdala bleibt ruhig. Dass Mörder wenig oder gar kein Mitgefühl haben sollen, ist eine Hypothese, die vom berühmten emeritierten Forscher Robert Hare in Vancouver aufgestellt wurde. Das auf ihn zurückgehende diagnostische Werkzeug, die *Hare Psychopathy Checklist* (PCL), besteht aus 20 Kriterien, mit deren Hilfe auf das psychopathische Profil eines Täters geschlossen werden kann. Und Hare warnte schon vor vielen Jahren davor, dass Psychopathen es enorm gut verstehen, sich als besonders freundliche Menschen darzustellen, als wüssten sie über ihre emotionalen Defizite Bescheid.

Zu den ganz großen und gesellschaftlich besonders relevanten Entdeckungen zählt schließlich die an Mensch und

Tier erhärtete und im vorliegenden Buch dokumentierte Beobachtung, dass **Bewegung** nicht nur dem Gehirn im gesunden wie auch kranken Zustand hilft, sondern darüber hinaus auch einen wirksamen Ansatz zur Bekämpfung von Stress darstellt. Bewegung wirkt als Stresspuffer. Sowohl die kognitive als auch die emotionale Domäne profitieren von regelmäßiger körperlicher Bewegung. Bewegung erhielt somit eine weit über die gängige Meinung, sie sei ein probates Mittel gegen Übergewicht, hinausreichende Bedeutung, nämlich als attraktive Option, das eigene Gehirn funktionell zu stützen.

## Befindet sich die Psychopharmakologie in einer Sackgasse?

Aber wie kommt es, dass trotz all der bedeutenden neurobiologischen Fortschritte keine neuen wirksameren Psychopharmaka entwickelt wurden? Am 18. September 2013 trafen sich über hundert Personen – die meisten von ihnen aus dem Umfeld der Psychiatrie und Hirnforschung –, in der Aula der Universität Zürich zur Eröffnungsfeier eines neuen Instituts. Das ist an sich ein sehr erfreuliches Ereignis, denn es zeigt, dass selbst in schwierigeren Zeiten immer noch genügend Geld für die Gründung neuer Institute vorhanden ist. Vier international renommierte Persönlichkeiten aus der Psychiatrie und der Hirnforschung sprachen über den Stand der Forschung. Selbst für erfahrene «Insider» war die Botschaft der Forscherin aus den USA und der drei Forscher aus London überraschend ernüchternd: Danach haben wir enorme Wissenslücken auf dem Gebiet der biologischen Psychiatrie, und es bedurfte sehr großer Anstrengungen, um das Gebiet voranzubringen. Der Grundtenor war, dass die Diagnose und Therapie psychisch Kranker auf der Identifikation von Symptomen beruhe, von denen wir nicht wissen, welche Störungen des Gehirns ihnen zugrunde liegen. Deshalb – so der Vorsitzende der Veranstaltung, Klaas Enno Stephan – sei die Zeit reif, in dem von ihm geleiteten neuen Institut in Zürich mittels neuer Ansätze die Basis für eine rationale Behandlung psychisch erkrankter Personen zu erarbeiten. Das Konzept besteht darin, mittels mathematischer Modelle und Hirnstrommessungen an Patienten zu neuen diagnostischen Werkzeugen zu gelangen, die eine gezieltere Therapie erlauben würden. Ein derartiges Werkzeug wäre darüber hinaus auch bei der Prüfung neuer Medikamente sehr wertvoll. Dieses faszinierende neue Projekt wird sowohl von der ETH als auch von der Universität Zürich unterstützt. Für Depressionen, Schizophrenien und Angstzustände gilt gleichermaßen, dass wir die ihnen zugrunde liegenden Krankheitsprozesse im Gehirn, also ihre Pathophysiologie, schlicht nicht kennen. Wir verfügen zwar über zahlreiche Hinweise auf Hirnregionen und Zellen, die involviert sein könnten, aber die Diagnose der Krankheiten erfolgt dennoch ausschließlich symptomatisch, und die Auswahl eines Medikaments erfolgt empirisch. Selbst die enormen Fortschritte in der Humangenetik haben vorläufig keine gesicherten Krankheitsgene identifizieren können. Eine große Studie hat kürzlich die Vermutung aufkommen lassen, dass die verschiedenen psychischen Erkrankungen mit einer Vielzahl genetischer Veränderungen verknüpft sein könnten und dass womöglich eine engere Verwandtschaft zwischen den Erkrankungen existiert, als bisher angenommen wurde [2]. Aber ein eigentlicher Durchbruch auf der genetisch-biologischen Ebene ist leider bislang ausgeblieben.

Als vor ca. 60 Jahren die ersten Psychopharmaka auf den Markt gelangten, kam dies ohne Zweifel einem großen medizinischen Durchbruch in der Behandlung zahlreicher schwerer mentaler Krankheiten gleich. Oft wird in etwas salopper und abschätziger Weise gesagt, die existierenden Psychopharmaka seien per Zufall gefunden worden. Wer allerdings mit der Geschichte dieser Medikamente vertraut ist, weiß, dass der Durchbruch den jahrelangen Bemühungen vieler Forscher und Forscherinnen in den pharmazeutischen Firmen sowie einzelnen Medizinern zu verdanken ist. Der Weg war zwar nicht geradlinig, aber immer waren Ärzte involviert, die genau hinschauten und ihre Patienten gut kannten. Gerade wegen dieser intensiven, weltweit durchgeführten Forschungstätigkeiten haben wir ein gutes Verständnis über die molekularen Angriffspunkte der Psychopharmaka. In stark schematisierter Weise sind sie in **Abbildung 6** dargestellt. Es sind vier Zellsysteme, mit denen die Wirkung der Psychopharmaka erklärt wird. Medikamente gegen Depressionen verstärken die Signalübertragung an den Nervenendigungen jener Zellen, die Serotonin und Noradrenalin als Botenstoffe verwenden. Sie erzielen diese Wirkungen, indem sie nach Ausschüttung der Botenstoffe in den synaptischen Spalt deren Wiederaufnahme in die Synapsen hemmen. Dadurch verbleiben die ausgeschütteten Botenstoffe länger im synaptischen Spalt. Die Medikamente gegen Schizophrenien haben viele Effekte, aber die Hauptwirkung der meisten besteht darin, dass sie die Wirkung des Botenstoffs Dopamin teilweise hemmen, indem sie dessen Andockstelle – in erster Linie den Rezeptor vom Typ D2 – blockieren. Schließlich wirken die klassischen angstlösenden Medikamente (Anxiolytika), indem sie die Wirkung der hemmenden Botenstoffe Serotonin und GABA verstärken. Die Serotonin-Wiederaufnahmehemmer finden somit Anwendung bei Depressionen und Angstzuständen. Leider wirken sie mit einer zeitlichen Verzögerung von zwei bis vier Wochen, was sehr unbefriedigend sein kann. Ist in einem Notfall ein schneller Wirkungseintritt erwünscht, kommen GABA-verstärkende Benzodiazepine vom Typ Valium zum Einsatz. Sie wirken zwar schnell, haben aber eine Reihe von Nebenwirkungen: Sie hemmen das Gedächtnis und können nach relativ kurzer Zeit abhängig machen. Diese sehr verdichtete Darstellung der Psychopharmaka lässt

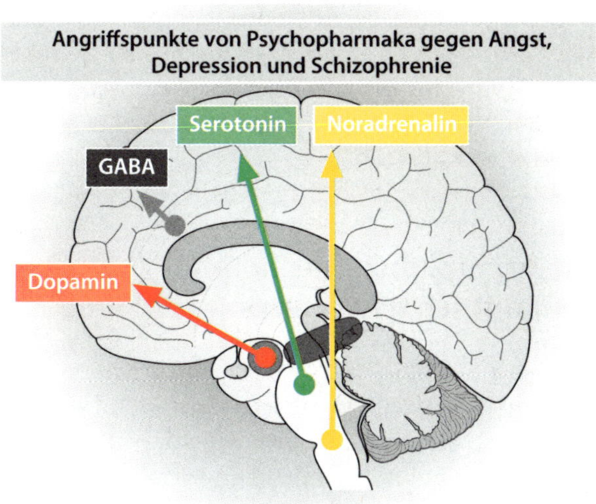


**Abbildung 6: Stark vereinfachtes Schema der wichtigsten Zellsysteme, an denen die Haupttypen der Psychopharmaka wirken.** Medikamente gegen Depressionen und Angstzustände wirken an den Neuronen, die Serotonin und Noradrenalin als Botenstoffe verwenden. Medikamente gegen Schizophrenien wirken an den Dopaminzellen, und die alten, stark anxiolytisch und beruhigend wirkenden Benzodiazepine, die auch als Tranquilizer bezeichnet werden, greifen im ganzen Gehirn an den Neuronen an, die GABA als Botenstoff verwenden.

einiges außer Acht, so zum Beispiel die Tatsache, dass sich die Medikamente eines bestimmten Typs auch unterscheiden, da sie neben der Hauptwirkung an den beschriebenen Zellen noch Affinitäten zu anderen Zellsystemen und Rezeptoren haben.

Steckt die Psychopharmakologie also in einer Sackgasse? Die Frage ist nicht einfach zu beantworten und muss, solange nicht neue Medikamente vorliegen, offen bleiben. Auf alle Fälle ist der pharmazeutischen Industrie seit 20 Jahren kein Durchbruch auf diesem Gebiet mehr gelungen. Man ist also nicht schlecht beraten, bei neuen Erfolgsankündigungen eine gewisse Zurückhaltung zu üben. Vielleicht sind aber die entzündlichen Prozesse, die zuvor bei der Depression beschrieben wurden, ein neuer Ansatzpunkt für einen neuen Typ von Antidepressivum.

## Manche Großkonzerne haben das «Handtuch geworfen»

Der Ausblick auf mögliche neue therapeutische Ansätze in den kommenden Jahren wird stark durch den Umstand getrübt, dass sich mehrere international tätige Pharmakonzerne aus dem Gebiet der Hirnforschung verabschiedet haben. Ohne dass Details dazu bekanntgegeben wurden, kann vermutet werden, dass die Erfolge in den vergangenen Jahren wohl zu bescheiden ausgefallen sind und die Aussichten auf größere Durchbrüche als zu niedrig eingestuft werden. Sonst wären die Aktivitäten sicherlich fortgeführt worden, da die medizinische Nachfrage nach besseren Medikamenten zweifelsohne sehr groß ist. Das passt zu der Ausgangslage, dass die molekularen Mechanismen, die diesen Erkrankungen zugrunde liegen, bis heute im Verborgenen geblieben sind. Somit ist auch ein rationaler neuer Ansatz für die Herstellung neuer Medikamente nicht gegeben. Eine alternative Erklärung für den Ausstieg großer Konzerne könnte sein, dass andere Krankheiten als erfolgsträchtiger eingestuft wurden und dass dies zu einem Umdenken führte. Schon lange stehen Krebs- und Immunkrankheiten auf der Wunschliste der Marketingabteilungen ganz oben; außerdem gilt die Entwicklung eines Medikaments für Hirnerkrankungen schon seit mehr als 20 Jahren als besonders risikoreich.

Industrie und Universitäten pflegen seit Jahrzehnten einen intensiven Informationsaustausch. Wenn also neue innovative Konzepte zur Entwicklung neuer Psychopharmaka aufgetaucht wären, dann hätte die Industrie sicherlich davon erfahren. Auch der Vorwurf, die Industrie sei selbst zu wenig innovativ gewesen, trifft nicht zu. Ganz im Gegenteil: Ausgehend von der Grundlagenforschung, die die Industrie selbst betrieb, wurden immer wieder neue molekulare Ansätze klinisch geprüft, doch ohne größeren Erfolg. Als bedeutendes und besonders kostspieliges Beispiel sei auf das jahrelange Bemühen hingewiesen, ein Medikament gegen Schlaganfall zu entwickeln. Weltweit hat die pharmazeutische Industrie erfolglos über 100 verschiedene Moleküle klinisch getestet, was Unsummen gekostet hat, und für dieses jahrelange, sehr risikoreiche Engagement kaum je Anerkennung gefunden. Manche konzeptionellen Impulse zu diesen Medikamenten sind von den Universitäten ausgegangen. Die aktuelle Hirnforschung sucht intensiv nach den Ursachen degenerativer Hirnerkrankungen und nach Möglichkeiten, deren Verlauf zu ändern. Bei vielen dieser meist schweren Krankheiten tappen wir hinsichtlich ihrer Ursachen noch weitgehend im Dunkeln, wie etwa im Falle der Parkinson-Krankheit oder der amyotrophen Lateralsklerose (ALS). Wir kennen zwar die Hirnzellen, die bei diesen Krankheiten im Laufe der Jahre absterben, und haben eine Reihe von Arbeitshypothesen über die Ursachen ihres Absterbens aufgestellt, aber es sind eben nur Vermutungen. Es gibt andererseits genetisch bedingte Hirnerkrankungen, bei denen die mutierten Gene schon recht lange bekannt sind. Dazu zählt nicht nur die familiäre Form des Morbus Alzheimer, die erblich ist und etwa 5 Prozent aller Patienten betrifft, sondern auch die Huntington-Krankheit gehört dazu. Aber selbst in diesen Fällen stehen auch viele Jahre nach der Aufklärung der genetischen Defekte noch keine Medikamente zur Verfügung. Selbst wenn die Gene bekannt sind, bleibt es ein enorm schwieriges Unterfangen, ein hirngängiges Medikament zu entwickeln.

## Alzheimer bleibt eine große Herausforderung

Nach Schätzungen der internationalen Alzheimer-Vereinigung dürfte die Anzahl der an einer Demenz erkrankten Personen weltweit von derzeit 44 bis zur Jahrhundertmitte auf 135 Millionen ansteigen. Diese Zahlen umfassen den Morbus Alzheimer und verwandte Demenzerkrankungen.

Auf den ersten Blick mag es etwas irritieren, dass wir der Alzheimer-Krankheit im Kontext der Stressbetrachtung so viel Platz einräumen. Dies scheint uns aber deshalb gerechtfertigt, weil eine ganze Reihe von Risikofaktoren für diese Krankheit mit den hier diskutierten allostatischen Lasten zusammenhängen. Dazu gehören, wie erwähnt, Fettleibigkeit, Diabetes, Depressionen, Bluthochdruck, Schlafmangel und schließlich auch der chronische (toxische) Stress[25]. Da einige dieser Krankheitsbilder ihrerseits mit chronischem Stress einhergehen oder durch ihn verursacht werden, ist die Alzheimer-Krankheit letztlich über mehrere Prozesse mit diesen Risiken verknüpft. Zweifelsohne bleibt der Morbus Alzheimer, da er mit zunehmender Überalterung der westlichen Länder immer häufiger auftritt, eine große medizinische Herausforderung. Seit ein paar Jahren beschäftigt er auch Politik und Gesellschaft, wobei die Prävention kaum Beachtung findet, während der Fokus ganz auf die Behandlung und die Betreuung der bereits Erkrankten gerichtet ist.

In den Medien hört man immer wieder von den Fehlschlägen bei der Entwicklung neuer Alzheimer-Medikamente. Dabei entsteht leicht der Eindruck, als habe sich in Fachkreisen eine gewisse Resignation breit gemacht. Lassen sich die Gründe für den bisherigen Misserfolg identifizieren? Oder

25 Die folgende Diskussion erhebt keinerlei Anspruch auf Vollständigkeit, sondern beschränkt sich auf einige neuere Entwicklungen, die auf einen möglichen Zusammenhang zwischen chronischem Stress und dieser verheerenden Krankheit hinweisen.

allgemein gefragt: Wie steht es um die Grundlagenforschung zu dieser Krankheit? Gibt es neue konzeptionelle Ansätze, die auf mögliche therapeutische Durchbrüche hoffen lassen? Es wurde in den vergangenen ca. 25 Jahren in Anbetracht der prognostizierten Zunahme der Patienten enorm viel investiert, primär durch die Pharmaindustrie, aber auch an den Universitäten. Die Industrie hat in erster Linie die **Amyloid-Hypothese** verfolgt. Das Eiweißbruchstück mit der Bezeichnung *Beta-Amyloid* lagert sich in Form von *Plaques* im Gehirngewebe ab und löst gemäß dieser Hypothese ein massives Absterben von Hirnzellen aus. Dieser Ansatz basiert auf Daten, die an Patienten mit der vererbbaren Form dieser Krankheit erhoben wurden, dem familiären Morbus Alzheimer. Dort sind Gene bekannt, die eng mit der Entstehung dieser Krankheit verknüpft sind. Es gibt Mäusestämme, in deren Erbgut diese humanen mutierten Gene eingebaut wurden. Diese sogenannten transgenen Mäuse entwickeln in der Folge in ihren Gehirnen eine hohe Dichte an Plaques und dienen als Modell für die präklinische Erprobung neuer Medikamente. Aber mit den transgenen Tieren gab es auch Probleme: Erstens zeigten sie – ganz im Gegensatz zu den massiven Zellverlusten bei den Patienten im fortgeschrittenen Krankheitsstadium – in ihren von Eiweißablagerungen überfüllten Gehirnen keinen Zelltod, und zweitens waren wichtige Funktionen wie etwa die synaptische Plastizität[26], die als Äquivalent des Gedächtnisses schlechthin betrachtet wird, unverändert [3]. Dieses Phänomen wird als Basisprozess der Gedächtnisbildung angesehen. Die Gedächtnisleistungen der genetisch veränderten Tiere waren zwar reduziert, die Reduktion fiel aber lange nicht so dramatisch aus,

26 *Synaptische Plastizität* bezeichnet die Eigenschaft der Nervenendigungen im Gehirn, dass sie je nach der Intensität, mit der sie aktiv sind, entweder eine Verstärkung oder Schwächung ihrer Wirkung erfahren.

wie dies bei Patienten mit fortgeschrittenem Morbus Alzheimer beobachtet wird. Befürworter der Amyloid-Hypothese – und die sind in der Überzahl – monieren, dass Mäuse nicht alt genug würden und sich deshalb das volle Krankheitsbild gar nicht entwickeln könne. Aber das ist eine Spekulation, denn die Dichte der Plaques in den Mäusegehirnen kann mit der Zeit sehr hoch werden. In jedem Fall bleibt die Amyloid-Hypothese weiterhin ein Hauptpfeiler auf dem Weg zur Entwicklung eines Alzheimer-Medikaments.

Ein zentrales Problem bei der Entwicklung eines Medikaments zur Behandlung des Morbus Alzheimer im fortgeschrittenen Stadium besteht darin, dass zahlreiche Typen von Hirnzellen betroffen sind und absterben. Deshalb genügt es nicht, eine bestimmte Sorte von Zellen pharmakologisch zu stärken, wie dies erfolgreich bei der Parkinson-Krankheit **möglich** ist, wo dem Absterben der Neurone, die Dopamin als Botenstoff an ihren Endigungen ausschütten, durch Verabreichung einer Dopamin-Vorstufe entgegengewirkt wird. Beim Morbus Alzheimer sind verschiedene Neuronentypen betroffen, die Glutamat, Noradrenalin, Serotonin, GABA, Acetylcholin sowie andere Botenstoffe verwenden. Somit stößt die klassische **Transmitter-Ersatztherapie** an ihre Grenzen. Im Frühstadium der Erkrankung werden Präparate verschrieben, die den Abbau von Acetylcholin hemmen, im fortgeschrittenen Stadium sind diese aber praktisch wirkungslos. Parallel zum progressiven Abbau verschiedener Zelltypen im Gehirn wird auch das Immunsystem im Gehirn aktiv: Es werden entzündliche Prozesse ausgelöst.

Gibt es neben der schon ziemlich alten Amyloid-Hypothese weitere Erklärungsansätze zur Entstehung des Morbus Alzheimer? Huang und Mucke [4] gehen davon aus, dass bei der als sporadischer Morbus Alzheimer bezeichneten nichtfamiliären Variante dieser Krankheit die 95 Prozent aller Erkrankungsfälle ausmacht und im höheren Alter auftritt, mehrere Faktoren involviert sind, und zwar genetische, epigenetische sowie Umweltfaktoren, das heißt, dass es sich um eine multifaktoriell bedingte Erkrankung handelt. Zu diesen Faktoren gesellen sich noch die altersbedingten Zellveränderungen. Möglicherweise ist die Ursache dieser Krankheit somit viel komplexer als bislang angenommen. Wie dies alles zusammen zum Morbus Alzheimer führt, bleibt abzuklären, was noch ziemlich viel Zeit in Anspruch nehmen könnte [4]. Die bereits zitierten Risikofaktoren deuten die Möglichkeit an, dass grundlegende Prozesse wie etwa Störungen des Zellstoffwechsels an der Entstehung der Alzheimer-Krankheit beteiligt sein könnten. Eine Beeinträchtigung des Zellstoffwechsels würde zu einer generellen Leistungseinbuße vieler Hirnzellen führen. Es laufen, wie erwähnt, entzündliche Prozesse ab, die zu diesen Abbauprozessen beitragen [4, 5]. Wie bereits dargelegt wurde, können im Körper freigesetzte proinflammatorische Botenstoffe das Gehirn erreichen und diese Entzündungsprozesse vermutlich beschleunigen.

Die meisten bereits erwähnten **Risikofaktoren** sind bekannte Erkrankungen, die sehr wohl therapeutisch angegangen werden können bzw. könnten, wenn sie denn von den Betroffenen überhaupt zur Kenntnis genommen werden. Ein Hauptproblem scheint aber zu sein, dass die breite Bevölkerung über diese Zusammenhänge kaum Bescheid weiß. Amerikanische Wissenschaftler [6] haben berechnet, dass gut 30 Prozent der Alzheimer-Erkrankungen vermeidbar wären, wenn die bekannten Risikofaktoren mehr Beachtung fänden, das heißt, falls sie therapeutisch angegangen würden. Zu den Risikofaktoren zählen sie Diabetes, Bluthochdruck und Fettleibigkeit im mittleren Alter, Rauchen, Depressionen, geistige Trägheit, körperliche Inaktivität und einen niedrigen Bildungsstand. Sie kommen zu dem Schluss, dass in etwa die Hälfte aller Alzheimerfälle sowohl weltweit als auch in den USA diesen Risikofaktoren zugeschrieben werden kann. Eine Reduktion all dieser Risikofaktoren um 10 bis 25 Prozent würde ihren Berechnungen zufolge weltweit eine Reduktion von 1 bis 3 Millionen Erkrankten bewirken [6]. Diese Berechnungen beruhen auf einer Reihe von Annahmen, und die wichtigste Unbekannte ist, wie erfolgreich die Risikofaktoren bestenfalls reduziert werden könnten. Man kommt also nicht umhin zu fragen, warum nicht mehr in Richtung Aufklärung und Prävention unternommen wird. Wenn es nicht gelingt, den Ausbruch der Krankheit ganz zu verhindern, so käme schon eine Verzögerung des Ausbruchs um ein paar Jahre einem Riesenerfolg gleich – selbstverständlich nicht nur finanziell.

Eine neuere und spannende Hypothese zur Entstehung des Morbus Alzheimer verdient hier ebenfalls Erwähnung, weil sie an das anknüpft, was bereits über Ernährung geschrieben wurde. Für Diabetiker besteht eine erhöhte Gefahr, an Alzheimer zu erkranken, und dies hat Forscher veranlasst, die Ursachen für diese Komorbidität herauszufinden. An einer 2013 veranstalteten Tagung der New Yorker Akademie der Wissenschaften war dies gar das Hauptthema. Das **Insulin** aus der Bauchspeicheldrüse hat mehrere wichtige Funktionen im Gehirn. Es fördert die Aufnahme von Glukose und hat Effekte auf die Neurotransmission. Die Andockstellen für Insulin, über die das Hormon wirkt, sind besonders im Vorderhirn angereichert, was eine wichtige Funktion des Insulins bei der Informationsverarbeitung nahelegt. Personen, die zu viele Kohlenhydrate konsumieren, neigen dazu, zu hohe Insulinkonzentrationen im Blut zu haben und sind diabetesgefährdet. Es wird spekuliert, dass das erhöhte Insulin zu einer reduzierten Empfindlichkeit der Hirnzellen für dieses Hormon führt. Als Folge davon wird der Zellstoffwechsel der Hirnzellen gehemmt: Die Neurone sind mit der Zeit weniger fit, das heißt, die Leistungsfähigkeit der Hirnzellen fällt ab. Letzteres ist typisch für die Alzheimer-Krankheit. Nach dieser Hypothese wäre der Morbus Alzheimer somit eine Art «Hirndiabetes». Einer der führenden Forscher auf diesem Gebiet ist Ewan C. McNay von der *University of*

*Albany* im Staat New York. Seiner Meinung nach kommt dem Insulin im Gehirn eine wichtige Rolle bei höheren geistigen Funktionen zu. Es sei ein kognitiver Modulator. Wenn seine Funktion geschwächt sei, dann folge daraus auch eine Abnahme der Hirnleistung. Die molekularen Mechanismen sind nicht restlos geklärt, aber es lägen ihm experimentelle Hinweise vor, dass das Beta-Amyloid, das sich beim Morbus Alzheimer in Form von Plaques bildet, die Wirkung von Insulin im Gehirn reduziert [7]. Mit dieser Hypothese steht McNay nicht allein da. Dieselbe Auffassung vertritt beispielsweise auch McEwen [persönliche Mitteilung].

Nun gibt es erste Hinweise für einen weiteren Prozess, der sehr eng mit Stress verknüpft ist und der sich als weiterer Risikofaktor entpuppen könnte. Kann dies bestätigt werden, dann ist er weit verbreitet. Kürzlich ist nämlich entdeckt worden, dass **Schlafmangel** zu einer erhöhten Konzentration von Beta-Amyloid führt. Jae-Eun Kang aus dem Labor des Neurologen David Holtzman an der *Washington University* in St. Louis, Missouri, bestimmte in Versuchen die Konzentration der löslichen Form dieses Eiweißbruchstücks im Gehirn. Zu diesem Zweck entwickelte sie mit der sogenannten **Mikrodialyse** ein neues Verfahren, mit dem man das Beta-Amyloid aus dem Gehirn eines lebenden Tieres herauswaschen kann, ohne das Tier in seinem Verhalten zu beeinträchtigen. Ursprünglich hatte Jae-Eun Kang herausfinden wollen, welchen Einfluss Stress auf die Beta-Amyloid-Konzentration hatte, und dabei die erstaunliche Beobachtung gemacht, dass seine Konzentration bei Schlafentzug stark anstieg. Geht man von der Korrektheit der Hypothese aus, dass ein Überschuss an Beta-Amyloid im Gehirn zur Alzheimer-Krankheit führt, dann ist dies potenziell eine brisante Entdeckung. Sie bedarf zunächst einmal der Überprüfung am Menschen. Es könnte also sein, dass Personen, die über lange Jahre an Schlafstörungen leiden oder – verursacht durch ihren Lebensstil zu wenig schlafen – im späteren Leben ein erhöhtes Alzheimer-Risiko haben. Diese Hypothese hat kürzlich in einer Publikation in der Zeitschrift *Science* substanzielle Unterstützung erhalten. Lulu Xie und Mitarbeiter von der *Rochester University* konnten mittels feinanalytischer Methoden im Gehirn von schlafenden Mäusen nachweisen, dass der Abtransport des Beta-Amyloids aus dem Hirngewebe während des Schlafs viel effizienter erfolgt als im Wachzustand [8]. Der Raum zwischen den Hirnzellen (interstitieller Raum) ist wie ein feines Kanalsystem für den Abtransport von Abbauprodukten aus dem Gehirn ausgelegt. Die Autoren postulieren, dass der Schlaf dazu diene, metabolische Abbauprodukte zu entsorgen. Diese bahnbrechende Studie dürfte noch viel von sich reden machen, gibt es doch neben Beta-Amyloid weitere toxische Zellstoffe, die sich – vielleicht auch als Folge eines mangelhaften Abtransports – im Hirngewebe ablagern. Solche Eiweißablagerungen sind auch typisch für die Parkinson- und die Huntington-Erkrankung. Bislang war es trotz jahrzehntelanger Bemühungen übrigens weitgehend unklar, warum wir überhaupt schlafen, und dies könnte eine erste und wichtige Erklärung dafür sein.

Schließlich ist auch der Hinweis interessant, dass noch immer genetische Untersuchungen durchgeführt werden, um weitere an der Entstehung des Morbus Alzheimer beteiligte Gene zu identifizieren. Je größer die Patientenpopulationen sind, desto länger wird die Liste der Genkandidaten, die zum Krankheitsbild beitragen könnten. Eine besonders große, kürzlich veröffentlichte Meta-Analyse, die 74 000 Personen umfasste, kam zu dem Schluss, dass 11 Regionen des Erbguts als Alzheimer-Risikozonen zu betrachten sind [9]. Der Beitrag jedes einzelnen Gens sei möglicherweise aber nur gering. Das aktuelle Bild der Prozesse, die zum Morbus Alzheimer führen, ist somit komplex und bedarf weiterer aufwendiger Abklärungen.

Zusammenfassend kann man festhalten, dass es mehrere Hypothesen und Risikofaktoren gibt, die als mögliche Erklärungsansätze für die Entstehung der Alzheimer-Krankheit herangezogen werden können und dass Stress über mehrere zellbiologische Kanäle daran womöglich beteiligt ist.

## Über allem schwebt das Altern

Fast alle schweren Krankheiten von Körper und Psyche treten mit zunehmendem Alter häufiger auf. Das ist ein Hinweis auf die enorme Bedeutung des Alterungsprozesses an sich, der die Vitalität und Resistenz unseres Körpers korrodiert. Das Altern ist somit ein primärer Risikofaktor gerade für jene Krankheiten, die auch unter dem Einfluss von chronischer Überlastung stehen. So steigt die Wahrscheinlichkeit, an Diabetes oder Herz-Kreislauf-Störungen zu erkranken, mit zunehmendem Alter an, und auch die Stressempfindlichkeit nimmt zu. Während der Altersforschung lange Zeit etwas leicht «Unseriöses» anhaftete, hat sich die Situation in den vergangenen 15 Jahren stark gewandelt, sodass auf Grundlage neuer Entdeckungen interessante wissenschaftliche Hypothesen zum Prozess des Alterns entstanden sind. Sie führen das Altern auf einen multifaktoriellen Prozess zurück [10]. Danach dürften vermutlich **mehrere parallel verlaufende, einander potenzierende Veränderungen** für das Altern verantwortlich sein. Zu den **Alterungsmechanismen** zählen neben genetischen Faktoren die Instabilität des Genoms insgesamt, die bereits erwähnten Telomere (siehe dazu den Abschnitt «Risikofaktor Alter» in Kapitel 8), die sich mit fortschreitendem Alter abbauen, epigenetische Veränderungen, also Veränderungen der Steuerung der Genaktivität, die uns von früher Kindheit an individuell prägen, der zunehmende Verlust der Proteostase (siehe unten) und, was wahrscheinlich besonders wichtig ist, Veränderungen in unseren Energielieferanten, den Mitochondrien.

**Proteostase** bezeichnet den Prozess, der dafür sorgt, dass die Eiweißzusammensetzung der Zellen erhalten bleibt und optimal funktioniert. Da Tausende von verschiedenen Eiweißen (Proteinen) je nach Bedarf der Zellen laufend ab- und aufgebaut werden, bedarf es der Abstimmung dieser Prozesse, eben jener Proteostase. Im Laufe des Alterns funktioniert die Proteostase immer schlechter (siehe auch «Risikofaktor Altern» in Kapitel 8). Proteine werden infolge verschiedener schädigender Einflüsse, die auf den Körper einwirken, gebildet und im Alter nicht mehr entfernt. Störungen der Eiweißzusammensetzung werden als zentraler Mechanismus des Zellalterns beschrieben [10] und haben auch als mögliche Auslöser hirndegenerativer Erkrankungen große Bedeutung erlangt. Bei den wichtigsten hirndegenerativen Erkrankungen, nämlich der Alzheimer-, Parkinson- und Huntington-Krankheit sowie der amyotrophen Lateralsklerose, kommt es im Gehirn zu Eiweißablagerungen. Ausgelöst durch diese Ablagerungen büßen die Zellen zunehmend ihre Funktionen ein, wodurch das Funktionieren der Zellen insgesamt gefährdet ist. Ferner gibt es starke Hinweise auf Störungen bei den Energielieferanten der Zellen, den **Mitochondrien**, die lebenswichtig sind und im Alter weniger gut funktionieren. Insbesondere gibt es neue Evidenz dafür, dass die Gene der Mitochondrien weniger effizient mit jenen der Zellkerne zusammenarbeiten, was zu einem Leistungsabfall der Mitochondrien führt [11, 12]. Auch dies trägt zu einer reduzierten Zellvitalität bei. Im Alter werden zudem weniger Stammzellen, die für den Nachschub absterbender Zellen sorgen, gebildet bzw. ihre Bildung erfolgt langsamer. Sehr wichtig ist auch der Umstand, dass sich die Kommunikation zwischen den Körperzellen mit zunehmendem Alter generell verschlechtert [12]. Noch ist unklar, wie diese zahlreichen Alterungsprozesse zusammenhängen [10] und welche am wichtigsten sind.

Chronischer Stress und Altern bewirken einen Anstieg von Interleukin-6 im Blut. IL-6 gilt als multifunktionales inflammatorisches Zytokin, da es nicht nur bei externem Stress, sondern auch bei verschiedenen chronischen Krankheiten eine wichtige Rolle spielt. Daher ist es nicht verwunderlich, dass auch ein direkter Zusammenhang mit der Lebensdauer gefunden wurde. Stark erhöhte IL-6-Blutspiegel korrelieren mit einer verkürzten Lebenserwartung. Die Todesursache kann dabei breit gestreut sein. Es scheint, dass zwei Prozesse, die einander in ihrer schädigenden Wirkung überlappen, nämlich der altersbedingte und der stressinduzierte Anstieg von IL-6, sich gegenseitig verstärken. Somit hat chronischer Stress in der Tat weitreichende Konsequenzen für unsere Gesundheit und ist einer der Faktoren, die entscheiden, wie lange wir leben. Altersforschung ist mit vielen Vorbehalten behaftet. Wenn auch die meisten Forscher nicht primär die Lebensverlängerung, sondern die Verbesserung der Lebensqualität am Ende des Lebens als zielführend betrachten, so bleibt dieses Forschungsgebiet doch umstritten. Unbestritten ist allerdings die Tatsache, dass das Altern mit einer Zunahme fast aller Krankheiten verknüpft ist und dass Altersforschung im Prinzip einen positiven Beitrag leisten könnte. Auch jetzt schon verlängert die Medizin ja das Leben, wenn beispielsweise einem Hypertoniker ein blutdrucksenkendes Medikament verschrieben wird.

## Hirnforschung neu aufgesetzt: die «Mammutprojekte»

In Anbetracht der zahlreichen noch offenen Fragen und der großen sich anstauenden Probleme in den Neurowissenschaften sind Bemühungen, das ganze Gehirn *von Grund auf zu verstehen,* ein quasi logischer Schritt. Und da dieser Schritt enorm mutig und potenziell vielversprechend ist, hat die Ankündigung zweier Forschungsprojekte, mit denen beidseits des Atlantiks die Geheimnisse des Gehirns endlich ans Licht gebracht werden sollen, auch viel mediale Aufmerksamkeit auf sich gezogen. Die beiden Großprojekte sind ebenso ehrgeizig wie geld- und zeitintensiv. Es sollen Milliarden investiert werden. Die beteiligten Experten betonen aber, dass es sich um risikoreiche Projekte mit ungewissem Ausgang handele und mit langen «Wartezeiten» zu rechnen sei. Das zeigt, dass die Hirnforscher und Hirnforscherinnen sich der Grenzen ihres Wissens sehr wohl bewusst sind und selber realisieren, dass es noch wesentlich größerer Anstrengungen als bisher bedarf, um das Gebiet vorwärtszubringen. In diesem Sinne sind diese riesigen Unterfangen ein Eingeständnis der Grenzen unseres Wissens über unser Gehirn.

Das von der ETH Lausanne initiierte europäische Projekt zielt darauf ab, das Gehirn mittels neuer Computer modellmäßig nachzubauen, während das amerikanische Projekt, soweit es sich überhaupt schon abzeichnet, eher auf eine Art *Brain Mapping* abzielt. Es ist ziemlich offen, welche neuen Erkenntnisse die zunächst einmal geplante Projektlaufzeit von 10 Jahren bringen wird und ob sich daraus grundsätzlich neue Ansätze zur Heilung schwerer Hirnerkrankungen werden entwickeln lassen. Dennoch weckt gerade das europäische Großprojekt auch große Hoffnungen, etwa dass es neue Wege zum Verständnis von komplexen Krankheiten wie dem Morbus Alzheimer und zur Entwicklung wirksamer Medikamente eröffnen könnte. Aus dem Blickwinkel der hier vorgestellten Überlegungen ist daran zu erinnern, dass das Gehirn kein isoliertes Organ ist, sondern dass es über enorm viele Kanäle mit dem ganzen Körper und letztlich auch mit der Gesellschaft kommuniziert. All diese Einflüsse in die Modelle einzubeziehen, wird eine zusätzliche große Herausforderung darstellen.

## Literatur


[1] Hasler F. *Neuromythologie – Eine Streitschrift gegen die Deutungsmacht der Hirnforschung.* Bielefeld: transcript; 2012.

[2] Demirkan A, Penninx BW, Hek K, Wray NR, Amin N, Aulchenko YS, et al. Genetic risk profiles for depression and anxiety in adult and elderly cohorts. *Molecular Psychiatry* 2011; 16: 773–783.

[3] Roder S. Electrophysiological studies on the hippocampus and prefrontal cortex assessing the effects of amyloidosis in amyloid precursor protein 23 transgenic mice. *Neuroscience* 2003; 120(3): 705–720.

[4] Huang Y, Mucke L. Alzheimer mechanisms and therapeutic strategies. *Cell* 2012; 148(6): 1204–1222.

[5] Selkoe J. Resolving controversies on the path to Alzheimer`s therapeutics. *Nature Medicine* 2011; 17(9): 1060–1065.

[6] Barnes DE, Yaffe K. The projected effect of risk factor reduction on Alzheimer's disease prevalence. *Lancet Neurology* 2011; 10: 819–828.

[7] Pearson-Leary J, McNay, EC. Intrahippocampal administration of amyloid-β(1-42) oligomers acutely impairs spatial working memory, insulin signaling, and hippocampal metabolism. *J Alzheimers Disease* 2012; 30: 413–422.

[8] Xie L, Kang H, Xu Q, Chen MJ, Liao Y, Thiyagarajan M, et al. Sleep drives metabolite clearance from the adult brain. *Science* 342: 373–377.

[9] European Alzheimer's Disease Initiative (EADI); Genetic and Environmental Risk in Alzheimer's Disease; Alzheimer's Disease Genetic Consortium; Cohorts for Heart and Aging Research in Genomic Epidemiology. Meta-analysis of 74,046 individuals identifies 11 new susceptibility loci for Alzheimer's disease. *Nature Genetics* 2013; 45(12): 1452–1458.

[10] López-Otín C, Blasco MA, Partridge L, Serrano M, Kroemer G. The hallmarks of aging. *Cell* 2013; 153: 1134–1217.

[11] Karpac J, Jasper H. Aging: seeking mitonuclear balance. *Cell* 2013; 154(2): 271–273.

[12] Gomes AP, Price NL, Ling AJ, Moslehi JJ, Montgomery MK, Rajman L, et al. Declining NAD+ induces a pseudohypoxic state disrupting nuclear-mitochondrial communication during aging. Cell 2013; 155: 1624–1638.

# 14. Wie geht es weiter?

## Mit guten Vorsätzen ins Jahr 2014: Stressabbau im Vordergrund

«*Um die vielfältigen Anforderungen in Job und Familie zu bewältigen, ist es wichtig, gesund und zufrieden zu leben*», erklärte Regina Schulz, Landeschefin der DAK Mecklenburg-Vorpommern. Das zeige sich auch in den Wünschen für das neue Jahr: 56 Prozent der Befragten gaben an, mehr Zeit für Familie und Freunde haben zu wollen. Mehr Bewegung strebt jeder Zweite (51 Prozent) an, 47 Prozent wollen einfach mehr Zeit für sich selbst haben. 39 Prozent wollen abnehmen, 32 Prozent sparsamer werden. Dies ist das Fazit einer Forsa-Untersuchung im Auftrag der Krankenkasse DAK in Deutschland (siehe auch Kapitel 10). Diese Selbsteinschätzung vieler Personen zu ihrem aktuellen Leben deckt sich vollumfänglich mit der Essenz der hier zusammengetragenen Betrachtungen. Sie steht auch im Einklang mit der Warnung der WHO vor dem Stress als der größten gesundheitlichen Herausforderung und Gefährdung unseres Jahrhunderts. Konsequenterweise müssten die Stressprävention und die Erhöhung der Stresskompetenz einen besonders hohen Stellenwert im Gesundheitswesen und in der Prävention einnehmen.

Schenkt man dieser Umfrage Glauben, kann man davon ausgehen, dass die Bevölkerung nicht nur unter Stress leidet, sondern auch versucht, dagegen anzukämpfen. Was müsste geschehen, damit sich die gegenwärtige Situation grundsätzlich verbessert? Genügt es, sich mit guten Absichtserklärungen ins neue Jahr zu begeben? Wahrscheinlich wird diesem Versuch nur ein kleiner Erfolg beschieden sein – wenn überhaupt. Es braucht mehr als nur gute Vorsätze. Chronische Überlastung hat sich zu einem gesellschaftsübergreifenden Problem entwickelt, an dessen Bekämpfung wir uns alle, auch Politiker, Behörden und Arbeitgeber, beteiligen müssten, wenn sich etwas bewegen soll. Basierend auf den vorangehenden Betrachtungen wäre eine Reihe von Maßnahmen in Betracht zu ziehen. An vorderster Stelle müsste eine bessere Aufklärung der Bevölkerung stehen, und zwar sowohl hinsichtlich aller gesundheitsschädigenden Auswirkungen als auch der zahlreichen Möglichkeiten, wie man den Stress dämpfen und ihm präventiv die Stirn bieten kann. Der derzeitige Wissenstand ist ungenügend, denn es geht, wie hier dargelegt, um sehr viel mehr als «nur» um Burnout und/oder eine Depression. Dies verständlich darzustellen, wäre eine lohnende, anspruchsvolle und letztlich auch herausfordernde Aufgabe.

In Anbetracht der zunehmenden wissenschaftlichen Hinweise, dass Stress während der Schwangerschaft langfristige Auswirkungen auf die Gesundheit des ungeborenen Kindes haben kann, müssten die Schwangeren durch ihre Frauenärztinnen und Frauenärzte aufgeklärt werden. Den Pädiatern fällt anschließend die wichtige und auch heikle Aufgabe zu, die Eltern des Neugeborenen über die langfristigen Auswirkungen schädigender psychischer oder physischer Einwirkungen aufzuklären, vor allem in Fällen, wo dies nicht als bekannt vorausgesetzt werden kann. Dann müsste das Thema möglichst früh in der Schule angegangen werden, denn die Grundmuster dafür, wie der Mensch auf hohe oder zu hohe Anforderungen reagiert, etablieren sich früh im Leben und sind später nur noch schwer zu ändern. Da es keine Ombudsstelle für Stressprobleme gibt und auch die Hausärzte das Problem eher nur am Rande, wenn überhaupt, ansprechen, böte sich den Schulen hier eine interessante Möglichkeit mitzuwirken, beispielsweise im Rahmen des Biologie- und des Sportunterrichts. Als Außenstehender kann man sich des Eindrucks kaum erwehren, dass den Schülerinnen und Schülern laufend mehr aufgebürdet wird, ohne dass sie Hilfe zur Selbsthilfe erhalten. Dies ist zumindest in der Schweiz der Fall, wo ständig neue Projekte wie etwa «Harmos» oder der Lehrplan 21 in weiten Kreisen der Bevölkerung und Lehrerschaft für einige Unruhe sorgen. Harmos strebt kantonsübergreifend eine Anpassung der Lerninhalte an, und der Lehrplan 21 versucht Kompetenzen in den verschiedenen Bereichen zu definieren. Damit der «Stressunterricht» nicht selbst zum Stressfaktor verkommt, müssten beim Lehrplan entsprechende Änderungen vorgenommen werden. Analog zu den Harmos-Plänen ist in der deutschen Bildungslandschaft bundesländerübergreifend ein Diskurs darüber entstanden, wie lange die Gymnasialzeit dauern soll. Es wird unterschieden zwischen einer neun und einer acht Jahre dauernden Variante (G9 versus G8). Die G8-Variante, über die auch «Der Spiegel» in seiner Ausgabe vom 28. November 2012 eingehend berichtete, trägt die Bezeichnung «Turbo-Abitur». Hauptthema ist dabei der durch die Verdichtung des Lehrplans entstehende Stress. Die Lösung, die sich in einigen Ländern anbahnt, dass nämlich die Eltern für ihre Kinder zwischen den beiden Varianten wählen können, scheint in Anbetracht der unterschiedlichen Belastbarkeit der Jugendlichen eine optimale Lösung zu sein. Denn eine verkürzte Schulzeit kann für leistungsstarke junge Menschen eine Herausforderung sein, die auch ihrem Selbstwertgefühl zugute kommt. Letztlich muss aber die Meinung der Schülerinnen und Schüler in die Diskussion einfließen. Aus einer 2013 durchgeführten Befragung von Studienanfängern und -anfängerInnen der Georg-August-Universität zu Göttingen unter der Leitung von Peter Brammer ging klar hervor, dass sich eine beeindruckende Mehrheit von 72 Prozent der Befragten für die neunjährige Variante aussprach. In die Befragung waren 697 Personen aller Fakultäten eingeschlossen worden mit annähernd gleich vielen Personen, die das Abitur nach 12 bzw. 13 Jahren gemacht hatten. Das ist ein sehr klares Signal in Richtung Stressabbau.

Der Schulstress setzt in der Tat vielen zu, was sich nicht zuletzt darin manifestiert, dass auch die Lehrerinnen und Lehrer selbst nicht selten an einem Burnout erkranken. Ein indirektes Indiz für den Schulstress und was er langfristig anrichten kann ist das weit verbreitete Phänomen, dass Erwachsene selbst in fortgeschrittenem Alter immer noch Angstträume von vermasselten Schulprüfungen erleben. Schon ganz einfache Überlegungen führen somit zu der Vermutung, dass der Schulstress wesentlich massiver sein dürfte, als man dies gemeinhin wahrhaben möchte. Die großen Untersuchungen wie etwa jene von Marmot in London, die er an Londoner Staatsbeamten durchführte, haben in reproduzierbarer Weise zu Tage gefördert, dass in einer Hierarchie ganz unten angesiedelte Personen, die kaum Lob erhalten und erst recht keine Entscheidungskompetenz haben, dem Stress am stärksten ausgesetzt sind. Auf die Schüler übertragen lässt sich analog dazu vermuten, dass auch sie kaum Entscheidungskompetenzen haben und abgesehen von einer guten Schulnote wohl kaum Lob, geschweige denn Wertschätzung erfahren. Wir sprechen hier von einem Jugendlichen mit durchschnittlichem Leistungsnachweis. Da kann doch leicht der Verdacht aufkommen, dass Schüler in der Tat einem ganz erheblichen Maß an Stress ausgesetzt sind. Wer ein Gymnasium besucht, wird sich später im Leben kaum mehr je ein derart breites Spektrum an Wissen aneignen müssen, was effektiv nur wenige locker «meistern» – wenn überhaupt. Sehr wünschenswert wäre es, wenn mit den Schülern ein jährliches Beurteilungsgespräch geführt würde, bei dem nicht einfach die Fächer «abgehakt», sondern bei Bedarf auch Schwierigkeiten auf der persönlichen Ebene angesprochen werden.

Das A und O einer guten Lehrinstitution steht und fällt mit der Qualität der Betreuung der ihr anvertrauten Personen. Die Universität von Cambridge in England ist eine der allerbesten Universitäten der Welt. Sie landet effektiv immer wieder auf dem ersten Platz. Die Studentinnen und Studenten genießen dort eine intensive persönliche Betreuung. Sie haben nämlich die Möglichkeit, in jedem Fach, das sie belegen, jede Woche eine Stunde mit einem Tutor zu verbringen. Das schafft ein ideales Lernambiente – ganz abgesehen von der herausragenden Qualität der Wissenschaftler, die in Cambridge arbeiten und lehren.

Da Sport ein wichtiger Puffer gegen Stress sein kann, müsste dieses Thema auch in der Schule adressiert werden, wobei eine Quervernetzung mit dem Biologieunterricht sehr sinnvoll wäre. Dass Bewegung, genauer Fitness, die kognitiven Leistungen fördert, ist selbst Biologen wenig bekannt – es sei denn, sie befassen sich spezifisch mit diesem Thema. In diesem Sinne wäre es auch notwendig, die Ausbildungspläne der Lehrerinnen und Lehrer entsprechend anzupassen, denn wichtige Impulse hin zu einem qualitativ besseren Leben gehen potenziell von beiden Fächern aus. Für die Jugendlichen kann Sport ein bedeutender Pfeiler ihres Selbstwertgefühls sein, sodass es sich lohnt, diese Ressource entsprechend zu fördern. An Schweizer Schulen sind wöchentlich drei Stunden Sport vorgeschrieben. Optimal sind aber fünf oder mehr Stunden. Manche Jugendlichen treiben in Ergänzung zum Schulsport zwar auch in ihrer Freizeit noch Sport. Dennoch wäre es wichtig, dass die Empfehlung, mehr Sport zu treiben, durch die Schule angeregt und mit Informationen über den Stellenwert von körperlicher Bewegung auch entsprechend begründet wird.

Es gäbe zahlreiche weitere Möglichkeiten, das Selbstwertgefühl und damit die Stressresistenz von Jugendlichen im Rahmen des Schulunterrichts zu stärken. Beispielsweise würde es die Selbstverwirklichungskompetenz der Jugendlichen deutlich steigern, wenn sie früh dazu angeleitet würden, frei vor Publikum zu sprechen, also beispielsweise Vorträge zu halten. Diese Fähigkeit kommt nicht von allein, sondern müsste zuerst mit Kurzvorträgen geübt werden. Die Fähigkeit, frei zu sprechen, hätte für das ganze Leben positive Auswirkungen, unabhängig davon, welchen Beruf der Jugendliche einmal ausüben wird. Wie beschämend ist es doch, wenn Führungskräfte oder Politiker eine Botschaft ablesen müssen, auch wenn es sich nur um eine Kurzmitteilung handelt. Schüler und Schülerinnen in England werden gezielt und schon sehr früh darauf vorbereitet. Und schließlich wären auch die Pädiater gefordert, sich mehr um den Stress bei Kindern und Jugendlichen zu kümmern.

Der Kindheit und Jugend haben wir hier besonders viel Aufmerksamkeit gewidmet, denn in den Medien nimmt der Alltagsstress im Familienleben und am Arbeitsplatz eine dominierende Position ein. Der Handlungsbedarf in Richtung Stressreduktion in Schweizer Großunternehmen ist vermutlich ziemlich groß. In Zeiten, in denen Banken und Großkonzerne laufend umorganisiert werden, ist das Ausmaß an Angst in der Belegschaft zwar schwer abzuschätzen oder zu quantifizieren, aber es dürfte beachtlich sein. Dieses Thema findet in den Medien wenig Beachtung, weil letztere die Arbeitgeber nicht angreifen möchten und weil ihnen einschlägige Informationen, wenn überhaupt, nur unter vorgehaltener Hand zugespielt werden. Da Burnout an Bedeutung zulegt, wäre diesem Problem vermehrt Aufmerksamkeit entgegenzubringen. Neben der Förderung der Eigenverantwortlichkeit kommt der einschlägigen Schulung von Vorgesetzten auf allen Ebenen eine große Bedeutung zu. Das benötigt Zeit und finanzielle Ressourcen und vor allem die Bereitschaft der Firmenleitung, sich hinter diese Bemühungen zu stellen. Familienfreundliche Arbeitsplätze zu schaffen ist zwar als erstrebenswertes Ziel erkannt, aber noch zu selten realisiert worden. Dies hätte gesundheitliche Auswirkungen auf die ganze Familie, insbesondere auch auf die Frauen, die unter der Mehrfachbelastung besonders leiden.

Da Stress am Arbeitsplatz oft «chefgemacht» ist, wäre insbesondere nach Möglichkeiten zu suchen, wie gestresste Mitarbeiter schwierige Situationen besser meistern können. Das ist ein sehr anspruchsvolles und oft unterschätztes Unterfangen. Eine erste Hürde besteht darin, ein Vertrauensverhältnis zwischen Mitarbeiter und Vorgesetztem aufzubauen, um überhaupt offen über die vorhandenen Probleme sprechen zu können. Bis eine Vertrauensbasis mit dem Vorgesetzten geschaffen ist, kann es aber längere Zeit dauern – Zeit, die angesichts der häufigen Umstrukturierungen an vielen Arbeitsplätzen schlicht nicht vorhanden ist. Manchmal wird versucht, das mangelnde Vertrauen dadurch zu überbrücken, dass Firmenleitungen anonyme Befragungen über das Arbeitsklima durchführen. Aber selbst wenn eine Befragung als anonym angekündigt und durchgeführt wird, ist dies keine Garantie dafür, dass die Befragten mitmachen, also ihre ehrliche Meinung sagen. Die Skepsis bei der Belegschaft – gerade bei einem schwierigen Arbeitsklima – bleibt oft groß. Vielleicht sollten Vorgesetzte, die es schaffen, ein offenes und emotional befriedigendes Arbeitsklima zu schaffen, mehr Anerkennung von Arbeitgeberseite erfahren. Bei den jährlichen Beurteilungsgesprächen wäre dies ein besonders wichtiges Kriterium. Meist ist es nur versteckt in Begriffen wie «Teamfähigkeit» vorhanden.

## Stressforschung sollte intensiviert werden

Das führende europäische Wissenschaftsjournal *Nature* hat in einem Editorial 2012 dazu aufgefordert, die Forschung auf dem Sektor Stress zu intensivieren. Die Autoren rufen insbesondere Soziologen und Psychologen dazu auf, in einem interdisziplinären Ansatz zusammen mit den Biologen den schwammigen Begriff «Stress» besser zu fassen. Sie machen darauf aufmerksam, dass selbst die Biologie aufgehört hat, das Schicksal unserer Spezies auf genetische Faktoren zu reduzieren. Der vorliegende Text steht ganz in dieser Linie, nämlich dem Versuch, den Begriff Stress bzw. allostatische Last – angefangen bei den molekularen Mechanismen bis hin zu den gesellschaftlichen Einflüssen – in seiner Bedeutung umfassender zu beschreiben.

Die Auswirkungen von chronischer Überlastung auf Gehirn und Körper vertieft zu studieren und zu verstehen, bleibt sowohl auf der molekularen Ebene als auch auf der Ebene des ganzen Organismus ein wichtiges interdisziplinäres Forschungsfeld. Der genaue Bezug zwischen chronischem Stress und verschiedenen Krankheiten wäre genauer zu studieren und zu erhärten, denn in einigen Fällen wie etwa bei Kopfschmerzen ist die Beweisführung schwierig. Da es im ganzen Gehirn (einschließlich des Rückenmarks) Rezeptoren für Kortisol gibt, hat dieses Hormon sicher manche Wirkungen, die es erst noch zu entdecken gilt. Die neuronalen Schaltkreise, die bei Überlastung involviert werden, sind nur teilweise bekannt, und es gilt, die Funktion jener Areale genauer zu studieren. Auch auf der Ebene der Psyche bleiben spannende Fragen offen. Burnout wird als Volkskrankheit angesehen, und noch immer wissen wir wenig über die Vorgänge, die sich dabei in Gehirn und Körper abspielen. Manche Experten betrachten das Burnout-Syndrom als Vorstufe zur Depression. Aber das wäre ebenfalls genauer zu untersuchen, denn solange wir keine messbaren biologischen Parameter für die Identifikation der Depression haben, dürfte es auch schwierig bleiben, dieses Krankheitsbild medizinisch vom Burnout abzugrenzen.

Der psychosoziale Stress in der Familie, in der Gesellschaft und am Arbeitsplatz wird hoch bleiben und dürfte vermutlich sogar noch anwachsen. Daher wäre es besonders sinnvoll, das Phänomen der Stressresilienz neurobiologisch und psychologisch vertieft zu erforschen. Welche Faktoren, Ereignisse und molekularen Prozesse sind dafür verantwortlich, dass es Personen gibt, die selbst sehr belastende Erlebnisse wegstecken können, während andere daran seelisch erkranken? In die Berufswelt übersetzt, könnte dies erklären, warum es Personen gibt, die bei Arbeitsstress oder Konfliktsituationen mit ihren Vorgesetzten einen Burnout entwickeln, während andere in derselben Abteilung mit dem schwierigen Chef gut umzugehen verstehen, ohne zu erkranken?

## Was könnte die Medizin beitragen?

Obwohl Stress selbst keine Krankheit ist, hat er, wenn er denn chronisch wird, tief greifende Auswirkungen auf viele Krankheiten. Nimmt die Medizin diese Herausforderung an? Am Dies academicus 2013 in Basel hielt Susan Gasser, die Direktorin des renommierten Basler Friedrich-Miescher-Instituts, einen Vortrag über die Zukunft der Medizin. Neben ihrer Sorge über die Glaubwürdigkeit der Medizin in der Bevölkerung sprach sie darüber, wie Ärzte Patienten zukünftig über ihre Krankheit informieren und behandeln werden. Sie vertrat die Meinung, dass es in Zukunft nicht ein einzelner Arzt sein wird, der sich um die Patienten kümmert, sondern dass zahlreiche Experten involviert sein würden, die den Gesundheitszustand des Patienten auf der Basis einer enormen Fülle an molekularen Daten beurteilen und dann die geeigneten Maßnahmen einleiten. Das klassische Bild der Krankheiten würde sich somit ändern und damit auch die Rolle des Arztes.

Dieses Bild kontrastiert markant mit der Auffassung des vielfach zitierten New Yorker Wissenschaftlers Bruce McEwen, der sein Leben der Stressforschung gewidmet hat. Er hat seine eigene Vorstellung von der Zukunft der Medizin in seinem Werk *The End of Stress* beschrieben. Sie sieht völlig anders aus als jene von Susan Gasser. Er sieht die Zukunft in

Richtung einer Aufwertung der psychologischen Betreuung von Patienten. Wenn psychische Faktoren bei medizinischen Konsultationen einen größeren Stellenwert erhalten würden, so seine Argumentation, ließen sich viele der mit Stress gekoppelten Erkrankungen – und das sind viele der nicht übertragbaren Krankheiten – verhindern. Die Gegenüberstellung dieser beiden Zukunftsbilder ist insofern interessant, als beide Wissenschaftler in ihrer Zunft zur Spitzenliga zählen und beide tief in der molekularen Biologie verankert sind. Bruce McEwen war einer der ersten, der die Rezeptoren im Gehirn untersuchte und die Wirkung von Hormonen im Gehirn molekular erforschte. Und doch kommen die beiden Forscher zu völlig unterschiedlichen Schlussfolgerungen. Ohne die beiden gegeneinander ausspielen zu wollen, können wir ernüchtert feststellen, dass offenbar keine Einigkeit herrscht. Wie könnte man dies erklären, da die Vorstellungen der beiden wohl nicht stärker auseinanderklaffen könnten?

Eine denkbare Erklärung wäre, dass sich ihre Prognosen auf unterschiedliche Zeitfenster beziehen könnten. Bis wir nämlich alle molekularen Mechanismen verstanden haben, könnte es noch sehr lange dauern, während unser Verständnis allostatischer Prozesse schon weiter vorangeschritten ist. Man könnte dieses Potenzial schon viel früher auszuschöpfen beginnen. Die molekulare Erklärung von Zivilisationskrankheiten wird immer komplexer, da die fehlgeleiteten Zellprozesse erst teilweise verstanden sind und die Definition einer Krankheit auf der Grundlage ihrer Symptomatik nicht immer zielführend ist. Möglicherweise divergieren die Prognosen der beiden Experten, weil Gasser mehr die Behandlung bereits ausgebrochener Krankheiten im Auge hat, während McEwen den Akzent mehr auf die Prävention legt. Somit hätten möglicherweise beide Recht.

In einem Interview, das Detlef Ganten, der langjährige Direktor der Berliner Charité, dem größten Universitätsklinikum Europas, am 18. Juni 2010[27] mit dem *Stern* führte, antwortete er auf die Frage, wie sich unser Gesundheitssystem in den kommenden Jahren verändern werde, wie folgt: «*Ich vermute, dass es keinen dramatischen Umbau geben wird, sondern einen Wandel in kleinen Schritten. Das ist auch sinnvoll. Die Mechanismen sind so kompliziert, dass man lieber langsam an den Schrauben dreht.*» Seine Einschätzung ist wohl sehr realitätsnah.

27 In diesem Jahr fand unter Gantens Leitung auch der große Weltgesundheitsgipfel statt, der sich mit dem Thema chronische Erkrankungen befasste.